本书受中国人民大学科学研究基金项目暨中央高校基本科研业务费专项资金支持

百家廊文丛

BAIJIALANG WENCONG

从二元到一元

清前期法制变革

胡祥雨 ◎ 著

中国社会科学出版社

图书在版编目（CIP）数据

从二元到一元：清前期法制变革 / 胡祥雨著 . —北京：中国社会科学
出版社，2023.4
（百家廊文丛）
ISBN 978 - 7 - 5227 - 1590 - 2

Ⅰ. ①从… Ⅱ. ①胡… Ⅲ. ①法制史—研究—中国—清前期
Ⅳ. ①D929.49

中国国家版本馆 CIP 数据核字（2023）第 047998 号

出 版 人　赵剑英
责任编辑　马　明
责任校对　孟繁粟
责任印制　王　超

出　　　版　中国社会科学出版社
社　　　址　北京鼓楼西大街甲 158 号
邮　　　编　100720
网　　　址　http://www.csspw.cn
发 行 部　010 - 84083685
门 市 部　010 - 84029450
经　　　销　新华书店及其他书店

印刷装订　三河市华骏印务包装有限公司
版　　　次　2023 年 4 月第 1 版
印　　　次　2023 年 4 月第 1 次印刷

开　　　本　710×1000　1/16
印　　　张　17
插　　　页　2
字　　　数　238 千字
定　　　价　89.00 元

目　　录

绪　　论

顺治八年（1651）九月十八，清廷"改承天门为天安门"[①]。《实录》仅用八个字记录此事，改变的原因不得而知。其时，顺治帝福临（1638—1661，1643—1661 年在位）年方十四岁，离强势的叔父摄政王多尔衮（1612—1650）去世不到一年。在此之前的几个月中，年少的皇帝在以郑亲王济尔哈朗（1599—1655）为首的满洲贵族的支持下，清算了多尔衮及其党羽的势力。随后，皇帝又采取措施抑制满洲贵族的权势。历史学家魏斐德（Frederic E. Wakeman）认为，在顺治八年的最后几个月里，福临完成了从强势的摄政王监护下的幼主到"独立自主的君主的转变"。尽管济尔哈朗在朝中依然极有势力，但已没有任何贵族或贵族的联盟可以挑战顺治帝的权威。在魏氏的笔下，承天门的改名表达了顺治帝希望从庆贺君临天下（"多尔衮的骄傲"）到天下大治（"顺治的愿望"）的转变。[②]

这一改名似乎也在预示着，年少的顺治帝将推行一套不同于多尔衮的政策。的确，从顺治帝掌握权力的次年——顺治九年（1652）开始，清廷就推行了大规模的变革。学界认为，顺治帝主导的这些变

---

① 《世祖章皇帝实录》卷六十，顺治八年九月壬辰，《清实录》第三册，中华书局1985 年版，第 476 页。

② Frederic E. Wakeman, Jr., *The Great Enterprise：The Manchu Reconstruction of Imperial Order in Seventeenth-Century China*, Berkeley：Univ. of California Press, 1985, pp. 928–929（中文版见魏斐德《洪业——清朝开国史》，陈苏镇、薄小莹等译，江苏人民出版社 2008 年版，第 611 页）。

革，很大程度上旨在回归汉人以前的制度。魏斐德认为，顺治二、三年（此时系多尔衮摄政时期）是清代制度变革的第一个高潮；顺治九年到十二年的变革，是制度变革的第二波，而且这次变革，几乎都由六部的汉人旧臣提出。① 吕元骢也认为，顺治帝掌握权力之后，将官僚机构置于中国传统政治之下。② 顺治帝的变革和多尔衮时期相比，有何不同？二者又如何影响了清朝历史？顺治帝死后，鳌拜等辅政大臣否定顺治帝的汉化政策，顺治帝确立的变革措施是否存在反复？

上述问题涉及明清易代过程中清廷对明朝制度的理解与扬弃，以及清朝在国家治理方面对满汉关系的考量。这些问题显然难以用一己之力去全面回答，故本书以清前期法律制度（包括法律的执行，即司法）的变革为分析对象，主要阐述多尔衮和顺治帝对明朝和满洲法律制度的扬弃。在清朝前期，尤其是顺治年间（1644—1661），满洲法律制度和沿自明朝的法律制度发生了激烈冲突，清廷在二者之间经常面临两难的选择。清朝虽然在入关前就开始学习明朝制度，但其法律制度还是极富满洲色彩（可称为满洲法律制度）。入关后，清廷很快宣布沿用明律，顺治四年（1647）颁行的《大清律集解附例》③（以下简称顺治律）甚至被认为是明律的翻版。④ 学界熟知的清朝法律制度是这两种制度的融合。然而，这两种制度是如何融合的，学界却尚未有全面深入的阐述。本书主要阐释在清朝前期，特别是在顺治年间，明朝的制度遗产是如何同满洲制度融合并且形成新的清朝法律制度的。

---

① Frederic E. Wakeman, Jr. , *The Great Enterprise: The Manchu Reconstruction of Imperial Order in Seventeenth-Century China*, Berkeley: Univ. of California Press, 1985, p. 907（中文版见魏斐德《洪业——清朝开国史》，陈苏镇、薄小莹等译，江苏人民出版社 2008 年版，第 600 页）。

② Adam Yuen-chung Lui, *Two Rulers in One Reign: Dorgon and Shun-Chih, 1644 – 1660*, Canberra: Faculty of Asian Studies, Australian National University, 1989, pp. 69 – 84.

③ 《世祖章皇帝实录》卷三一，顺治四年三月乙丑，《清实录》第三册，中华书局 1985 年版，第 256 页。

④ 清初著名文人谈迁甚至直言："大清律即大明律改名也。"谈迁：《北游录》，汪北平点校，中华书局 1960 年版，第 378 页。苏亦工也认为清初修律几乎就是照搬明律。苏亦工：《明清律典与条例》（修订版），商务印书馆 2020 年版，第 218—219 页。

一 学术史回顾、本书主旨与关键词

明清鼎革研究曾经是学界的热点，但以往研究多集中于政治与社会变革，① 对于明清易代过程中的法制变革，主要体现在对某些制度的考察上。

管见所及，中国台湾学者刘景辉是这一领域的开拓者。他在《满洲法律及其制度之演变》一书中，论述了入关前的满洲法律与司法制度。刘景辉对当时尚在整理的《内阁大库档案》有所援引。他用一章的篇幅论述了这些制度在顺治朝的变化，指出清朝入关后在法律适用上，开始从满洲法律向清律②过渡。刘氏称这一变化为学习和进步。他进而指出，入关后清廷很快按照清律（内容多取自明律）断案。③这一论述忽略了入关后清廷让满人接受清律这一过程的复杂性。类似的，鹿智钧仔细考察了清朝旗人的法律地位，不过他的研究过于集中在旗人方面，对于清廷入关后满汉法制的碰撞着墨不多。④ 黄培从汉化的角度理解入关前后满洲社会的法律制度，认为自皇太极以降，清朝通过学习汉人的法律制度来加强君主集权。⑤ 这一分析大体符合历史事实，但黄氏对于清初统治者学习明朝法律制度的具体过程，尤其是满汉两种法制的碰撞，同样着墨不多。

---

① Jonathan Spence and John E. Wills, ed., *From Ming to Ch'ing: Conquest, Region, and Continuity in Seventeenth-Century China*, New Heaven and London: Yale University Press, 1979；顾诚：《南明史》，中国青年出版社 2003 年版；姚念慈：《清初政治史探微》，辽宁民族出版社 2008 年版。

② 书中的清律一词特指《大清律》，正式名称为《大清律例》或《大清律集解附例》；"清代法律"则不仅包括《大清律例》《大清律集解附例》，还包括清朝的其他法律，例如会典、会典事例和各种则例。

③ 刘景辉：《满洲法律及其制度之演变》，台北：台湾大学历史研究所 1969 年版，特别是第四章。

④ 鹿智钧：《国家根本与皇帝世仆：清朝旗人的法律地位》，东方出版中心 2019 年版。

⑤ Huang Pei, *ReOrienting the Manchus: A Study of Sinicization, 1583–1795*, Ithaca: East Asia Program, Cornell University, 2011, pp. 186–194.

对于顺治年间清律的纂修和应用，学界研究甚多。岛田正郎就清朝如何继承、变更明律做了考察。他详细考证了清律的形成过程，尤其是顺治年间的修律，认为顺治律的内容主要来自明代律例。岛田还引用了刘景辉的发现并结合相关史料，阐述了入关后满洲法律对明律的干扰。他推断，满洲法律的应用范围仅限于满人之间的命案。① 瞿同祖也强调清律对明律的继承。瞿氏指出，顺治三年（应为四年）匆匆颁布的顺治律除了少数变动，基本沿用明律。在清末新政之前，尽管律例条文多有变迁，但延续性一直占主导地位。② 郑秦考察了顺治律的纂修和主要内容，也强调清律对明律的继承，认为除了"逃人法"等少数条文外，顺治律基本沿袭明律。他还援引具体案件证明顺治律得到应用。③ 苏亦工考证了顺治律的制定过程并论述了其实施情况。他认为顺治律的实施并非一帆风顺，如果顺治律与满洲习惯法相冲突的话，会遭到满人的抵制。满洲统治者在投充、逃人等问题上欺压汉人，并且滥用"籍没"刑罚。④ 苏亦工还从语言和法律应用等方面论述清初法制史上的满、汉之争，指出清朝在继承明朝法律制度时经常遭到满洲法制的阻碍。⑤ 在借鉴胡祥雨等前人研究的基础上，王天驰运用满文档案证明，顺治十年后，清廷针对旗人中的平民罪犯运用清律断案是主流。而在顺治十年之前，清朝施行法律二元体制，京师（北京）主要应用满洲法律，直省则应用明律或清律。⑥

---

① 岛田正郎：《清律之成立》，姚荣涛译，刘俊文主编：《日本学者研究中国史论著选译》第 8 卷，中华书局 1992 年版，第 461—484 页，尤其是第 466 页。

② 瞿同祖：《清律的继承和变化》，《历史研究》1980 年第 4 期。

③ 郑秦：《顺治三年律考》，《法学研究》1996 年第 1 期。

④ 苏亦工：《明清律典与条例》（修订版），商务印书馆 2020 年版，第 146—174 页，尤其是第 162—174 页。

⑤ 苏亦工：《官制、语言与司法——清代刑部满汉官权力之消长》，《法学家》2013 年第 2 期；苏亦工：《因革与依违——清初法制上的满汉分歧一瞥》，《清华法学》2014 年第 1 期。

⑥ 王天驰：《顺治朝旗人的法与刑罚》，《国学学刊》2018 年第 3 期。

　　清初法律中，关注最多的莫过于引发满汉官员激烈争论的"逃人法"。学界往往强调顺治时期"逃人法"残酷的一面。中国大陆学者一般将"逃人法"和逃人问题置于阶级斗争的视野下，强调清初统治者的残暴。① 稍早关注这一问题的中国台湾学者刘家驹，也强调满洲农奴制生产方式和清初统治者的残暴与落后。② 吴志铿探讨了"逃人法"在清前期的变化以及"逃人法"与满洲本位政策的关系，但遗漏了顺治时期涉及逃人问题的一些关键史料，故对顺治帝亲政时期的逃人政策缺少深入分析。③ 吴爱明的博士学位论文对"逃人法"的变化考察非常详细，但该文所引档案史料多出自公开出版物或者转引自其他学者，对"逃人法"与顺治律的关系多从前人之说，也没有仔细考证多尔衮时期"逃人法"的应用。④ 胡祥雨论述了"逃人法"入顺治律的时间并对清初（顺治六年之前）"逃人法"的应用做了探讨，但未考察其他时期"逃人法"的变迁。⑤

　　近年来，赤城美惠子对清代监候案件的审理以及相应的秋审、朝审和热审都有很精致的研究。与其他研究死刑监候案件的研究者不同，赤城美惠子对清初史料（如《明清档案》等）极为关注。她敏锐地观察到就死刑审判程序（含复审与复核）而言，清廷在顺治十年之前实施二元司法体制，在直省主要沿用明朝制度，区分立决和监候两种方式，而在京师则采用斩决方式。该文还分析了顺治

　　① 杨学琛：《关于清初的"逃人法"——兼论满族阶级斗争的特点和作用》，《历史研究》1979 年第 10 期；孟昭信：《清初"逃人法"试探》，《河北大学学报》（哲学社会科学版）1981 年第 2 期；徐凯：《清初逃人事件述略》，《北京大学学报》（哲学社会科学版）1983 年第 2 期。因相关研究成果甚多，此处只作简要列举。

　　② 刘家驹：《顺治年间的逃人问题》，载《庆祝李济先生七十岁论文集》编辑委员会《庆祝李济先生七十岁论文集》下册，台北：清华学报社 1967 年版，第 1049—1080 页。

　　③ 吴志铿：《清代的逃人法与满洲本位政策》，《"国立"台湾师范大学历史学报》1996 年第 24 期。

　　④ 吴爱明：《清督捕则例研究》，博士学位论文，南开大学，2009 年。

　　⑤ 胡祥雨：《"逃人法"入"顺治律"考——兼谈"逃人法"的应用》，《清史研究》2012 年第 3 期。

时期从死刑监候制度到秋审、朝审制度的演变。① 她对清初朝审的程序和案件分类做了探讨。② 赤城还分析了清廷对明代恤刑制度的沿用与废止，③ 以及清代尤其是清初对明代热审制度的继承和改造。④ 她的研究表明，清廷没有简单地继承明制，而是依据实际情况做出取舍。赤城氏的研究，都是建立在扎实的档案史料和文献考证的基础上，厘清了清初各种刑罚减免和再审制度（包括死刑监候）的诸多细节。

清前期尤其是顺治年间的刑罚制度也曾吸引诸多学者的关注。郑天挺和郭成康等学者就入关后满洲刑罚"土黑勒威勒"的定义、应用和消失做了探讨。⑤ 林乾和苏钦考察了清代旗人司法特权的缘起和演变，认为旗人的换刑特权旨在保障兵源。⑥ 胡祥雨论述了清初刑罚体制的变更，指出顺治十年之前，清廷在刑罚上实施二元体制：京师沿用满洲两等刑罚体制，直省则应用明律或者清律中的五刑（笞、杖、徒、流、死）。胡祥雨进而指出，顺治十年到十三年，是清廷刑罚体制变革的关键时期，清廷逐步将五刑应用于京师民人和旗人。顺治十三年，清廷为了弥合满、汉两种刑罚体制的不同，赋予旗人犯徒、流

---

① 赤城美惠子：《「緩決」の成立—清朝初期における監候死罪案件処理の変容》，《東洋文化研究所紀要》第一四七册，2005 年。

② 赤城美惠子：《可矜と可疑—清朝初期の朝審手続及び事案の分類をめぐって》，《法制史研究》第 54 号，2005 年。

③ 赤城美惠子：《清朝初期における「恤刑」（五年審録）について》，《東洋文化研究所紀要》第 152 册，2007 年（中文本见赤城美惠子《清朝初期的"恤刑"（五年审录）》，张登凯译，周东平、朱腾主编：《法律史译评》，北京大学出版社 2013 年版，第 219—247 页）。

④ 赤城美惠子：《论清代前期的热审制度》，李冰逆译，里赞主编：《法律史评论》第 10 卷，法律出版社 2018 年版，第 3—26 页。类似的研究有项巧锋《清初的推官及其裁废——兼论地方行政格局的变革》，里赞主编《法律史评论》2019 年第 2 卷（总第 13 卷），社会科学文献出版社 2019 年版，第 86—104 页。

⑤ 郑天挺：《清史探微》，北京大学出版社 1999 年版，第 101—104 页；郭成康：《"土黑勒威勒"考释》，《文史》第二十四辑，中华书局 1985 年版。

⑥ 苏钦：《清律中旗人"犯罪免发遣"考释》，《清史论丛》编委会编：《清史论丛》1992 年号，辽宁人民出版社 1993 年版；林乾：《清代旗、民法律关系的调整——以"犯罪免发遣"律为核心》，《清史研究》2004 年第 1 期。

等罪名时折枷号的特权。① 陈兆肆以“断脚筋刑”为例，指出清朝满汉法律“一体化”的途径之一是清廷将满洲法律推广到汉人。②

其他法制史论著也多涉及清前期法制变革。其中，尤以那思陆③、张伟仁④、郑秦⑤、张晋藩⑥以及卜德和克拉伦斯·莫里斯⑦等的研究最为突出。这些研究都是对清朝法律制度的全面研究，清初只是其中的一小段。虽然一般而言，这些研究都会涉及清代法律制度中的满洲特色，但对顺治年间满、汉两种司法和法律制度的激烈冲突，关注非常有限。类似的还有某些法史专题的研究。例如，孙家红对清代死刑监候的研究⑧和李典蓉对清代京控制度的研究，⑨ 都在相应专题研究上涉及清前期的法制变革，但聚焦并非充满变革的顺治朝，且只注重各自专题。

前贤筚路蓝缕，功不可没。然时至今日，法史上的明清易代——清廷入关后是如何逐步采用、改造明朝法律制度并且如何对待满洲原有制度的诸多细节依然不清晰。许多涉及清朝统治的根本问题尚未得到解答。例如，清朝统治者来自满洲，学界的共识是满人也和汉人一样需要遵守清律。虽然苏亦工、赤城美惠子、王天驰等学者注意到清朝入关之初满、汉两种法律制度并存，但未探析清廷何时、为何确立清律在满人中的权威。此外，不管是强调清朝满洲特性的“新

---

① 胡祥雨：《清代法律的常规化：族群与等级》，社会科学文献出版社 2016 年版，第30—55 页。

② 陈兆肆：《清代“断脚筋刑”考论——兼论清代满汉法律“一体化”的另一途径》，《安徽史学》2019 年第 1 期。

③ 那思陆：《清代州县衙门审判制度》，台北：文史哲出版社 1982 年版；那思陆：《清代中央司法审判制度》，北京大学出版社 2004 年版。

④ 张伟仁：《清代法制研究》第一辑，台湾“中研院”历史语言研究所 1983 年版。

⑤ 郑秦：《清代司法审判制度研究》，湖南教育出版社 1988 年版。

⑥ 张晋藩：《清朝法制史》，中华书局 1998 年版。

⑦ 卜德、克拉伦斯·莫里斯：《中华帝国的法律》，朱勇译，中信出版社 2016 年版。

⑧ 孙家红：《清代的死刑监候》，社会科学文献出版社 2007 年版。此书对死刑监候的研究主要集中在顺治十年之后的秋（朝）审。对于顺治十年之前的死刑监候制度，可参阅前述赤城美惠子的研究。

⑨ 李典蓉：《清朝京控制度研究》，上海古籍出版社 2011 年版。

清史"① 学派，还是坚持清朝成功的关键在于汉化的学者②也都未对这一关键问题进行分析。

还有些涉及清朝统治根本的问题，虽然学界已有大量研究，但在视野和史料上都缺少"深翻"。③ 例如，"逃人法"是清初满汉矛盾的焦点之一，清初统治者在逃人问题上如何平衡满汉矛盾，关系到清朝统治的走向，但学界并未从法律变化的角度仔细分析"逃人法"的关键内容，故对多尔衮、顺治帝和鳌拜等四大辅臣的"逃人法"政策多存有脸谱化的倾向，多强调他们保护满洲利益的一面，而忽视他们维护汉人利益的一面。对于"逃人法"本身，也极少从法律的角度分析，较少关注"逃人法"变迁过程中满、汉两种法律传统的冲突。

这一学术研究的现状和史料的应用紧密相关。近年来，清朝法史学界虽然注重档案史料，但要么使用《内阁刑科题本》或者

---

① 有关"新清史"及其争鸣，可参阅钟焓《清朝史的基本特征再探究——以对北美"新清史"观点的反思为中心》，中央民族大学出版社 2018 年版；汪荣祖主编《清帝国性质的再商榷：回应新清史》，桃园："国立中央大学"出版中心 2014 年版；刘凤云、刘文鹏编《清朝的国家认同："新清史"研究与争鸣》，中国人民大学出版社 2010 年版；刘小萌《清朝史中的八旗研究》，《清史研究》2010 年第 2 期；卫周安《新清史》，董建中译，《清史研究》2008 年第 1 期；Evelyn Sakakida Rawski, *The Last Emperors：A Social History of Qing Imperial Institutions*, Berkeley：University of California Press, 1998；Pamela Kyle Crossley, *A Translucent Mirror：History and Identity in Qing Imperial Ideology*, Berkeley：University of California Press, 1999；Mark C. Elliott, *The Manchu Way：The Eight Banners and Ethnic Identity in Late Imperial China*, Stanford, California：Stanford University Press, 2001。

② 代表性的学者有何炳棣和黄培。Ho Ping-ti, "The Significance of the Ch'ing Period in Chinese History", *The Journal of Asian Studies*, Vol. 26, No. 2 (1967)：189 – 195；Ho Ping-ti, "In Defense of Sinicization：A Rebuttal of Evelyn Rawski's 'Reenvisioning the Qing'", *The Journal of Asian Studies*, Vol. 57, No. 1 (1998)：123 – 155. 此文中译本可见何炳棣《捍卫汉化：驳伊芙琳·罗斯基之"再观清代"》，张勉励译，《清史研究》2000 年第 1、3 期；Pei Huang, *ReOrienting the Manchus：A Study of Sinicization*, 1583 – 1795, Ithaca：East Asia Program, Cornell University, 2011。

③ 这里借用朱浒的用语，其含义有二：一是在充分了解所在领域整体研究的情况下，发现主导性研究存在的误区，找出新的研究方向；二是审视过往研究的史料基础，找出所用史料的局限和运用史料中的误区，进而融会贯通新旧史料，形成对历史的准确理解。朱浒：《晚清史研究的"深翻"》，《史学月刊》2017 年第 8 期。

奏折等中央档案，要么使用地方档案，[①] 而且地方档案有更热的趋势。[②] 这些档案虽然数量惊人，但缺少顺治朝的史料。实际上，台湾"中研院"历史语言研究所收藏的《内阁大库档案》以及中国第一历史档案馆收藏的《内阁题本（北大移交题本）》均有大量顺治朝档案史料。遗憾的是，过去国内虽然有学者为了探讨清初阶级斗争，利用了这些档案，但近年来在法史学界，除了赤城美惠子等少数学者外，基本忽视这一关键时期的档案史料。就"逃人法"的研究史料而言，过往学者多关注"逃人法"和逃人案件直接相关的史料，忽视相应的背景资料，故对"逃人法"的理解，与实际情况存在偏差。

本书在前人研究的基础上，利用北京和台北所藏档案史料，并结合《实录》等官政书，论述清廷在清前期，尤其是顺治朝，对明朝和满洲法律制度的扬弃，分析这两种制度之间的衔接与融合，进而探析明清之间法律制度的传承以及传承中的曲折，揭示满汉关系在法制领域的表现形式和清朝统治的特性。受制于史料，本书不探讨国家法以外的法律制度变迁。

地域上，本书以京师为重点，因为京师既是帝都，也是旗人的新家。清军入关后，京师成为旗人的大本营，且顺治时期八旗驻防尚未定型，各地旗人均隶属京师之八旗组织下。[③] 这一时期，各直省涉及旗人的案件，往往送至京师审理。在本书中，顺治时

---

① 近年来，或许受到黄宗智、滋贺秀三等学者的影响，很多清朝法制史研究者利用地方档案或者相关文献研究清朝的民事审判。相关研究可参阅 Philip C. C. Huang, *Civil Justice in China: Representation and Practice in the Qing*, Stanford, California: Stanford University Press, 1996。中文版见黄宗智《清代的法律、社会与文化：民法的表达与实践》，上海书店出版社 2001 年版；黄宗智《法典、习俗与司法实践：清代与民国的比较》，上海书店出版社 2003 年版；滋贺秀三等《明清时期的民事审判与民间契约》，王亚新等编译，法律出版社 1998 年版；吴佩林《清代县域民事纠纷与法律秩序考察》，中华书局 2013 年版。

② 孙家红：《故纸堆中见新知——略谈地方司法档案与法史研究》，《中华读书报》2015 年 1 月 14 日。

③ 定宜庄：《清代八旗驻防研究》，辽宁民族出版社 2003 年版，第 190—193 页。驻防八旗的设立和完备可以参阅该书第一章第二节至第六节。

期京师案件既包括发生在京师的案件，也包括发生在直省的涉及旗人的案件。清廷在继承明朝法律制度时，京师无疑是明制与满洲制度冲突的焦点，是满汉人等的"接触地带"（contact zones）。[①]这种"接触地带"不仅是地理和社会空间意义上的，也是文化和心理空间上的。[②]满、汉两种制度的取舍，在心理和实践上一直都是清朝君臣考量的重点。清廷虽然很快决定在京师让满人和汉人分城居住，但二者一直处于融合中，满汉制度和文化也一直相互影响。就法律与司法制度而言，满洲和明朝制度虽然存在冲突，但最终融合成为新的清朝制度。而在直省，清廷主要继承明朝制度，变革的程度远不如京师。同时，由于现存的地方档案缺少顺治年间的资料，仅仅依靠题本等中央档案难以重建这一时期的地方审判制度。有鉴于此，本书只在有必要且史料许可的情况下论及直省，且不讨论蒙古等边疆地区的情况。

在介绍完京师、明朝与满洲司法制度（第一章）之后，本书将从如下三个方面论述明清易代过程中清朝法律制度的变迁。首先是立法和法律变迁。第二章论述清廷建立二元法律体制的努力，分析清朝为何在修律上最终放弃参酌满汉的修律方针，转而沿用明律，并论述满洲法在清律中的遗存。第三章从法律变化的角度分析"逃人法"是如何从满洲法演变为清法的，以及在演变过程中，多尔衮、顺治帝、鳌拜以及康熙帝是如何在"逃人法"这一满汉冲突的焦点问题上平衡满汉关系的。我们不能简单地将清代"逃人法"视作满

---

① 玛丽·路易斯·普拉特（Mary Louise Pratt）用这一概念指绝然不同的文化彼此相遇、冲突并化解（grapple with）的社会空间。在这一空间中，曾经在地理和历史上彼此分割的民族相互接触并持续地联系。Mary Louise Pratt, *Imperial Eyes: Travel Writing and Transculturation* (Second edition), London and New Yokd: Routledge, 2008, pp. 7 – 8（中文版见玛丽·路易斯·普拉特《帝国之眼：旅行书写与文化互化》，方杰、方宸译，译林出版社 2017 年版，第9—10 页）。普拉特主要将这一术语用于欧美等殖民者与殖民地人们的接触。和被殖民者的文化相比，欧美殖民者的文化往往处于支配地位。本书分析的境况完全不同。清朝时期，虽然满洲是统治者，但面对汉人，满人并没有文化优势。

② 这里借用陈利对"接触地带"的定义。Li Chen, *Chinese Law in Imperial Eyes: Sovereignty, Justice, and Transcultural Politics*, New York: Columbia University Press, 2016, p. 10。

洲法律，由于清律原则逐步渗入，作为满洲法的"逃人法"逐步演变为清法。其次是审判制度。第四、五章着重分析清军入关后，清廷在入关前形成的审判程序如何同明朝制度融合并形成新的清朝审判制度。最后是法律应用。第六章论述顺治朝法律应用，分析清廷何时、为何要将源自明律的清律作为王朝正统律典应用于满人。第七章从顺治时期档案中所见"两议"案件（指官员在审理案件时提出两种甚至两种以上拟律意见）出发，讨论法律应用与满汉关系，①分析明清易代过程中法律制度的诸多面向，尤其是满汉关系在司法领域的表现。

　　本书使用的旗人和民人概念，主要指当时的法律身份。由于民人主体是汉人，旗人的核心是满人，故满汉之间出现矛盾时，常常表现为旗人与民人之间的矛盾。作为法律身份，旗人内部有着巨大差异。从等级来看，旗人有贵族、普通的正身旗人、包衣和旗下家奴（奴仆、家人）等。包衣旗人属于比较特殊的一个群体。②他们虽然被视作主人的奴仆，但可以做官，很多方面和普通正身旗人并无两样。旗下家奴或家人往往是贱民。需要注意的是，清初大量旗人来自汉人，其中有些不是自愿入旗的。他们多为旗下家人或者奴仆，地位较为低下。这些人虽然在法律上是旗人，也和满洲旗人一样享有一定的法律特权，但许多人对旗人身份并无认同感，甚至努力逃离。清初大量旗下家人逃走（他们多来自汉人），是当时的社会问题，也是从官方到民间满汉冲突的焦点之一。

　　本书所称的各类满洲制度（如刑罚、法律制度等），指后金（1616—1636）和清朝在入关前（1636—1644）形成的制度。这些制度可能已经受到明朝制度的影响，但总的来看，具有浓厚的满洲色

---

　　①　关于满汉关系，学界研究颇多。在法制史及相关领域，除了前述苏亦工等的研究外，赖惠敏的研究值得关注。她利用大量档案史料，分析了清朝旗、民关系，但较少关注顺治时期司法领域的满汉关系。赖惠敏：《但问旗民：清代的法律与社会》，台北：五南图书出版社2007年版；赖惠敏：《从法律看清朝的旗籍政策》，《清史研究》2011年第1期。
　　②　清代包衣旗人的状况，可参阅祁美琴《清代包衣旗人研究》，人民出版社2019年版。

彩。其中，满洲法指清廷在入关前形成的法律，包括成文法和习惯法。入关前后金/清政权虽然颁布了一些法律，但不成体系，没有专门的刑事法典。① 同时，由于明朝制度主要是汉人社会长期发展的产物，故有时亦用汉人制度指代明朝制度。需要强调的是，清廷入关后的制度，虽然大多源自明制，但对明制进行了变革，并且融合了满洲制度。因此，入关后的清朝法律制度与入关前的满洲法律制度有着本质不同，也不同于明朝制度。

二　多尔衮摄政时期的二元体制

清廷入主中原后，面临在数量和文化上都占据优势的汉人，不得不在维持满洲特性和适应汉人中寻求平衡。作为清朝入关后第一位实际统治者，摄政王多尔衮在其统治期间（1644—1650）实施满汉二元法律体制。在这一体制下，不同司法体制的分野，既体现在满人与汉人之间，也体现在京师与各直省之间。多尔衮摄政时期的二元体制表明，清朝针对满汉人等践行的法律制度符合"法律多元主义"（legal pluralism）的特征。

"法律多元主义"是研究法律和法律史的重要理论。它一般指在同一社会中，同时存在两个或者两个以上的法律（包括相应的立法和司法）体系。② 有论者指出，在法律多元的社会，不同法律（国家的和非国家的）之间存在如下四种关系：斗争、竞争、合作、补充。相应的，

---

① 张晋藩、郭成康：《清入关前国家法律制度史》，辽宁人民出版社 1988 年版，第440—442 页。

② Sally Engle Merry, "Legal Pluralism", *Law & Society Review*, Vol. 22, No. 5（1988），p. 870. 国内学者对"法律多元主义"介绍与讨论，可参阅肖光辉《法律多元与法律多元主义问题探析》，何勤华主编《多元的法律文化》，法律出版社 2007 年版，第 63—78 页；严存生《法的多元性的哲理思考》，何勤华主编《多元的法律文化》，第 3—26 页；张晓辉《法律人类学的理论与方法》，北京大学出版社 2019 年版，第九章。本节以及结尾部分有关法律多元的论述，可见胡祥雨《清朝法史研究中的多元论及其反思》，《史学理论研究》2022 年第 2 期。

统治者采用五种不同的策略来对付不同的非国家制定或认可的多元法律：相互弥合、和谐共处（非国家的法律不违背国家的核心价值）、吸纳（消除国家和非国家法律体系的差别）、提升国家司法职能、镇压（国家镇压非国家的法律体系）。①

　　法律多元主义猛烈地批驳了法律中心主义（legal centralism）。在约翰·格里菲思看来，资产阶级革命以及过去几个世纪中的自由主义霸权造就了法律中心主义的意识形态。这一意识形态下的"法律是并且应该是国家的'法律'，它排除其他一切形式（引者按：主要指非国家的）的法律，法律对所有人一致并由一整套国家机关执行"②。格里菲思认为，法律中心主义导致人们忽视现代国家以外的法律体系，特别是落后国家与地区的"本土法"。故此，他利用法律多元主义的视角去打破法律中心主义对法律的定义，主张法律不是依赖于国家权力的、单一的且对所有人均一致的规范性命令（normative ordering）。他宣称，"法律多元才是事实"，而法律中心主义"是一个神话，一种理想，一种主张，一种幻想"。③格里菲思的法律多元的主张在现代西方社会有其合理性，有力地促进了学界对殖民地等落后地区法律以及非国家制定的法律的研究。

　　"法律多元"的视角促使学界不再使用单一的视角看待历史中国的法律体系。千叶正士敏锐地指出，中国历史上除了中央政权的法外，还存有蒙古法等边疆地区的法律、部落法以及非官方的宗族法、行会法等。它们一起构成了中国法的整体。他认为："将这一整体作为一个法看待，毫无疑问是多元的，尽管如此，仍能将其统合为一个组织化的制度的原理，可以称之为**天道式的多元主义**（引者按：原文

---

① Geoefery Swenson, "Legal Pluralism in Theory and Practice", *International Studies Review*, Vol. 20, Issue 3 (2018), pp. 442－448.

② John Griffiths, "What Is Legal Pluralism", *Journal of Legal Pluralism and Unofficial Law*, Vol. 24, 1986, pp. 2－3.

③ John Griffiths, "What Is Legal Pluralism", *Journal of Legal Pluralism and Unofficial Law*, Vol. 24, 1986, pp. 3－4.

加粗）。"① 邓建鹏指出，目前清朝法制史研究在空间、时间和参与者这三个基本要素上存在欠缺。就空间而言，不少研究的对象限于以汉人为主要居住地的十八行省，没有顾及边疆民族地区；就时间而言，不少研究缺少历时性，对清朝法制变化措意不多。② 王志强认为，不能依据特定时间、空间和阶层在一元意义上分析"中国法"。他赞成对清朝"不同的人群，法和法律制度有不同的含义"。③

近年来，不少学者使用"法律多元"这一概念来分析清朝的法律与司法制度。梁治平认为，清朝在"国家法"之外，还有"民间法"。国家法指"由特定国家机构制定、颁布、采行和自上而下予以实施的法律"。民间法即民间的法律，它存在于国家法之外，主要包括习惯法、民族法、宗教法、行会法等。清朝法律的多元，既体现在国家法和民间法之间，也体现在国家法和民间法内部。④ 王志强则更进一步，将《大清律例》中针对特定地区的专门条例也纳入法律多元的分析视野之下。⑤ 不少学者通过法律多元的视角论述清朝在蒙古、西藏等边疆地区实施的特殊法律制度。清廷在这些地区除了一定程度上实施源自中原地区的国家法律制度外，还保留了这些地区的本土法律制度。⑥

法律多元的视角可为本书提供分析思路。鉴于本书使用的法律和

---

① ［日］千叶正士：《法律多元：从日本法律文化迈向一般理论》，强世功等译，中国政法大学出版社 1997 年版，第 250 页。亦可参阅千叶正士《亚洲法的多元性构造》，赵晶、杨怡悦、魏敏译，中国政法大学出版社 2017 年版，第 30—31、99—100 页。

② 邓建鹏：《清帝国司法的时间、空间和参与者》，法律出版社 2018 年版，第 4—9 页。

③ 王志强：《清代国家法：多元差异与集权统一》，社会科学文献出版社 2017 年版，第 XXII—XXVI、173 页。

④ 梁治平：《清代习惯法》，广西师范大学出版社 2015 年版，第 34—36、198 页。

⑤ 王志强：《清代国家法：多元差异与集权统一》，社会科学文献出版社 2017 年版，第 1—26 页。

⑥ 杨强：《清代蒙古法制变迁研究》，中国政法大学出版社 2010 年版；王东平：《清代回疆法律制度研究（1759—1884）》，黑龙江教育出版社 2014 年版；马青连：《清代理藩院的法律功能研究》，中国社会科学出版社 2016 年版。此外，澳门也存在过中欧法律并存的多元格局。何志辉：《华洋共处与法律多元：文化视角下的澳门法变迁》，法律出版社 2014 年版。

案件都为官方史料，且满洲社会缺少成文法典，入关后清朝刑部和三法司等衙门哪怕使用满洲习惯法断案，也表明了国家对习惯法的认可，故本书使用"法律多元主义"时，主要指国家制定或认可的法律。有学者认为，清代民间存在不同于国家法的习惯法，① 但本书不探讨这种国家法和非国家法并存的法律多元。就本书而言，所谓"法律多元"，指清朝入关后，同时保持满、汉两种不同的法律体系。②

满洲自身的法律体系非常简陋。相反，汉人社会则有着几千年的法律文化，法律高度发达。故入主中原后，清朝统治者面临的问题不是如何将自己的法律体系强加给汉人，而是如何建立让汉人和满人都能适应的法律和司法体系。历史进程表明，满人如何适应汉人的法律制度，才是问题的根本。清初不同的统治者对满汉法律的处置也各不相同。

在多尔衮的治下，满、汉两种法律体系并存，共同构成清朝法律的二元体系。多尔衮在立法和法律应用上均实施满汉二元体制（第二、六章）。在立法上，多尔衮在修律时放弃了"参酌满汉"的宗旨，顺治四年颁行的顺治律几乎为明律翻版。这是因为清廷希望继续保持满人的法律，将《大清律》主要应用于汉人。在法律应用方面，清廷既不想将满洲法律大规模地应用于汉人（尤其是在直省），也不愿意将汉人律例大规模地应用于满人。顺治十年之前，法司审判京师案件时，往往不提及审判的依据，只有在少数案件中提及"依律"（或"依法""法应"等意思类似的表述），但极少引用任何法律条文。这一案件的记述方式与入关前的满洲传统一致。而在直省，法律应用经历了短暂的混乱期。在顺治二年六月后，直省案件基本应用明律或者清律断案。《大清律》主要应用于原来明朝统治的各省，基本照抄明律是符合逻辑的结果。

在审理程序上，多尔衮也实施二元体制（第四、五章）。在直省的

---

① 参阅梁治平《清代习惯法》，广西师范大学出版社 2015 年版，第 1 页。

② 本书不讨论清朝其他形式的法律多元，比如边疆地区和中原地区的法制并存，《大清律》《会典》和各衙门则例等不同形式的法律并存，国家法与非国家法的并存。

案件审判程序基本上是明朝制度的延续，而京师审判程序则融入了满洲色彩。旗人入关后视京师为新家，各省地方官无权审理旗人案件，故涉及旗人的案件，都送交京师刑部审理。清廷延续了入关前的审级制度，在皇帝之下，京师案件的审判主要有两个审级：第一级（或初级）主要为八旗牛录（佐领）和五城御史衙门；第二级主要是刑部。即便清廷在京师继承了明朝的审判机构，京师初级审判机构的案件管辖也体现了满汉隔离分治的特点。满汉或者说旗民隔离的政策对案件的管辖产生很大影响。管理满人的八旗组织无权处理任何民人案件；继承自明朝的五城御史，虽可视作京师的地方官，也无权处理旗人案件。因此，京师的第二级审判机构——刑部——需要审理大量涉及旗人或者旗民冲突的案件。除了死罪等重罪案件①或者涉及官员等特殊群体的案件需要刑部具题请旨结案外，刑部可以自行拟结一般的现审案件（指刑部接受后直接审理的案件。这些案件送刑部前一般未经初审机构拟律定罪）。这一时期，同为三法司的都察院和大理寺极少参与京师案件的审理。也就是说，清朝继续沿用入关前的审判制度，由刑部独掌审判权，只不过入关后，刑部需要审理更多的京师牵连民人的案件（包括同时牵连旗人和民人的案件）。这样，多尔衮时期京师第二级审判（刑部审理）虽然不能体现满汉分治，却体现出与直省的不同。

　　这种不同是清朝二元司法体制的表现。具体而言，经过顺治初年的短期混乱之后，清廷很快在直省恢复了明朝的审判制度，直省非州县自理的案件一般按照州县—府—按察使司—巡按、巡抚、总督的程序进行审理和复核。② 死罪或是涉及官员的重要案件自顺治

---

　　① 顺治元年到十年，重罪案件指依照清律中的五刑（笞、杖、徒、流、死）体制，罪名为徒、流、死的案件以及依照满洲司法体制，因为罪行过重牛录额真不能审理，必须送交刑部审理的案件。

　　② 相关案例可见《内阁大库档案》，登录号：120123、087467；《内阁题本（北大移交题本）》，档案号：2-28-1839-18、2-28-1839-19。本书所引《内阁大库档案》，台湾"中研院"历史语言研究所藏，引用时注明登录号，但一般省略登录号最后的"-001"字样；《内阁题本（北大移交题本）》藏北京中国第一历史档案馆，引用时注明档案号。

四年起，由三法司（刑部、都察院、大理寺）核拟。而在京师，审级的划分延续了入关前的制度，自理案件由八旗、五城御史拟结，非自理案件由刑部审理。即便针对京师死罪案件，三法司也有名无实，都由刑部单独审理后具题请旨，不由都察院和大理寺参与审判或核拟。这样看来，京师和直省的审判制度分别沿自入关前的满洲制度和明朝制度。

类似的，多尔衮统治时期，清朝在京师和直省也实施不同的刑罚制度。前述赤城美惠子等的研究指出，在京师，不分满汉，都受满洲两等刑罚制度的影响，刑罚主要由立决死罪和鞭责（民人用板责）两个等级构成。在直省，则应用五刑，且死刑分为立决和监候再审两种方式。简言之，京师主要延续满洲刑罚制度，而直省则应用明朝制度。当然，清廷在刑罚上的满汉二元体制不是入关后马上就确立的。在清朝立足未稳的情况下，恢复明朝制度也需要一个过程。清廷在顺治元年一度试图将鞭责刑罚应用到满汉人等，且清廷在直省也直到顺治二年才恢复五刑和死刑监候制度。①

概言之，多尔衮在继承明制的同时，又保留了满洲司法制度。多尔衮统治时期实行的满汉二元体制是清初法律多元的表现。虽然汉官不停地要求恢复明朝法律及其相应的司法制度，但多尔衮往往只在直省恢复明制，京师则由满洲法律及其相应的司法体制主导（第四、五、六章）。就多尔衮个人意愿而言，这两种法律体系的关系，总体来说应是相互合作，相安无事。当然，在这一整体相安无事的满汉二元法律体系下，清廷统治者将"逃人法"和"剃发令"等特别重要的满洲法律强加给汉人，以维护满洲利益并彰显清朝统治的满洲特性。这些法律中，"逃人法"被写入清律，成为顺治律中不多的源自满洲法律的条文。不过整体而言，清廷并没有将大多数满洲法律条文强加给直省汉人，也没有马上让满人遵从明律或者清律等沿自汉人的

---

① 胡祥雨：《清代法律的常规化：族群与等级》，社会科学文献出版社 2016 年版，第30—35 页。

律典。清初法律的二元格局体现了多尔衮对政权设计的考虑：满汉分治。清廷在直省的统治政策基本是明朝制度的延续和改进，而对满人则基本沿用入关前的旧制。

三　顺治变革与一元化体制的建立

多尔衮死后，济尔哈朗短暂地掌握权力。虽然多尔衮在政治上被否定，但济尔哈朗并未改变其二元法律制度。与多尔衮和济尔哈朗不同，顺治帝更多地聆听汉官意见并希望复兴明制。顺治十年，顺治帝对内院大学士们表示，从汉朝到明朝的列位帝王中，明太祖朱元璋是贤君之最，因为朱元璋创立了周详的制度。① 如前所述，顺治九年，皇帝在清算多尔衮并且在与满洲贵族的斗争中取得胜利之后，掀起了复兴明朝制度的第二波高潮。其中，顺治帝在司法领域掀起大规模的变革——笔者称为清朝法律史上的"顺治变革"——奠定了清末新政（1901—1911）以前清朝法律制度的基础。吕元骢认为，顺治帝在顺治十年完全掌握了权力，② 而顺治变革主要发生在顺治十年到十三年，这一变革埋葬了多尔衮打造的清朝法律和司法二元体制，建立起满汉一体的一元化体制。

具体而言，顺治变革主要体现在如下四个方面。首先，清廷自顺治十年起，逐步确立清律在满人（旗人）中的权威，旗人犯罪基本按照清律拟罪（第六章）。顺治十三年，清廷规定旗人依照清律定罪后，如果拟徒、流、军（指充军）刑罚，可以不用实发，而是用戴枷号的方式替代。这种刑罚执行方式体现了旗人的司法特权，但清廷在赋予旗人这一换刑特权之前，直接免除他们的徒、流等刑罚，只对他们执

---

① 《世祖章皇帝实录》卷七一，顺治十年正月丙申，《清实录》第三册，中华书局1985年版，第567页。明太祖对清朝前期政治的影响，可参阅常建华《清前期国家治理与民生政策》，中华书局2021年版，第2—30页。

② Adam Yuen-chung Lui, *Two Rulers in One Reign：Dorgon and Shun-Chih，1644 - 1660*，Canberra：Faculty of Asian Studies，Australian National University，1989，p. 57.

行鞭责。换言之，顺治十三年的换刑规定加重了对旗人的惩罚，而且这一换刑规定承认了依据清律做出的判决并不是一纸空文。[①] 当然，满洲法律没有马上退出历史舞台，但清廷放弃了编纂独立的满洲法典的打算（第二章）。到了康熙、雍正朝，满洲法律的条文，除了少数融入清律外，其余大多消失在历史中。将少数满洲法律条文编入清律之中，本身就说明清律的正统地位。

其次，清廷改变了京师初级审判制度，普通旗、民隔离的案件管辖制度不复存在（第四章）。自顺治十年开始，清廷逐步扩大五城御史衙门的审判权，使其不再局限于审理民人案件。该年，清廷下旨五城御史可以审理京师某些轻罪案件。十三年，五城御史可以审理城内单旗（指原被告都是旗人）案件以外的轻罪案件。十七年，五城御史可以审理京师轻罪案件，不管原被告是旗人还是民人。对普通旗人或者民人而言，沿自明朝的五城御史被赋予轻罪案件的审判全权，打破了京师依据族群身份确立的司法管辖体制。京师第二级审判机构，刑部，审理案件不受旗民身份的限制。这样，京师审判制度中，案件管辖主要是基于罪行的轻重而非涉案者的身份。

再次，清廷统一了京师和直省不同的死刑复核与监候再审制度（第五章）。顺治十年，刑部不再垄断京师死罪案件的审判，都察院和大理寺也参与死罪的审理或核拟。顺治十二年，京师和直省的死罪案件基本都由三法司核拟，且三法司在核拟程序上，不再存在京师和直省的分野。顺治十年，清廷在京师恢复了死刑监候制度，并同时在京师和直省恢复了秋（朝）审制度。这样，死刑监候作为一个继承于明朝的制度，同时应用于直省和京师的旗、民人等。

最后，顺治帝掌握权力后，在"逃人法"的立法上通过减轻窝逃者的惩罚来缓和满汉矛盾，但遭到以济尔哈朗为首的满洲贵族的反对，顺治帝被迫妥协。虽然如此，顺治帝利用儒家话语和规则，对窝

---

① 胡祥雨：《清代法律的常规化：族群与等级》，社会科学文献出版社 2016 年版，第 59—60 页。

逃者（多为汉人）多加庇护，并在济尔哈朗死后逐步调整"逃人法"。正是在顺治帝统治时期，清廷奠定了"逃人法"的调整方向。从长远来看，经过皇帝、满洲贵族与汉族官僚的三方博弈，皇帝最终在逃人问题上逐步向汉人倾斜。此后，即便是鳌拜等辅政大臣统治期间，[1] 清廷也延续顺治帝的政策，在逃人问题上减轻了对汉人的危害（第三章）。

概言之，顺治帝废弃了多尔衮的满汉法律二元主义。在顺治帝治下，满汉两种法律不再和平共处，而是竞争，有时甚至超越竞争而形成对抗。尽管史料有限，但皇帝苦口婆心要求法司依律断案，说明将清律用于满人，并不是一帆风顺（第六章）。清廷在顺治年间曾表示要修一部满洲靠例[2]，虽然最终流产，但康熙年间的立法表明，清廷没有让满洲法轻易退出（第二章）。这种满汉法律的对抗，在"逃人法"上变现得最为突出。"逃人法"被写入顺治律，但其背后的满洲法律原则（这些原则为保持奴隶制度而违背儒家伦理）与清律主体中的汉人法律原则[3]格格不入。逃人问题事关满洲根本，也是满汉矛盾的焦点之一。汉官在顺治帝建立一元化法律体系过程中，反对"逃人法"背后的满洲法律原则。顺治之后，虽然尚有满洲法律继续存在并得到应用，但满洲法律已不具备和清律分庭抗礼的地位，而是处于从属地位。满汉法律体系对抗与竞争的最终结果是，满洲自己的法律体

---

① 安熙龙（Robert B. Oxnam）认为，1661 年到 1669 年鳌拜等辅政大臣掌权期间是"满人统治"的时代。Robert B. Oxnam, *Ruling from Horseback: Manchu Politics in the Oboi Regency, 1661–1669*, Chicago: Univ. of Chicago Press, 1975（中文版见安熙龙《马上治天下：鳌拜辅政时期的满人政治（1661—1669）》，陈晨译，董建中审校，中国人民大学出版社 2020 年版）。

② 满洲靠例，manju kooli 或 manjui kooli。Kooli，意为"典、例、规矩、法制"，即可具指某项法律、条例，也可泛指为例。李典蓉认为，入关后清朝将条例、则例和事例都翻译成 kooli。李典蓉：《清入关前"法""例"问题初探——以满文文献为中心》，苏亦工、谢晶：《旧律新诠：〈大清律例〉国际研讨会论文集》（第一卷），清华大学出版社 2016 年版，第 32—33 页。

③ 明朝法律在当时被视为汉人法律，因此本书使用"汉人法律原则"来描述明朝法律中潜在的法律传统和规范。顺治律主要内容沿自明律，和明律一样属于汉人法律。汉人法律原则遵守儒家伦理，要求罪刑平衡，奉行五刑体系（笞、杖、徒、流、死）。

系——而且只是当中的极少数条文——被清律吸纳，成为清律的一部分。即便是"逃人法"，也逐步接受汉人法律原则，从满洲法变为"清法"（第三章）。

顺治变革终结了满汉法律并存的二元体系，建立了一个满汉一元化的法律体系。这是皇帝和汉官的胜利。清朝入关之初两种国家法律体系并存的状况只是一时的权宜之策。顺治变革后，清律成为满汉人等共同的正统法典，而且即便在旗人当中，满洲法也不再享有和清律同等的权威。在新的清朝法律制度下，案件不分满汉，也不分京师与直省，清律都是断案的主要依据，死罪案件都遵循一样的复核程序。虽然京师案件的审理程序依然有别于直省案件，旗人也依然在审理程序和刑罚上享有一定的特权，但这些差异是以承认清律的权威为前提的。

四　清承明制中统治者的主体性

清承明制是学界对满洲入关后继承明朝制度的概述。满人继承了包括明律在内的司法和法律制度，为学界广泛认可。清承明制这一术语固然说明了一些重要历史事实，但无可否认的是，诸多继承自明朝的制度，在清朝都经历了巨大的变革。仔细探究清廷入关后对明朝法律制度的扬弃，不难发现，不管是多尔衮还是福临，他们都没有简单地继承明制，而是发挥他们的主体性，依据实际情况对明制加以改造。

在多尔衮的二元体制下，虽然满人和汉人大体都继续沿用各自制度，但清朝统治者并没有简单地继承 1644 年之前的明制和满洲制度。相反，清廷对二者都做了较大改变。就满洲制度而言，清廷很快限制使用或者放弃关外常见的贯耳鼻、割脚筋等肉刑。就明制而言，在审判程序上，即便针对直省的汉人犯罪，清廷始终没有让大理寺和都察院恢复它们在明朝的职能，将这两个衙门的核拟职能基本限定在死罪及少数官员犯罪的案件上。在二元体制下，同时存在将满洲法律应用于汉人的情况和改变满洲法律以适应汉人社会的情况。例如，清廷力推少数具有满洲特色的法律，如"逃人法"和"剃发令"，并将它们强加给汉人。清廷甚至将"隐匿满洲逃亡新旧家人"律（即"逃人法"）写入顺治律中。虽然"逃人法"一度成为一条律文，但其内容在多尔衮治下短短七年也屡有变迁。这些变迁与汉人社会的反对密切相关。

不过整体而言，多尔衮没有将明朝法律制度大规模地应用于满人，也没有在汉人社会大规模地推行满洲制度。清朝法律制度的二元特征非常明显。与多尔衮不同，顺治帝将许多明朝法律制度应用于满人。然而，顺治帝继承明朝法律制度是有选择性的，皇帝一直掌握着变革的方向，且清廷并未因为继承明制而丧失满洲的自主性。在顺治帝的主导下，清廷在不同领域对明制的接受程度不一。就法律应用而言，除了极少数满洲法律条文依然有效外，绝大多数旗人所犯的绝大多数罪行依据清律定罪——清律几乎为明律的翻版。在司法管辖上，虽然京师巡视五城御史逐步享有审判旗人罪犯的权力，但清入关前确立的二级审判体制的基本框架一直持续到清末新政时期，旗人组织如牛录额真（佐领）也一直可以解决旗人内部纠纷。在死刑审判与核拟上，顺治变革让三法司在京师内外都变得有名有实，但三法司的审判与核拟程序与明代迥然有别。顺治十二年后，顺治帝用他自己的圣旨重新确立了死罪审判程序：刑部和各省巡按、总督、巡抚审拟死罪案件后，再由三法司核拟。这一程序虽然在实践中有明代的先例，但和明代死罪审理与复核的常规程序迥异。

清朝统治者在继承和改造明制以及处理满洲制度时展现出的主体性，可以推进我们对明清易代的理解。长期以来，学界对明清易代有着不同的理解方式，刘志刚归纳为民族革命、王朝更替、阶级革命、近代化和生态—灾害史五种模式。其中，民族革命和王朝更替最为久远。① 赵世瑜从区域社会史的角度解释明清易代，指出明清交替之际

① 刘志刚：《时代感与包容度：明清易代的五种解释模式》，《清华大学学报》（哲学社会科学版）2010 年第 2 期。

在不同地区的不同时段常表现为"不清不明"，即对南明和清政权都缺乏认同，而对清代历史的理解离不开明代，即所谓"无明不清"。①顺治朝的法制变革，的确说明了"无明不清"。如果从王朝更替和民族革命的模式来理解明清易代，我们需要回答清朝为何可以成功地征服并统治汉人。至少就法制变革而言，清朝统治的成功之处不在于针对满汉不同族群采取过不同的法律制度，而在于建立一元化的法律体制；不在于继承明朝制度，而在于在融合明朝和满洲制度的基础上建立起新的清朝制度。清朝针对满汉人等建立的一元化的法律体制，一方面避免了明朝制度的烦琐；另一方面也避免了满洲制度的简陋。同时，清朝继承了明律的完备和满洲审判制度的便捷，这展示出不同于"不明不清"的面向，即明清俱备。吸收明制和满洲制度的优点并避免他们的缺点，是清朝统治成功的关键。

---

① 赵世瑜：《"不清不明"与"无明不清"——明清易代的区域社会史解释》，《学术月刊》2010年第7期。

第一章 京师、明朝与满洲司法制度

1644 年，清军入关，清朝不久定都北京（京师）。以满人为核心的旗人视京师为新家，驻防旗人也归于在京之佐领下。故清军入关后，满、汉法律制度的碰撞主要发生在京师。在清军入关之前，明朝就在京师实施不同于直省的司法制度。入关后，清廷在京师的法律制度是明制和满洲制度的结合。有鉴于此，本章介绍京师的区位、1644年之前的明朝京师司法制度和满洲制度。

第一节 京师：旗人的新家园

一 地理空间

北京为明清京师所在之地。在清朝，京师地面共分为三个部分：内城、外城与城属。京师内外城（图 1−1）①可视作京师城区，城属则在城墙之外，与大兴、宛平两个京县接壤。依据清代官方文献，内城又被称作京城或都城。②内城有三层，从内到外分别为宫城（紫禁城）、皇城和内城。内城有九个城门，分别和外城或者城外之城属地区相连。同外城相连的三个门，即正阳门（前门）、宣武门、崇文门，

---

① 据侯仁之主编《北京城市历史地理》，北京燕山出版社 2000 年版，第 115 页。

② 《大清会典（康熙朝）》卷一三一，载沈云龙主编《近代中国史料丛刊三编》第 73 辑，台北：文海出版社 1993 年影印本，第 6513 页。《大清会典（雍正朝）》卷一九七，沈云龙主编：《近代中国史料丛刊三编》第 79 辑，台北：文海出版社 1995 年影印本，第 13294 页。

又被称为前三门。外城在内城的南面，明代后期为抵御蒙古人而建。到明末，外城又称为南城，而内城则分为东、西、北、中四城。[①]

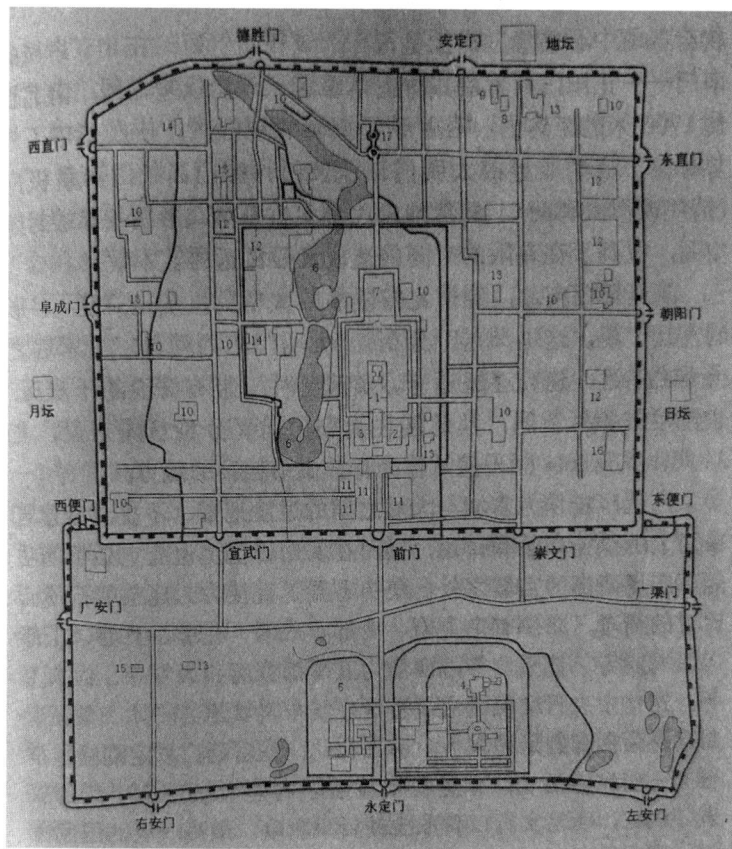

图 1-1 清代京师内外城平面图

除了内外城之外，京师所辖还有城外之城属地带。这一点曾经被

---

① 于敏中等编纂：《日下旧闻考》卷五五，北京古籍出版社 1981 年版，第 886 页。清代京师的空间结构和居民分布情况可参看韩书瑞《北京：公共空间和城市生活（1400—1900）》，孔祥文译，中国人民大学出版社 2019 年版，第 4—6 页。

一些学者忽略。① 还有的学者，误解了京师五城所属区域和顺天府的关系，强调整个京师地区都在顺天府的管辖之下。② 实际上，顺天府和其下辖的大兴、宛平两京县只是京师名义上的管理者。京师五城兵马司（下详）所属区域和顺天府下辖两京县有明显界线。③ 有学者用外厢来形容城属地区。④

明清易代过程中，京师城属地区和大兴、宛平两个京县的界线不清晰。顺治十二年，大兴县令具奏，建议皇帝厘清京县和京师五城地区的分界，以便于缉捕。县令指出：

> 京邑所辖之区与五城兵马捕营接壤，城关内外四十里之牌甲是属编查。四十里之外，属两县（指大兴县和宛平县——引者注）驻防营将。此亘古旧制。照旧料理，庶职掌明而推诿之弊除矣。⑤

尽管京县和京师的分界可能有混淆之处，但可以肯定京县所辖在京师城属地区之外。查康熙朝大兴、宛平两县地方志，可以非常明显地看到，五城所辖不仅包括京师城内，还包括部分城外地方，而大、宛两县所辖则在京师之外。⑥ 雍正五年（1727），由于京师五城和外州县虽有"四址册可稽，但未建立界碑"，故清廷下令在京师五城与外州

---

① 那思陆：《清代中央司法审判制度》，北京大学出版社 2004 年版，第 150 页；Richard Belsky, *Localities at the Center*：*Native Place*，*Space*，*and Power in Late Imperial Beijing*，Cambridge, Mass. : Harvard University Press, 2005, p. 75。

② Zhu Jianfei, *Chinese Spatial Strategies*：*Imperial Beijing*，*1420 - 1911*，London & New York：Routledge Curzon, 2004, pp. 66 - 67；Richard and Belsky, *Localities at the Center*：*Native Place*，*Space*，*and Power in Late Imperial Beijing*，Cambridge, Mass. : Harvard University Press, 2005, p. 175.

③ 韩光辉：《清代北京城市郊区行政界线探索》，《地理学报》1999 年第 2 期。

④ 朱一新：《京师坊巷志稿》卷上，《朱一新全集》上册，上海人民出版社 2017 年版，第 310—311 页。

⑤ 《内阁大库档案》，台湾"中研院"历史语言研究所藏，登录号：006196。

⑥ 张茂节修，李开泰等纂：《大兴县志》卷一，康熙二十四年（1685）抄本；王养濂修，米汉雯等纂：《宛平县志》卷一，康熙二十三年（1684）抄本。

县的边界处设立界碑。① 雍正十二年（1734），清廷明确了京师五城地域和大兴、宛平以及顺天府其他州县的分界：

> 京师东西南北四城与大兴、宛平及外州县地方，犬牙相错，彼此涵淆，皆由城属不随京营汛地管辖、州县不随外营汛地管辖之故。嗣后悉照京营旧制，凡城属地方，有越出京营界外者，就近各归大、宛二县管辖；大、宛二县地方，有夹杂营界内者，就近各归四城管辖。各按界址竖立石碑，永远遵守。②

此处京营汛为步军统领衙门所辖之绿营驻军，外营汛指顺天府所属州县的绿营驻军。这些营汛兵实际上更加类似今天的警察，主要负责缉捕。由上文可知，京师为五城和步军统领衙门管辖的区域。韩光辉认为，雍正十二年确立了京师和京师外地区的界线。他还利用民国初年的资料纠正了光绪《顺天府志》的错误，复原了京师城属地区的界线。从他复原的地图可知，京师大部分地区属于城属地带，城墙内的面积只占很小的一部分。③ 胡恒利用清代资料，证明韩光辉的意见是正确的。④

二　居民

清朝政权始终具有浓厚的满洲特色。早在入关之前，后金（清）就已建立了兵民合一的八旗制度。⑤ 在不断的征战过程中，八旗也不断壮大，至崇德七年（1642），最终确立了满洲、蒙古、汉军八旗。有清一代，百姓有"旗民之分"，即官民人等都可归入旗人和民人两

---

① 《清会典事例》（光绪）卷一〇三二，中华书局 1991 年影印本，第 361—362 页。
② 《清会典事例》（光绪）卷一〇九〇，中华书局 1991 年影印本，第 916 页。
③ 韩光辉：《清代北京城市郊区行政界线探索》，《地理学报》1999 年第 2 期。
④ 胡恒：《清代北京的"城属"与中央直管区》，《开发研究》2016 年第 2 期。
⑤ 有关八旗制度，请参阅孟森《八旗制度考实》，《明清史论著集刊》上册，中华书局 1959 年版，第 218—310 页。

类。① 尽管在旗人内部，汉军与满洲、蒙古的地位不同，但总的来说，旗人内部汉军、满洲、蒙古之间的差别，远不如旗人与民人的差别那样大。② 乾隆帝甚至认为汉军"百年以来，与满洲无异"。③ 欧立德（Mark C. Elliott）也认为，18 世纪之后，旗人等同于满人。④ 直到清末，北京仍有"不分满汉，但问旗民"之说。故从法律身份来看，京师居民主要有旗人和民人两类。

为了维护旗人的特权，清廷对旗人采取特殊政策，实行旗人与民人的分治，其中包括旗民不同居、旗民不同刑和旗民不通婚等。就京师而言，旗民分治再加上北京作为帝都本身的特殊性，使得京师地区的司法管理异常复杂。⑤

清军入关之后，大量八旗军队及家属在北京内城定居，将北京城变为一座大军营。《八旗通志》记载：

> 自顺治元年，世祖章皇帝定鼎燕京，分列八旗，拱卫皇居。镶黄旗居安定门内，正黄旗居德胜门内，并在北方。正白旗居东直门内，镶白旗居朝阳门内，并在东方。正红旗居西直门内，镶红旗居阜成门，并在西方。正蓝旗居崇文门内，镶蓝旗居宣武门内，并在南方。⑥

---

① 习惯上，一般将旗人称为"满人"，民人称为"汉人"。

② 有关八旗内部满洲、蒙古、汉军所处地位及其关系的研究，请参阅李燕光《清代的八旗汉军》，载阎崇年主编《满学研究》第一辑，吉林文史出版社 1992 年版，第 91—103 页；鲁渝生《论八旗中满洲、蒙古、汉军的关系》，《满族研究》1998 年第 2 期。

③ 《高宗纯皇帝实录》卷二七二，乾隆十一年八月辛未，《清实录》第一二册，中华书局 1985 年版，第 556 页。

④ Mark C. Elliott, *The Manchu Way: The Eight Banners and Ethnic Identity in Late Imperial China*, Stanford, Calif.: Stanford University Press, 2001, pp. 13 – 14.

⑤ 有关清代北京旗人、民人的分居和相关状况，可参阅刘小萌《清代北京旗人社会》（修订本），中国社会科学出版社 2016 年版，尤其是第四章。

⑥ 鄂尔泰等修：《八旗通志》（初集）卷二，李洵、赵德贵主点校，东北师范大学出版社 1985 年版，第 17 页。

在旗人士兵和家眷入城的过程中，汉人官员百姓被赶走。满汉分城居住，从顺治元年清军入关就已经开始。顺治元年十月初十日，皇帝登基恩诏内称"京都兵民，分城居住，原取两便，实不得已"，下旨对被迫搬迁的居民蠲免田地租赋。① 这表明，清廷此时已经开始推行满汉分居的政策。

顺治三年（1646）二月，清廷借口京城内"盗贼窃发"，主要原因在于汉人和旗人杂住，五城御史和巡捕营官兵难以巡察，谕令兵部和工部严满汉分居之制，规定汉人未经投充旗下者，不得和满人居住在一起。② 但这次分城居住的政令执行得并不理想，顺治五年（1648），清廷再次下令：

> 京城汉官汉民，原与满洲共处，近闻争端日起，劫杀抢夺，而满汉人等，彼此推诿，竟无已时，似此何日清宁？此实参居杂处之所致也。朕反复思维，迁移虽劳一时，然满汉各安，不相扰害，实为永便。除八旗投充汉人不令迁移外，凡汉官及商民人等，尽徙南城居住。其原房或拆去另盖，或贸卖取价，各从其便。朕重念迁徙累民，著户工二部，详察房屋间数，每间给银四两。此银不可发与该管官员人等给散，令各亲身赴户部衙门，当堂领取，务使迁徙之人，得蒙实惠。六部、都察院、翰林院、顺天府及各大小衙门书办吏役人等，若系看守仓库，原住衙门内者勿动，另住者尽行搬移。寺院庙宇中居住僧道勿动，寺庙外居住者尽行搬移。若俗人焚香往来，日间不禁，不许留宿过夜，如有违犯，其该寺庙僧道，量事轻重问罪，著礼部详细稽察。凡应移迁之人，先给赏银，听其择便，定限来岁岁终搬尽。③

---

① 《世祖章皇帝实录》卷九，顺治元年十月甲子，《清实录》第三册，中华书局1985年版，第95页。

② 《世祖章皇帝实录》卷二四，顺治三年二月甲申，《清实录》第三册，中华书局1985年版，第204页。

③ 《世祖章皇帝实录》卷四〇，顺治五年八月辛亥，《清实录》第三册，中华书局1985年版，第319页。另外，驻防八旗之官兵家属，也不与当地民人杂居。

据此，除了少量在衙门工作的人员，以及寺庙居住的僧道人员外，其余汉人都被要求到南城居住。清初著名汉族文人谈迁提到，八旗"入燕之后，以汉人尽归之外城，其汉人投旗者不归也"。① 此后，内城变为旗人的大本营，以至于在很长一段时间里，外国人称内城为"Tartar City"（鞑靼城），外城为"Chinese City"（汉人城）。欧立德引用一位意大利教士的话说："北京由两个截然不同的城区组成，一个叫满城，另一个称为汉城。满城之所以如此称呼是因为那里由满人以及那些虽然不是满人但入了旗籍或者八旗军队的人居住。而汉城则只由汉人居住。"②

礼亲王昭梿（1776—1833）在《啸亭杂录》一书中记载了这样一个故事。清初一满洲勇士名阿里玛，入京后多行不法，被顺治帝下旨处死。行刑时行至宣武门时，阿里玛说："死则死耳，余满洲人，终不能使汉儿见之，诛于门内可也。"行刑者亦从其言，使其伏法于宣武门内。③ 宣武门是连接京师内外城的城门。清代死囚一般从内城监狱押出，经过宣武门到外城，在外城行刑。阿里玛不希望自己被处死在外城，因为这样会被汉人看到。这从侧面反映出满汉分城的事实，也表明满洲人认同北京内城为其生活空间。满汉分城的政策使得绝大多数汉人迁移到外城居住，内城则成为旗人的居所。在外城和城外城属地带，则主要为汉人居住地。当然，皇帝和旗人也居住在城属的皇家或者满洲贵族园林里。由于普通旗人禁止从事工商业等职业，故北京外城，尤其是前三门外，成为商业区集中的区域。根据韩光辉的研究，清代前期内城人口一直占京师人口的多数。19世纪之前，京师旗人的人口占一半以上。

---

① 谈迁：《北游录》，汪北平点校，中华书局1960年版，第347页。

② Matteo Ripa, *Memoirs of Father Ripa*, trans. Fortunato Prandi；London：John Murray，1844，pp. 51–52. 转引自 Mark C. Elliott（欧立德），*The Manchu Way：The Eight Banners and Ethnic Identity in Late Imperial China*, Stanford，Calif.：Stanford University Press，2001，pp. 98，414。

③ 昭梿：《啸亭杂录》卷八，中华书局1980年版，第234—235页。

表 1-1　　　　　　　　京师人口估算（单位：口）

年份 区域	1647	1657	1681	1711	1781	1882
内城	395000	411700	453300	566600	541100	479400
外城	144000	150460	187900	200100	235142	296711
城属	120000	121900	125700	152100	210736	309044
合计	659000	684060	766900	918800	986978	1085155

资料来源：韩光辉：《北京城市史·历史人口地理》，北京出版社 2016 年版，第 127 页。

应该注意的是，满汉分城并非绝对。对于投充旗人来说，顺治时期他们的族群身份更加类似汉人，法律上却是旗人。他们可以居住在内城，也可以居住在外城。分城居住的制度，也存在例外或是漏洞。自分城伊始，就无法阻止民人违法居住在内城。档案中，早在顺治十一年，就有民人在内城租住。[①] 康熙四年（1665），清廷明确规定投充旗人可以在外城居住，同时要求不在内城居住的正身旗人迁到内城居住。这一规定证明此时有旗人居住在内城之外。康熙二十二年，清廷规定汉军文武官员，不论是否在任，都可以在外城居住。告老、告病的满洲和蒙古八旗官员，也可以在外城居住。[②]

三　管理机构

清代京师地区的行政设置，基本上延续明制，但也有所变化。按明制，京师分为五城，其中内城为中、东、西、北四城，外城为南城。清制北京仍分为五城，但"内城自为五城，而外城亦各自为五城"[③]，即内城分为东、南、西、北、中，外城也是如此。这样五城

---

① 《内阁题本（北大移交题本）》，中国第一历史档案馆藏，档案号：2-30-2088-12、2-30-2089-2。

② 《大清会典（康熙朝）》卷八一，载沈云龙主编《近代中国史料丛刊三编》第 73 辑，台北：文海出版社 1993 年影印本，第 4067 页。

③ 于敏中等编纂：《日下旧闻考》卷五五，北京古籍出版社 1981 年版，第 886 页。

每城都领有内城、外城区域。每城设有巡城御史、兵马司指挥、副指挥、吏目等官。五城巡城御史的人数屡经变化，按顺治十年所定，每城各设满洲、汉军、汉监察御史一员，雍正元年定为满汉各一员。顺治十年题准："新资御史，先试巡城。"后巡城可用回道御史，从六科给事中、十五道监察御史中简派，因此巡视五城御史又被称为巡视五城科道。巡城年限，先是俱令每六个月更换一次，康熙十五年，因五城御史地位日重，令每年更换一次。乾隆元年，定为"一年更换满洲御史，一年更换汉御史，轮流更代，则满汉官莅任均有二年之久，事务可以周知。……实于地方有益"①。五城御史下属五城兵马司，各设指挥、副指挥、吏目一人，俱汉员（俱沿明制，设于顺治元年，初设副指挥二人，康熙十一年裁去一员）。②巡视五城御史由科道官兼用，品秩不变，为正五品或从五品。

五城各坊具体区域及分管官见表1-2。表面上看，五城所辖包括了京师内外城，但实际上其权力主要在外城和京城十六门（内城九门、外城七门）以外的城属地区。这是由于内城居民主要是旗人，其管理自成体系，致使五城官员在内城的权力有限。五城御史不是地方官，但职同地方官。在清朝官政书中，五城常常被视作清代京师的地方政府。顺治十年议准：五城御史各率所属，办理地方之事，厘剔奸弊，整顿风俗。③五城主要执掌京师的司法、治安、救济、街道整治等。④

---

① 《清会典事例》（光绪）卷一〇二五，中华书局1991年影印本，第298—299页。《清朝通典》："巡视五城科道，满洲汉人各一人，……而月具事目，上都察院堂官考核焉。有缺则以六科给事中、十五道御史引见间用，二年而代。初制以新资御史巡城，后改用满洲、汉军、汉人御史每城各一人，雍正元年改定每城二人，以汉军归并汉人班内。……副指挥每城初设二员，顺治十五年各省一员。"《清朝通典》卷二六，浙江古籍出版社2000年版，典2178。

② 《清会典事例》（光绪）卷二〇，中华书局1991年影印本，第265页。此处裁撤副指挥时间与《清朝通典》所载不一。

③ 《清会典事例》（光绪）卷一〇三一，中华书局1991年影印本，第348页。

④ 《清会典》（光绪）卷六九，中华书局1991年影印本，第637页。

表 1-2　　　　　　　　　　　五城区域

城名	坊名及分管官	所辖区域
中城	中西坊（副指挥）	皇城自地安门以东；内城自东长安街以北，王府街以西，兵马司胡同地安桥以南；外城自正阳门大街，西至西河沿关帝庙、煤市桥、观音寺前石头胡同，南至西珠市口大街，又南至永定门西，皆属焉。
	中东坊（吏目）	皇城自地安门以西；内城自西长安街以北，西大市街以东，护国寺街地安桥以南；外城自正阳门大街，东至打磨厂、萧公堂、草厂二条胡同、庐草园，南至三里河大街，皆属焉。
东城	朝阳坊（副指挥）	内城自东大市街以东，东直门街以南皆属焉。外厢则东便门、朝阳门、东直门外，其分地也。
	崇南坊（吏目）	凡内城自崇文门街、王府街以东，交道口、北新桥以南；外城自崇文门外三转桥以东、左安门以北，皆属焉。
南城	东南坊（副指挥）	所属皆外厢，南则永定门、左安门、右安门门外，东则广渠门外，西则广宁门外，其分地也。
	正东坊（吏目）	内城东自崇文门街，西至太平湖城根，北至长安街；外城自崇文门外大街，西至打磨厂、萧公堂，北至三里河大街西，南至永定门东、左安门西，皆属焉。
西城	关外坊（副指挥）	内城自西大市街以西，阜成门街、护国寺街以北，德胜门街以东，皆属焉。外厢则阜成门、西直门、西便门外，其分地也。
	宣南坊（吏目）	内城自瞻云坊大街以西，报子街以北，阜成门街以南；外城自宣武门外大街迤南至半截胡同以西，皆属焉。
北城	灵中坊（副指挥）	内城自德胜门以东，地安桥、兵马司胡同、交道口、东直门街以北，皆属焉。外厢则安定门、德胜门外，其分地也。
	日南坊（吏目）	所属皆外城。自煤市桥观音寺前石头胡同、板章胡同以西，宣武门外大街、半截胡同以东，皆属焉。①

① 朱一新：《京师坊巷志稿》卷上，《朱一新全集》上册，上海人民出版社 2017 年版，第 310—311 页；《清会典》（光绪）卷六九，中华书局 1991 年影印本，第 637 页。雍正、乾隆年间五城曾数次划界，乾隆三十八年最终确定，可参考《清会典事例》（光绪）卷一〇三二，中华书局 1991 年影印本，第 362—367 页。

除了五城外，管理京师的另外一个重要机构是步军统领衙门，其长官官衔为"提督九门巡捕五营步军统领"。[①] 步军统领统辖八旗步军、京师内外城十六门门军和京师巡捕五营，主要负责京师的警戒与治安，同时兼有司法审判等职责，在京师管理中起着举足轻重的作用。其中，巡捕五营为绿营兵，是对明朝制度的继承。开始只有两营，后来增为五营。步军则为八旗兵，是清朝的创设。据唐彦卫考证，步军统领衙门直到康熙十三年（1674）才建立。[②] 康熙三十年（1691），清廷以"京师为辇毂重地，人民商贾四方辐辏，京城内外统辖必有专责"，而"城内地方既属步军统领管理，城外巡捕三营又属兵部督捕等衙门管辖，内外责任各殊，不相统摄，遇有盗案反难察缉"，于是将巡捕三营（原属兵部，初设南北二营，顺治十四年添设中营）归步军统领兼管，[③] 步军统领的官名改为提督九门步军巡捕三营统领。乾隆四十六年（1781），巡捕三营增为中、南、北、左、右五营。步军统领的官衔改为提督九门步军巡捕五营统领。[④]

在旗人居住的北京内城，设有满洲八旗、蒙古八旗、汉军八旗共二十四个都统衙门，负责管理旗人事务，其下设有参领、佐领等。为了维护皇族特权，清廷在顺治九年（1652）设立宗人府，[⑤] 负责管理宗室觉罗[⑥]事务。内务府是管理皇室事务的机构，在清廷入关之前即已成立。[⑦] 内务府主要管理宫廷和上三旗包衣事务。顺治后期，内务

---

① 此衙门的治安职能，可参阅 Alison Dray-Novey, "Spatial Order and Police in Imperial Beijing", *Journal of Asian Studies*, Vol. 52, No. 4, 1993, pp. 885–922。

② 唐彦卫：《清初步军统领设立渊源考》，《历史档案》2015 年第 2 期。

③ 《八旗通志》卷首之八，《景印文渊阁四库全书》第六六四册，台北：商务印书馆 1986 年版，第 152 页。

④ 除上注外，所有内容均引自《清会典事例》（光绪）卷一一五六，中华书局 1991 年影印本，第 518—520 页。

⑤ 《大清会典（康熙朝）》卷一，载沈云龙主编《近代中国史料丛刊三编》第 72 辑，台北：文海出版社 1992 年影印本，第 1 页。

⑥ 清显祖（努尔哈赤之父）的后代为宗室，其伯叔兄弟之后为觉罗，见《清会典》（光绪）卷一，中华书局 1991 年影印版，第 1 页。

⑦ 内务府成立的时间，学术界目前尚未定论，按祁美琴的研究，最晚应在崇德元年。参见祁美琴《清代内务府》，中国人民大学出版社 1998 年版，第 55—58 页。

府一度被十三衙门所替代。顺治帝死后，清廷恢复内务府。内务府人员主要由正黄、镶黄、正白三旗包衣和太监组成。内务府包衣是专属皇帝的私家奴仆，其身份一般不能改变。内务府包衣可划分为佐领下人、管领下人和庄头人三类，其中佐领和管领是内务府旗下组织的基本单位。[1]"内务府三旗，分佐领、管领。其管领下人，是我朝发祥之初家臣；佐领下人，是当时所置兵弁，……庄头旗人，或国初带地投充，或由兵丁拨充屯田，今皆归内务府会计司管辖，不列于佐领、管领之内。"[2]内务府包衣虽为奴仆，但他们"奉天子之家事"，同皇帝的关系特殊，其政治、经济和社会地位，远比一般民人要高。由内务府包衣组成的三旗包衣骁骑营、护军营和前锋营，是清朝重要的禁卫军，负责驻守紫禁城等皇家要地。太监则和其他朝代一样，主要在皇宫以及圆明园等处当差。至于内务府所属庄头、庄丁以及稻田户、鹰户、海户等，地位较低，有与民人类似者。

此外，清沿明制，在京畿地区设有顺天府和大兴、宛平两个京县。从理论上说，"大兴县治都城以东，与宛平县中分"[3]，甚至顺天府及大、宛两县的治所都在内城，[4]但顺天府和大、宛两县在京师的管理权有限，实际管辖范围在京师五城区域之外。吴长元说，"京师虽设顺天府，大兴、宛平两县，而地方分属五城"[5]。《清朝通典》载：大兴、宛平二县，"各掌其县之政令，与五城兵马司分壤而治，抚辑良民，缉禁奸匪，以安畿辅"[6]。作为京县，大、宛两县均在一定

---

① 有关内务府包衣及其组织，可参阅孟森《八旗制度考实》，《明清史论著集刊》上册，中华书局1959年版，第218—310页；郑天挺《清代包衣制度与宦官》，《清史探微》，北京大学出版社1999年版，第55—75页；祁美琴《清代包衣旗人研究》，人民出版社2019年版。

② 福格：《听雨丛谈》卷一，汪北平点校，中华书局1984年版，第4—5页。

③ 张茂节修，李开泰等纂：《大兴县志》卷一，康熙二十四年（1685）抄本。

④ "顺天府治在地安门外鼓楼东；大兴县治在安定门迤南教忠坊；宛平县治在地安门外迤西积庆坊。"详见周家楣、缪荃孙编纂《光绪顺天府志》卷二二《地理志四·治所》，北京古籍出版社1987年版，第677、679页。

⑤ 吴长元辑：《宸垣识略》卷一，北京古籍出版社1983年版，第20页。

⑥ 《清朝通典》卷三三《职官·京尹》，浙江古籍出版社2000年版，典2205。

程度上参与京师的管理。顺天府也大量参与朝廷科考、礼仪、教化以及司法等活动。

总之，清廷设立了一套复杂的管理系统来管理京师。名义上，京师属于顺天府和大兴、宛平两个京县，但他们在京师只有非常有限的管理权。京师地域以五城所辖为准，五城地面的巡城御史和兵马司指挥等，是管理京师的重要机构。然而，京师内外城的治安，主要由步军统领衙门负责。在京师内城，八旗作为兵民合一的组织，其管理自成体系。八旗佐领、参领和都统负责管理本旗事务。宗室觉罗由宗人府管理。宫廷里的太监、宫女和皇帝统属的上三旗包衣，则由内务府管理。这些机构均直接隶属于皇帝。其长官虽然有品级高低，但他们之间并不存在统属关系。

第二节　明代京师审判制度

虽然明代京师设有顺天府和大兴、宛平两个京县，同时京师五城有巡城御史负责管理，但京师事务，多由中央机构直接管理。明代京师案件的审判机构以三法司为主。京师涉及罪名的案件主要由三法司审理。其中刑部和都察院为初审机构，大理寺为二审机构。刑部主要审理民人案件，都察院主要审理职官案件。案件经初审衙门审理后，需移送到大理寺复审。大理寺复审后，即便笞杖轻罪案件，也必须由皇帝裁决。[①]刑部在京师案件的审判中不具备垄断地位。

明代三法司除了审理京师涉及罪名的案件外，还复核直隶和各省的徒及徒罪以上案件。其中，刑部和都察院为第一次复核机构，大理寺为二次复核机构。刑部主要复核民人案件，都察院主要复核官员案件。刑部或都察院复核后，可以将案件驳回，也可以送交大理寺进行第二次复核。大理寺复核后，一般徒、流案件即回复刑部

---

① 那思陆：《明代中央司法审判制度》，北京大学出版社 2004 年版，第 19、145—146 页。

或者都察院，再由直隶或者各省依照判决执行；死罪案件，需交给皇帝裁决。[①]

明代三法司虽然有审判权，但一般不受理词讼。"在京问刑衙门大小词讼，非经通政司准行，非由各衙门参送，不许听理。"[②] 明代通政司可以接受词讼，天下臣民可以在此申诉。奏闻皇帝后交由法司审理。[③] 在京诸多衙门亦可将案件参送给法司审理。一般而言，五城兵马司、五城御史、锦衣卫、东厂、六科给事中（掌登闻鼓，接受京控）和五军都督府接受呈词或者拿获案件后，会具题皇帝后将案件移送给刑部或都察院。[④] 这些衙门往往拥有一定的侦察和初步审讯权。其中，东厂和锦衣卫（厂卫），实际为皇帝的特务和情报机构，深受皇帝信任，不仅拘捕监禁，甚至还定罪拟律。东厂和锦衣卫的权势有时甚至压过三法司。由于皇帝信任太监，经常由太监统领东厂，故厂卫和太监都被视作明朝弊政。三法司的审判权，也遭到厂卫和太监的挑战。[⑤] 与东厂、锦衣卫相反，作为京师地方管理者的五城御史和兵马司，并无审判定罪的权力。万历十四年（1586）之后，明廷准许五城审结不涉及罪名的小事案件（主要为户婚田土等民事纠纷），但对于任何有罪可科的案件，五城均无审判权。[⑥]

---

① 那思陆：《明代中央司法审判制度》，北京大学出版社 2004 年版，第 125、131 页；吴艳红、姜永琳：《明朝法律》，南京出版社 2016 年版，第 91、96、101—102 页。那思陆还提到，正统四年（1439）以后，直隶地区的普通徒流案件，由刑部和巡按御史复审后即可执行；各省普通徒流案件由按察司复审后即可执行；死罪案件则须由三法司复审。那思陆：《明代中央司法审判制度》，北京大学出版社 2004 年版，第 111 页。

② 申时行等修：《明会典》（万历朝重修本）卷二一四《大理寺》，中华书局 1989 年影印本，第 1073 页。

③ 申时行等修：《明会典》（万历朝重修本）卷二一二《通政使司》，中华书局 1989 年影印本，第 1058 页。

④ 那思陆：《明代中央司法审判制度》，北京大学出版社 2004 年版，第 150—151 页。

⑤ 三法司的审判权，除了受到东厂、锦衣卫的挑战外，还受皇帝和内阁的制约。详见那思陆《明代中央司法审判制度》，北京大学出版社 2004 年版，第 234—242 页；吴艳红、姜永琳《明朝法律》，南京出版社 2016 年版，第 79—90 页。

⑥ 孙承泽：《天府广记》卷二《城坊》，北京古籍出版社 1982 年版，第 23—24 页；那思陆：《明代中央司法审判制度》，北京大学出版社 2004 年版，第 92 页。

明代三法司审判权力的格局多有变化。变化之一为三法司会审，即由三个衙门一起审理案件。那思陆认为，三法司会审可以是第一审，也可以是第二审（都察院或者刑部审理之后），甚至第三审（大理寺复审之后）。弘治以后，对于京师重大案件，往往在一审时就由三法司会审。永乐之后，在三法司会审时，刑部成为主审机构，负责汇总判决并具题给皇帝。[①] 这样，大理寺不再是刑部和都察院的上级审判机构，三法司的审判分工就发生了变化。除三法司会审外，京师案件审判程序的变化也表明刑部审判权的上升。弘治十三年（1500）之后，皇帝会下旨将京师某些案件送刑部问罪，刑部审理后可直接题请皇帝裁决。[②] 这种情况下的审判程序就变为刑部审理、皇帝裁决，大理寺无由过问。那思陆据此认为，弘治之后，刑部"部权特重"。[③] 当然，尽管明代就有"部权特重"的说法，但刑部始终没有垄断审判权，尤其是大理寺始终复核京外和京师的常规案件。明末清初官员孙承泽如此描述大理寺的职责，"刑部、都察院问拟内外刑名，俱送寺覆审"[④]。

就明朝京师审判制度而言，最不合理的地方在于，权力过于向中央尤其是皇帝集中。首先，在京师，哪怕笞杖轻罪案件，也必须由皇帝批准，这导致皇帝负担过重。明代中后期内阁和太监权力的扩大，与皇帝本人的权责太重密不可分。其次，三法司审拟京师案件，不分罪名轻重，皆有严格的复审程序。这样固然可以减少冤假错案，但无疑大大加重了三法司的负担。

[①] 那思陆：《明代中央司法审判制度》，北京大学出版社 2004 年版，第 193—194、196 页。

[②] 申时行等修：《明会典》（万历朝重修本）卷二一四《大理寺》，中华书局 1989 年影印本，第 1073 页。那思陆考证此规定应该在正德四年（1509）前确立。那思陆：《明代中央司法审判制度》，北京大学出版社 2004 年版，第 167—168 页。

[③] 那思陆：《明代中央司法审判制度》，北京大学出版社 2004 年版，第 168 页。

[④] 孙承泽：《春明梦余录》卷五〇《大理寺》，《景印摛藻堂四库全书荟要》史部第九六册，台北：世界书局 1988 年版，第 182—356 页。

第三节　满洲司法制度

入关之前，后金/清在司法制度上仿效明制，但满人（女真）没有简单模仿明制，而是依据实际情况加以变通。刘小萌认为，金国时期，在"八和硕贝勒共治国政"的背景下，金国的诉讼程序延续了氏族社会的残余影响，其审判制度可称为"多层合审"制。从基层到中央，有初审、复审和终审三个环节，都由多个地位相近的官员一起审判。[①]这一制度不利于可汗或皇帝的集权。

天聪五年（1631）七月，后金设立六部，刑部为六部之一。[②] 不久，朝廷规定：

> 各牛录额真所属，凡以粮食贷人者，止许取利一年，虽年久亦不得于利上加利。如犬啮牲畜至死者，以肉归畜犬之家，令其赔偿。若二人斗殴不直者，依例责惩。毁衣服者令偿之。死畜之肉私分与人索价者，依例坐罪，以肉给告发之人，仍追价入官。如人堕水救出者，与价值之半。如盗人鸡鹜等类，及斧斤衣服细物，并囊金田稻场内柴草者，依例坐罪，赏告者银三两。如豕入人田者，令送还本主，每次计豕罚银五钱，过三次许赴告，该牛录额真即以其豕给之。如羊入人田者，计每只罚银二钱，骆驼牛马驴骡入人田者，计每匹头罚银一两，仍偿其禾；如逸出边外，与收者银二两，边内一两，城内五钱。矢上不书名姓被人拿获者，罚本人银二十两。以上诸项，俱令各该牛录额真即行审结。事有大于此者，送部审理。[③]

---

① 刘小萌：《满族从部落到国家的发展》，辽宁民族出版社 2001 年版，第 301—303 页。

② 《太宗文皇帝实录》卷九，天聪五年七月庚辰，《清实录》第二册，中华书局 1985 年版，第 124 页。

③ 《太宗文皇帝实录》卷九，天聪五年七月癸巳，《清实录》第二册，中华书局 1985 年版，第 126 页。

由此可知，后金实施两级审判制，刑部主要审理重罪案件，牛录额真（佐领）审理轻罪案件。此时案件的分类也依据罪行轻重，引文中列出的都是牛录额真可以处理的轻罪案件。这些轻罪的评判标准不是汉人（或明朝）社会中实施的五刑（笞、杖、徒、流、死）体制，而是满洲自己的习惯。需要注意的是，后金的二级审判体制并没有彻底取代以前的合审制。

在这一审判体系中，八旗固山额真的作用弱化。崇德三年，皇太极用姜子牙的事迹勉励臣子，固山额真石廷柱回应说，姜子牙"擅生杀之权"，而他哪怕督责牛录章京以下之人，都会"逮至六部，比肩而跪，岂不受辱"。石廷柱因为此言论被送至刑部审理，刑部拟以死罪，但被皇帝赦免。① 石廷柱的言论表明固山额真对旗人并无多少司法权。

除了刑部外，后金/清还在天聪十年（1636）设立了都察院。② 作为监察机构，都察院的司法审判权非常有限。崇德元年五月十四日，皇太极谕：都察院主要监督诸王贝勒和大臣。如果有人在六部等衙门控诉，不等审结又赴都察院控告的话，都察院应该公同议论，"当奏者奏，不当奏者，公议逐之"③。这一规定表明，都察院可以接受呈控，但主要针对某些案件并视情况处理。康熙朝《会典》中有关都察院问刑职责的规定，都是入关后设立的。④ 此外，

---

① 中国人民大学清史研究所、中国第一历史档案馆译：《盛京刑部原档（清太宗崇德三年至崇德四年）》，群众出版社 1985 年版，第 54 页。

② 后金/清设立都察院的时间不详。《实录》最早记录为天聪十年四月十三日（丁亥），为皇太极称帝改元后的第三天。《太宗文皇帝实录》卷二八，天聪十年四月丁亥，《清实录》第二册，中华书局 1985 年版，第 369 页。韦泽利用实录和《满文老档》等资料考证后认为，皇太极设立都察院的时间应该在天聪十年四月己卯（初五）至壬午（初八）日之间。韦泽：《皇太极设立都察院时间考析》，《纪念王锺翰先生百年诞辰学术文集》，中央民族大学出版社 2013 年版，第 222—223 页。

③ 《太宗文皇帝实录》卷二九，崇德元年五月丁巳，《清实录》第二册，中华书局 1985 年版，第 376 页。

④ 《大清会典（康熙朝）》卷一四六，载沈云龙主编《近代中国史料丛刊三编》第 73 辑，台北：文海出版社 1993 年影印本，第 7153 页。张晋藩和郭成康认为入关前都察院主要承担监察职能。张晋藩、郭成康：《清入关前国家法律制度史》，辽宁人民出版社 1988 年版，第 65 页。

清朝在入关前没有设立大理寺，直到入关后才继承明朝的这一机构。也就是说，后金/清政权虽然学习明朝制度，但没有设立三法司，而是将审判权力集中于刑部。现存入关前司法档案也显示，刑部是主要审判机构。[①]

既然入关前并无三法司，那么刑部自然在审判上"部权特重"。后金/清的这一审判职责的安排，学界普遍认为是皇太极为了加强自己的集权，限制满洲贵族的权力。[②] 姚念慈认为，崇德年间，随着皇权相对于其他满洲贵族权势的上升，刑部权力也日益增强。[③] 除了加强君主权力外，由牛录额真和刑部两个审级组成的审判体制，避免了明代体制中的层层审理或者复核，具有简约与高效的优点。尽管采用明制，但入关前清朝的两级审判更多的是对满洲社会的适应。而刑部审理重罪案件且直接对皇帝（可汗）负责，则说明刑部"部权特重"已经是入关前的定制。[④]

除了审判制度外，入关前法律亦与明朝法律迥然不同。为示区别，本书将清廷在入关前形成的法律称为满洲法，包括成文法和习惯法。入关前，后金/清政权虽然颁布了一些法律，但不成体系，没有专门的刑事法典。[⑤]《清史稿》载，清廷在天聪七年（1633）制定了

---

① 中国人民大学清史研究所、中国第一历史档案馆译：《盛京刑部原档（清太宗崇德三年至崇德四年）》，群众出版社 1985 年版；中国第一历史档案馆、中国社会科学院历史研究所注译：《满文老档》，中华书局 1990 年版。除了刑部和牛录额真外，入关前还有一些临时审判形式，主要有诸王贝勒大臣会议、觉罗会议、各部会议等。参阅张晋藩、郭成康《清入关前国家法律制度史》，辽宁人民出版社 1988 年版，第 568—570 页。

② 张晋藩、郭成康：《清入关前国家法律制度史》，辽宁人民出版社 1988 年版，第 52—54、568 页；刘小萌：《满族从部落到国家的发展》，辽宁民族出版社 2001 年版，第 384—385 页；那思陆：《清代中央司法审判制度》，北京大学出版社 2004 年版，第 20—21 页；姚念慈：《清初政治史探微》，辽宁民族出版社 2008 年版，第 208—210 页。

③ 姚念慈：《清初政治史探微》，辽宁民族出版社 2008 年版，第 229—238 页。

④ 那思陆和姚念慈认为，刑部审案并无最后裁决权，一般需要报皇太极决定。那思陆：《清代中央司法审判制度》，北京大学出版社 2004 年版，第 38 页；姚念慈：《清初政治史探微》，辽宁民族出版社 2008 年版，第 229 页。

⑤ 张晋藩、郭成康：《清入关前国家法律制度史》，辽宁人民出版社 1988 年版，第 440—442 页。

"盛京定例"，①但刘景辉指出，这一记载有误，因为盛京之名要到天聪八年（1634）才有。他认为所谓"盛京定例"并非成文法典，而是清朝（后金）在盛京时期颁布的法令的统称。入关后，清廷在一些案件中援引"盛京定例"。②岛田正郎和苏亦工均同意"盛京定例"并非成文法典的观点。③

　　由于满洲社会缺少法典，后世学者只能通过《实录》等官政书以及档案史料来认识满洲法律。岛田正郎认为，虽然没有成文法典，但在清朝入关后编纂的《古今图书集成·祥刑典》卷三九中收集的入关前的有关法律，或许就是满洲法的主干。④张晋藩和郭成康就利用官政书以及入关前档案史料，勾勒出入关前的法律制度。这些法律涉及政治、经济、军事等各个方面。总的来看，努尔哈赤时期，法制很简陋，可汗的谕令和诸贝勒的口头规则或"文书"是重要的法律形式。整个女真社会的法制还处于习惯法向成文法过渡的阶段。皇太极时期，后金或清开始制定各种法律，其中不乏仿照明朝的例子，但更多还是依据满洲习俗因时因事立法。入关前，清朝一直没有形成完整的法律体系，法律还在初创期。⑤

　　①　赵尔巽等撰：《清史稿》卷一四二《刑法一》，中华书局1976年版，第4182页。

　　②　刘景辉：《满洲法律及其制度之演变》，台北：台湾大学历史研究所1969年版，第48—51页。

　　③　［日］岛田正郎：《清律之成立》，姚荣涛译，载刘俊文主编《日本学者研究中国史论著选译》第8卷，中华书局1992年版，第464—465页；苏亦工：《因革与依违——清初法制上的满汉分歧一瞥》，《清华法学》2014年第1期。

　　④　［日］岛田正郎：《清律之成立》，姚荣涛译，载刘俊文主编《日本学者研究中国史论著选译》第8卷，中华书局1992年版，第465页。

　　⑤　张晋藩、郭成康：《清入关前国家法律制度史》，辽宁人民出版社1988年版，第433—444页。

第二章 满汉关系视野下
清前期的修律[*]

第一节 引言

　　入关后，清廷一方面表示继续沿用明律；另一方面表示将尽快纂修律典。由于清朝统治者来自满洲，修律过程中无法绕开对满汉不同法律传统的考量。顺治四年三月二十四日，清廷颁布《大清律集解附例》①（顺治律）。这一律典很大程度上继承了明律。② 顺治帝亲政后，虽然在政治上否定了多尔衮，在立法上也一度表示要编纂满洲法典，但顺治律作为皇朝律典的正统地位却得到确认。顺治十二年十二月，清廷颁布满文顺治律。此后，如何对待满洲法律依然是清廷立法的考量重点，但清廷只是力图将满洲法的部分内容融入《大清律》中，而最终的结果是，清朝的立法固然受到满洲因素的影响，但满洲法逐步丧失正统地位，除了小部分内容融入清律外，主体部分消失在历史

---

　　* 本章第二、三节部分内容以《吴达海揭帖的发现与〈顺治律〉制定过程新考》为题发表在《历史档案》2017年第4期，收入本书时做了修改。

　　① 《世祖章皇帝实录》卷三一，顺治四年三月乙丑，《清实录》第三册，中华书局1985年版，第256页。

　　② 需要指出的是，顺治律也吸收了一些满洲元素。比如，"隐匿满洲逃亡新旧家人"律为顺治律之正式律文。该律源于满洲法律。郑秦：《顺治三年律考》，《法学研究》1996年第1期；胡祥雨：《"逃人法"入"顺治律"考——兼谈"逃人法"的应用》，《清史研究》2012年第3期。顺治与明律之变化详见王宏治、李建渝《顺治律补述》，载中国政法大学法律史学研究中心《法律史学研究》第一辑，中国法制出版社2004年版，第132—143页。

中。本章主要分析顺治律的制定以及顺治律颁布后，清廷在修律时对满洲法律的处置。

学界对顺治年间的修律，尤其是顺治律的成书过程，关注颇多。清末法学家沈家本依据《大清律集解附例》中的吴达海疏和顺治律御制序文对此做了考证。其中，吴达海疏提到《大清律》已经告成，将布告中外，请求颁发圣谕作为御制序，而顺治律御制序文完成的时间是顺治三年（1646）五月。沈家本据此认为，顺治律"始于二年，校定于三年，刊成则在四年"①。岛田正郎认同沈家本的看法，并进一步指出，沈家本没有对御制序文和顺治律颁布的时间差异做明确说明。顺治御制序文的日期是三年五月，其中提到"仍命内院诸臣，校订妥确，乃允刊布"②。岛田引述刚林题本（题于顺治四年三月）认为顺治三年五月即顺治律御制序文完成时纂成律典草案，四年三月颁布已经刊定的律典。在岛田看来，顺治三年五月清律尚未改定，此时颁发御制序文难免过于仓促。他认为该序文主要讲述纂修清律的方针和意义，与顺治律的颁布没有直接关系。他认为，清廷早在顺治元年就接受了汉官孙襄的看法，认可明律为修律的基础。③ 苏亦工同意岛田关于修律过程的看法，认为顺治三年五月御制序文完成时只完成了初稿，顺治律经过差不多一年的修订后方才颁行。苏亦工还认为，清廷采纳了顺治二年六月刑科给事中孙襄的建议，决定修律时采用明律。不过，苏氏强调，顺治律是明律的翻版，并不意味着清廷接受了中原法律传统。④ 谷井俊仁认为"隐匿满洲逃亡新旧家人"律（又称"逃

---

① 沈家本：《顺治律跋》，《寄簃文存》卷八，载氏著《历代刑法考》（四），中华书局 2006 年版，第 2267—2268 页。

② 《御制大清律序》，见《顺治三年奏定律》，载杨一凡、田涛主编《中国珍稀法律典籍续编》第五册，黑龙江人民出版社 2002 年版，第 71 页。

③ ［日］岛田正郎：《清律之成立》，载姚荣涛译，刘俊文主编《日本学者研究中国史论著选译》第 8 卷，中华书局 1992 年版，第 470、474—478 页。岛田所引刚林疏据康熙九年官刊《大清律集解附例》。

④ 苏亦工：《明清律典与条例》（修订版），商务印书馆 2020 年版，第 124—125、157 页。

人法"）可以解释为什么御制序告成于顺治三年五月而顺治律颁行于四年三月。他认为，顺治律在顺治三年五月已经完成，只是"逃人法"尚未入律，所以直到顺治四年"隐匿满洲逃亡新旧家人"律确定以后清廷才颁布顺治。①　张婷认为，顺治三年，多尔衮对已经刊刻的律典并不满意，令官员更加细致地审核，在一年后出版。②

　　上述学者笔下的修律过程可以概述如下：顺治二年清廷开始修律；三年五月前，因修律已成，吴达海上请圣谕一道作为序文；三年五月，摄政王多尔衮颁布序文；四年三月清廷经过修订后颁布顺治律。由于顺治律和明律高度相似，花费将近两年时间来制律，可能不仅仅是技术问题，也不仅仅是因为谨慎。吊诡的是，清廷上下多次强调新修之律典将"参酌满汉"，而历时两年、斟酌再三的结果却是顺治律大规模地继承明律，较少有满洲法的内容。③　那么，清廷在何时、为何改变修律宗旨？

　　本章证明，吴达海上疏时，律典已经告成，但这一版本的律典参酌了满汉法律，与后来颁行的顺治律是两个版本。清廷接到吴达海上呈的律典后，对于是否颁行，依然存在疑虑，故又对律典进行了修改。顺治四年，参照明律的顺治律告成后颁行天下。清初的法律应用（第六章）证明，顺治律沿袭明律，不是满洲汉化的表现，恰恰相反，这是多尔衮力图推行满汉二元法律体系的表现。顺治帝亲政后终结了多尔衮的二元政策，满洲法律和清律并存的二元法律体系也随之终结。

---

　　①　［日］谷井俊仁：《督捕则例の成立——清初の官僚制と社会》，《史林》1989 年第2 期。中文版见杨一凡总主编《中国法制史考证》丙编第四卷，《日本学者考证中国法制史重要成果选译·明清卷》，中国社会科学出版社 2003 年版，第 93 页。

　　②　张婷：《法律与书商：商业出版与清代法律知识的传播》，张田田译，社会科学文献出版社 2022 年版，第 15—16 页。

　　③　周远廉和赵世瑜注意到顺治律制定过程的诡异之处。修律之初，臣下多次建言，多尔衮也屡颁谕旨，但顺治三年五月之后到四年颁行之时，却少有仪式，"完全是虎头蛇尾"。周远廉、赵世瑜：《皇父摄政王多尔衮》，吉林文史出版社 1993 年版，第 325 页。

第二节　参酌满汉：顺治元年至三年的修律

清廷在入关之初，并没有立刻施行明律。相反，清廷力图将满洲法律施加于汉人。顺治元年六月初九日，多尔衮下旨"各衙门应责人犯，悉遵本朝鞭责旧制，不许用杖"[①]。这里虽然只提及鞭责和杖责两种较轻的刑罚，背后却反映了不同的法律传统。鞭责为满洲法律下的主要刑罚之一，而杖责则来自明律。这一做法遭到汉官的反对。六月十八日，顺天巡按柳寅东启言"鞭责不足以威众，明罚乃所以救法"，请求清廷尽早修定律令以解决刑罚问题。多尔衮对此积极回应，表示"鞭责似觉过宽，自后问刑准依明律"[②]。多尔衮的这一表态似乎意味着清廷决定实施明律。然而，这一时期，清廷无论是从司法实践上（详见本书第三至六章）还是律典修定上，都没有倒向明制，而是力图保持满汉二元的法律体系。

当时大臣的奏言和清廷的谕旨都表明，清朝君臣都认识到新修律书必须兼采满、汉两种法律。顺治元年八月初一日，清廷首次就修律宗旨发声。刑科给事中孙襄启多尔衮，建议尽快修律。孙襄认为修律"必详稽往昔之典章，参合新朝之法守"，尽快"会议定式，刊布成书"。[③] 据《实录》，摄政王接受了孙襄的建议，谕令"法司官会同廷臣详绎明律，参酌时宜，集议允当，以便裁定成书颁行天下"。[④] 孙襄的建议表明，新修律典必须同时重视汉人律例传统

---

① 《世祖章皇帝实录》卷五，顺治元年六月乙丑，《清实录》第三册，中华书局1985年版，第61页。

② 《世祖章皇帝实录》卷五，顺治元年六月甲戌，《清实录》第三册，中华书局1985年版，第62—63页。

③ 中研院历史语言研究所编：《明清史料》丙编第3本，上海商务印书馆1936年版，第224页。

④ 《世祖章皇帝实录》卷七，顺治元年八月丙辰，《清实录》第三册，中华书局1985年版，第74—75页。

（"往昔之典章"）和满洲法律（"新朝之法守"）。多尔衮也明确表示修律需要"详绎明律"并"参酌时宜"。①

顺治元年九月初二日，刑部右侍郎提桥启摄政王多尔衮，修律需人，请摄政王下令内院从各衙门遴选官员为总裁、分校，"刻期刊定，颁式天下"。多尔衮下令"各衙门中有材识通明熟谙律令者，著堂官开送内院，酌派具启"。② 都察院推荐陕西道监察御史赵开心参与修律。同月二十一日，内院收到都察院的推荐揭帖。③ 九月二十八日，詹事府推荐少詹事胡世安参与修律。④ 这些推荐表明，清廷在人员配置上做修律准备。

顺治二年二月初六日，因为律例未定，且清廷继续推行满洲二等刑罚而不采用明律中的五刑，刑科都给事中李士焜认为应该通过"早定律法"来解决刑罚问题，并建议修律时"务期援古酌今，详明切当"。多尔衮下旨"修律官参酌满汉条例，分别轻重差等，汇成一编进览"。⑤ 这表明，清廷修律已经进入操作阶段，且修律要同时参酌满汉两种法律。二月十四日，清廷谕，"凡各部所审事情，务将满汉条例，逐一开列，移送刑部定拟具奏"。⑥ 这进一步说明，清廷此时在实践上也遵循满汉法律并用的原则。

此后，有大臣继续要求清廷尽快修律，多尔衮依然积极回应，但未涉及修律宗旨的变化。顺治二年三月初六日，河南道监察御史赵继

---

① 岛田正郎认为，清廷在收到孙襄后的表态说明清廷"一开始就认可了可以沿袭明律"为修律基础。［日］岛田正郎：《清律之成立》，姚荣涛译，载刘俊文主编《日本学者研究中国史论著选译》第 8 卷，中华书局 1992 年版，第 469—470 页。笔者认为，多尔衮此时的表态主要是告知汉官清廷不会放弃明律。

② 《世祖章皇帝实录》卷八，顺治元年九月丁亥，《清实录》第三册，中华书局 1985年版，第 84 页。

③ 《明清史料》丙编第 3 本，第 239 页。该揭帖有"内院大学士批：'留案不批'"字样，表明内院没有立即接受推荐人选。

④ 《内阁大库档案》，台湾"中研院"历史语言研究所藏，登录号：037784。

⑤ 《世祖章皇帝实录》卷一四，顺治二年二月己未，《清实录》第三册，中华书局1985 年版，第 126 页。

⑥ 《世祖章皇帝实录》卷一四，顺治二年二月丁卯，《清实录》第三册，中华书局1985 年版，第 128 页。

鼎奏请"急议修律，以垂永久"，得旨"定律已有屡旨"。① 这表明，清廷对修律一事已有计划。

顺治二年四月，刑部启心郎额尔（儿）革兔督同满洲耿爱、乌黑能、课罗科（均为满洲官员）等汇集《会典》，编录后呈送给多尔衮。② 五月初七日，福建道试监察御史姜金允批评清廷继续沿用满洲两等刑罚而不采用五刑，强调"修律之旨久下，未即颁行，非所以大昭皇仁也。请敕部速行定律，以垂永久"。多尔衮回应，"著作速汇辑进览，以便裁定颁行"。③ 这表明，清廷加快了修律步伐，且修律快要进入汇总阶段。

顺治二年五月十八日，刑科给事中孙襄认为，诸臣对于修律过于郑重，主张"但取清律（指满洲法律）明律，订其同异，删其冗繁，即足以宪百王而垂后世，似无事过为纷更"。多尔衮表示赞同，下旨"修律但宜参酌同异，删除繁冗，不必过为纷更"。④ 孙襄的奏言和多尔衮的回复都证明修律需要参酌满汉，而且孙襄和多尔衮虽然均表示修律不需要搞得太复杂，但仍需要参酌"清律"、明律之异同。⑤

顺治二年六月，刑部收到内院发来的前述刑部启心郎额儿革兔等编录的会典，由刑部左侍郎党崇雅汇纂。吏部主事欧阳蒸、户部员外郎李果珍、礼部主事朱鼎延、兵部主事刘世杰、工部郎中朱国寿等官将各部职掌相关的律令修纂后送到刑部。党崇雅督同郎中张祺、员外郎柯士方、许弘祚、贺梗、宋调元等官员"详按成法，参酌满汉，编

---

① 《世祖章皇帝实录》卷一五，顺治二年三月己丑，《清实录》第三册，中华书局1985年版，第131页。

② 沈家本：《顺治律跋》，《寄簃文存》卷八，载氏著《历代刑法考》（四），中华书局2006年版，第2267页。

③ 《世祖章皇帝实录》卷一六，顺治二年五月戊子，《清实录》第三册，中华书局1985年版，第143页。

④ 《世祖章皇帝实录》卷一六，顺治二年五月己亥，《清实录》第三册，中华书局1985年版，第146页。

⑤ 苏亦工认为，孙襄的建议对顺治律产生了很大影响，故顺治律全盘继承明律。苏亦工：《明清律典与条例》（修订版），商务印书馆2020年版，第124—125页。

辑成帙"。① 这表明此时已有律典初稿，而且这一初稿"参酌满汉"。

六月初八日，河道总督杨方兴建议清廷尽快通过修律解决满洲二等刑罚体制和五刑体制之间的矛盾。杨方兴认为，"今律令未定，有司无所适从，轻重失宜，小民手足无措"，所以请求"皇上参酌古今，兼用清、汉，亟定画一之制，以垂万世"。清廷回应"修律令已有屡旨，候成书颁行。该衙门知道"。② 杨方兴所言"兼用清、汉"即修律需要采用参酌满汉法律传统。此时，修律正在进行中，故多尔衮回应杨方兴，只要等候律典颁行即可。

此后的修律进程表明，清廷没有改变参酌满汉的宗旨。闰六月，刑部将律典初稿呈内院大学士冯铨、洪承畴、范文程、刚林、祁充格、宁完我、额儿革兔等"细加裁议"。在内院大学士们裁议之后，仍令启心郎白色纯和课罗科两位满臣"参证明白，鸠工发刻"。③ 闰六月二十六日，因为清朝没有恢复大理寺的职责，大理寺卿房可壮认为恢复大理寺职掌的要点在于早定律令。清廷表示"律令候即颁发"。④ 这一表态说明，清廷认为修律颇为顺利，新的律典即将颁布。而这一即将颁布的律典，是二年六月"详按成法，参酌满汉"的基础上"编辑成帙"的。

然而，律典的定稿并没有如清朝预计的那样顺利。又经过半年的修改校订，顺治三年元月，刑部尚书吴达海才宣布律典告成，请旨撰写御制序。吴达海疏文详细记载了二年闰六月之后的律典修订过程：

> 该右侍郎臣提桥、臣房可壮再四考订，督同郎中范芝，员外郎张毓中、宋炳、夏之中、萧应聘、宋从心、周璜、段腾藻、毛永龄、韩养醇，主事王凤林，司务周再勋、傅作衡，逐编磨勘，

---

① 《内阁大库档案》，台湾"中研院"历史语言研究所藏，登录号：203851。
② 《内阁大库档案》，台湾"中研院"历史语言研究所藏，登录号：185040。
③ 《内阁大库档案》，台湾"中研院"历史语言研究所藏，登录号：203851。
④ 《世祖章皇帝实录》卷一八，顺治二年闰六月丙午，《清实录》第三册，中华书局1985年版，第165页。

臣吴达海、左侍郎臣阿拉善、右侍郎臣李率泰督令河南司员外郎金灿缮刊。今已告成，行将布告中外，请颁圣谕一道，刊载编首，用垂久远。俾天下臣民恪奉遵行。相应具题，为此具揭，须至揭帖者。①

在疏文中，吴达海指出，这一已经告成的律典纂修过程如下。

1. 顺治二年四月，刑部启心郎额儿革兔督同耿爱、额记库乌黑能、课罗科遵旨汇集会典，录进睿览。

2. 六月，刑部左侍郎臣党崇雅汇纂，在收到各部职掌相关的律令后，参酌满汉，编辑成帙。

3. 闰六月，由内院满汉大学士暨刑部额儿革兔细加裁议，令启心郎白色纯同课罗科参证明白后，聚集工匠进行刊刻。

4. 刑部侍郎提桥等官员再四考订、仔细磨勘后，尚书吴达海等监督刊刻。

5. 三年正月，律典告成，即将颁行，吴达海上疏请颁圣谕一道为序。

吴达海疏表明，在修律过程中，清廷确实兼采满汉。首先，如果只是照抄明律，没有必要先由启心郎额儿革兔等满官在二年四月汇集会典进呈。其次，二年六月，刑部汇纂时，是"参酌满汉"后"编辑成帙"的，而且五月孙襄的奏言和多尔衮的回应都表示修律要参酌满汉。再次，闰六月，满汉大学士和刑部满官额儿革兔对律典初稿细加裁议后，又由"启心郎臣白色纯同课罗科参证明白"后，方"鸠工发刻"。如果不是涉及满洲法律，无必要再次由满洲官员去参证。最后，吴达海疏的记载和前述《实录》中的记载具有一致性，都强调修律必须"斟酌满汉"。

---

① 《内阁大库档案》，台湾"中研院"历史语言研究所藏，登录号：203851。

表 2 - 1   顺治元、二年修律宗旨的表述

时间	修律宗旨	场合
元年八月初一	详绎明律，参酌时宜	回应刑科给事中孙襄修律请求
二年二月初六	参酌满汉条例	回应刑科都给事中李士焜
顺治二年五月十八	参酌同异，删除繁冗	回应孙襄修律不必过于纷更的请求
二年六月	详按成法，参酌满汉	吴达海疏中回顾

第三节 修律宗旨的转变与顺治律的颁布

前文已述，顺治三年元月，吴达海就上疏表示律典已经告成，即将颁行。然而，顺治律御制序文迟至三年五月方才定稿，而顺治律则要到四年才颁布。清廷为何迟迟不颁布已经告成的律典？考虑到顺治四年颁行的顺治律几乎就是明律的翻版，清廷没有颁行吴达海具疏时告成的律典，最大的可能是这一律典"参酌满汉"，如果颁行，可能会引发混乱，故多尔衮和身边的近臣需要仔细斟酌。在顺治三年五月完成的顺治律御制序文中，清廷一方面表示吴达海进呈的律典"详绎明律，参以国制"；另一方面又表示"书成奏进，朕再三覆阅，仍命内院诸臣，校订妥确，乃允刊布"。[①] 而据顺治四年刚林疏，"尚书吴达海督令员外郎金灿缮写进呈"之后，"皇上惟恐一有未当，不便遵行，"仍命内院范文程、刚林等官再加审定。[②] 御制序的表态和后来刚林疏都说明，清廷收到吴达海上疏时进呈的律典后，认为这一律典不能颁行。

清廷此时甚至认为，律典的修改并非短时间里可以完成。顺治三年六月十八日，刑科给事中杨璜疏言："国家制刑，先定律令，所以

_____

① 《御制大清律序》，见《顺治三年奏定律》，载杨一凡、田涛主编《中国珍稀法律典籍续编》第五册，黑龙江人民出版社 2002 年版，第 71 页。

② 见《顺治三年奏定律》，载杨一凡、田涛主编《中国珍稀法律典籍续编》第五册，黑龙江人民出版社 2002 年版，第 72 页。下文所引刚林疏均源于此，不再另行标注。

彰明宪典，示民画一也。龙飞三载，更定律令，尚未颁行。天下无所遵守，不但犯法者不知其得罪之由，而用法者不免乘一时之意。乞敕所司刊定颁示，以几刑措之风。"清廷对此回应，"下部知之"。① 这一表态和前述顺治二年闰六月"律令候即颁发"的表态完全不同。也就是说，在御制序完成后，最高统治者对律典的颁行日期，尚不如一年前有把握。

笔者认为，顺治律的制定如此周折是因为清廷改变了修律宗旨：顺治三年正月吴达海所呈的是一部参酌满汉的律典，多尔衮思考再三，决定制定一部以明律为底本的《大清律》。刚林题本也描述了修律过程，有些细节也展示了修律宗旨的转变，兹抄录如下（黑体系引者所加）：

> 内翰林国史院掌院事、大学士臣刚林等谨题：
>
> 为《清律》奉旨审校，臣等考订已完，恭请圣裁颁布，以昭法守事。前刑部尚书吴达海等屡遵明旨，纂修《清律》，该刑部侍郎党崇雅、启心郎额儿革兔，率同壹其夏库耿爱、额记库课罗科、乌黑能、员外柯士芳、许弘祚、宋调元，将**前书纂完**，随送到院。该臣范文程、臣刚林、臣祁充格、臣冯铨、臣洪承畴、臣宁完我，暨刑部启心郎额儿革兔，裁议已定。又该刑部侍郎提桥、房可壮，再四详核，率同启心郎白色纯、周天成，郎中范芝、张毓中、宋炳、夏之中、萧应聘、宋从心、周璜、段腾藻、毛永龄、韩养醇，员外郎王凤林，司务周再勋、傅作衡，逐编磨勘。尚书吴达海督令员外郎金灿缮写进呈。皇上惟恐一有未当，不便遵行，仍命臣范文程、臣刚林、臣祁充格、臣冯铨、臣宁完我、臣宋权，再加审定，斟酌满汉，务合时宜。臣等谨同学士蒋元恒、督额记库课罗科、亢得时能兔、他其哈对沙尔杜，及刑部

_____

① 《世祖章皇帝实录》卷二六，顺治三年六月癸巳，《清实录》第三册，中华书局1985年版，第224页。

郎中范芝、宋炳、张毓中,逐款翻阅校正。他其哈封嗔打红、笔帖式哈封莽计兔、笔帖式戴阳、阿年哈等,**缮写完毕**,仍发刑部,随该侍郎房可壮、员外郎王凤林、司务傅作衡等对阅,随付郎中韩养醇,员外郎金灿订刻,今已告竣。臣等谨将刊完《大清律集解附例》十卷,具疏奏进,伏乞圣鉴裁定,颁行中外,庶法守昭明,臣民永知遵守矣。为此具本,谨题请旨。

　　奉圣旨:"是。《大清律》著颁行。"

根据刚林题本并结合御制序,顺治律制定的后续过程为:

　　1. 多尔衮收到吴达海疏后,觉得该律还需要修订,在完成御制序(顺治三年五月)后,下旨命范文程、刚林、祁充格、冯铨、宁完我等再加审定,"斟酌满汉,务合时宜";

　　2. 随后,刚林等"督同学士蒋元恒、督额记库课罗科、亢得时能兔、他其哈对沙尔杜,及刑部郎中范芝、宋炳、张毓中、逐款翻阅校正",由他其哈封嗔打红、笔帖式哈封莽计兔、笔帖式戴阳、阿年哈等"缮写"后发送刑部;

　　3. 顺治四年三月,刑部对阅、订刻完毕,刚林具题请旨颁发,多尔衮批准。

　　仔细推究吴达海疏和刚林题本,不难发现清廷在收到吴达海疏后改变了修律宗旨。第一,刚林题本将吴达海三年所呈的律典称为"前书",这一版本的律典与顺治四年颁行的顺治律相对应。换言之,顺治二年闰六月内院大学士没有改变党崇雅主持编辑的律典,吴达海在顺治三年上呈的律典在修律原则上与党崇雅编辑的版本没有大的出入。吴达海在疏中明确提到该律典已经完成,将"布告中外",这表明刑部认为该版本的律典符合朝廷的立法本意并且可以马上颁行。

　　第二,顺治三年正月多尔衮看到吴达海呈送的律典之后,思考再三,决定改变修律宗旨。据御制序,多尔衮决定由内院诸臣"校订妥确，乃允刊布"。刚林题本直言多尔衮收到吴达海所呈之律典后，仍命臣范文程、刚林等"再加审定，斟酌满汉，务合时宜"。这时的修律原则是"斟酌满汉，务合时宜"，与御制序中提及的先前修律原则"详译明律，参以国制"（指满洲之制）和吴达海疏中提到的"详按成法，参酌满汉"，均有差异，也不同于清廷在顺治元年八月回应孙襄修律的请求时确立的修律宗旨："详绎明律，参酌时宜。""详绎明律，参酌时宜"虽然以明律为主，但孙襄自己也要顾及"新朝之法守"——所谓的"时宜"。而顺治三年多尔衮收到参酌满汉的律典后，又提出"斟酌满汉，务合时宜"的修律原则，应该是他考虑再三的结果。其中，"务合时宜"才是重点，即新律应当适合汉人社会。

第三，又据刚林题本，刚林等在接到多尔衮修律"务合时宜"的旨意后，会同学士蒋元恒和刑部官员对律典"逐款翻阅校正"。这说明他们对吴达海所呈律典做了较多修改，从侧面说明修律方针的改变。

第四，吴达海所呈律典经过了启心郎白色纯和课罗科两位满洲官员的参证，而刚林所呈律典则没有满洲官员参证这一步骤。他其哈封嗔打红等只是缮写了律典草案。由于顺治律几乎为明律的翻版，且系汉文，自然不必由满洲官员专门参证。

第五，在《实录》等文献中，要求修律的都是汉人或者汉军旗人官员，而且进言的背景都是满人不尊重汉人法律传统。

第六，我们从《大清律》的满文版本情况可推断顺治三年清廷改变了修律宗旨。康熙九年，刑部指出律内大字（律之正文）的满文译本与汉字版本差别较大，有满字与汉字不符者，也存在汉字有而满字无的内容，其原因在于律文大字的满文版系顺治三年内院校定后译发刑部，刑部不便更改。[①] 据此可知，顺治三年修律时清廷曾将律文的部分大字翻译成满文。然而，直到顺治十二年十二月十五日，清廷方颁布

[①] 《大清律集解附例》卷首，载杨一凡、田涛主编《中国珍稀法律典籍续编》第五册《顺治三年奏定律》，王宏治、李建渝点校，黑龙江人民出版社 2002 年版，第 3 页。

《大清律》的满文版本。① 顺治四年到十二年，大部分满洲官员如果不识汉字，根本无法直接了解清律的内容。顺治三年为何只翻译部分大字律文？为何清律的满文版本数年之后方才颁行？最合理的解释是，顺治三年翻译的内容是清廷奉行"参酌满汉"修律宗旨时准备采用的部分；同年清廷更改修律宗旨，决定搬用明律之后，只是用顺治律来安抚汉人，并不介意满洲官员是否了解顺治律的内容，所以也就没有必要继续将律文的其他部分翻译成满文。

顺治九年的一份题本亦可从侧面证明，清廷在顺治三年五月改变了修律宗旨。顺治八年六月二十七日，大学士李率泰建议更改律例以加重对贪官污吏的惩罚力度。皇帝表示同意，当日下旨由相关衙门议复。九年正月十一日，刑部满汉官员共同具题，拒绝了李率泰的建议。刑部在题本的结尾部分写道：

> 惩贪之法，古来亦有甚严者。即我清朝元、贰、叁年，以人心积玩，亦曾不论赃数，间用重典。至顺治叁年伍月，已将清律参酌古今，刊布天下，永为遵守矣。更张未便。②

从字面上看，刑部认为清律已在顺治三年五月"刊布天下"。不过苏亦工指出，顺治三年六月，刑科给事中杨璜请求颁行《大清律》，这说明五月尚未颁行。③ 今日我们已经知道顺治律于顺治四年颁行。刑部在顺治九年将顺治律颁布时间弄错的可能性很小。"顺治叁年伍月，已将清律参酌古今，刊布天下"这句话极有可能指的是三年五月清廷颁布御制序，并在此时确立了修律宗旨——不再强调吸收满洲法，而

---

① 《世祖章皇帝实录》卷九六，顺治十二年十二月乙丑，《清实录》第三册，中华书局 1985 年版，第 752 页。

② 《内阁大库档案》，台湾"中研院"历史语言研究所藏，登录号：038733。

③ 苏亦工：《明清律典与条例》（修订版），商务印书馆 2020 年版，第 126—127 页。杨璜请求颁律之事载《世祖章皇帝实录》卷二六，顺治三年六月癸巳，《清实录》第三册，中华书局 1985 年版，第 224 页。

是采用明律。顺治律（包括惩治贪官的律文）也确实沿袭明律。在刑部看来，至少就惩治贪官的内容而言，顺治律不能更改。①

顺治律颁布后，清廷没有让满人遵守这一源自汉人的律典。苏亦工指出，满洲法律传统依然强大，以明律为底本的《大清律》得不到满人尊重。② 在刑罚上，清廷没有让旗人遵照清律。旗人在顺治十年前适用满洲刑罚。③ 有意思的是，学者们列举的顺治律在清初得到应用的案例，均为汉人案件。④ 本书第六章将证明，清廷在顺治律颁行之后，立刻将其应用于直省汉人，并没有马上应用于旗人。由此可知，清廷颁布顺治律主要是为了安抚汉人；在旗人犯罪时，若满洲法律与顺治律冲突，清廷依然不顾汉人律典，按照满洲法律审理。

清廷修律宗旨的转变与当时满汉冲突有关。顺治三年初，剃发、衣冠、圈地、投充、逃人等充满满洲特色的法律已经造成了大量的满汉冲突，再大规模地将满洲法律应用于汉人，会遭致汉人更大规模的反抗。多尔衮自然会意识到这一点。御制序告成后，清廷又花了差不多十个月的时间方才颁行顺治律。考虑到顺治律几乎照抄明律，过于粗糙，⑤ 故在这十个月里可能仍有是否兼采满汉的争执，才使这一部粗糙的律典费时如此之长。顺治三年十月十三日，多尔衮下旨禁止任何人具疏讨论与剃发、衣冠、圈地、投充、逃人牵连之事。⑥ 这说明

---

① 刑部拒绝李率泰的建议或许有其他因素。李率泰在具奏后的次月便被皇帝革任，而刑部回奏则在顺治九年。李率泰革任之事可参见《世祖章皇帝实录》卷五八，顺治八年七月戊子，《清实录》第三册，中华书局1985年版，第461页。

② 苏亦工：《明清律典与条例》（修订版），商务印书馆2020年版，第155—167页。

③ 胡祥雨：《清代法律的常规化：族群与等级》，社会科学文献出版社2016年版，第40—44页。

④ 郑秦：《顺治三年律考》，《法学研究》1996年第1期；周远廉、赵世瑜：《皇父摄政王多尔衮》，吉林文史出版社1993年版，第327—328页。

⑤ 时人谈迁就指出顺治律甚至有"大诰减等"的字句。见氏著《北游录》，汪北平点校，中华书局1960年版，第378页。

⑥ 《世祖章皇帝实录》卷二八，顺治三年十月乙酉，《清实录》第三册，中华书局1985年版，第237页。

当时这些满洲法律已经严重影响到满汉关系。由于面临满洲贵族的压力，清廷将"逃人法"入律。这是清廷"斟酌满汉"之后少有的写入顺治律的满洲法律。当时逃人问题十分严重，[①] 而且逃人问题关系到满洲切身利益，其打击对象又以窝逃之汉人为主，将"逃人法"入律也不足为奇。至于圈地等其他应用于汉人的满洲法律则只能以"法外有法"[②] 的形式存在。

总之，清廷曾以参酌满汉为宗旨修律，吴达海在顺治三年正月上请御制序时所呈的律典符合这一宗旨；多尔衮思考再三，五月颁布御制序，决定修律应当"斟酌满汉，务合时宜"，也就是新颁布的律典应当适应汉人社会；四年三月，清廷颁布一部几乎为明律翻版的顺治律；在实践中，满洲法律传统依然浓厚，满人并不尊重顺治律。

第四节　顺治帝亲政时期及顺治朝之后满洲法的命运

多尔衮死后，顺治帝逐步掌权并实施和其叔父不一样的政策。自顺治十年起，清廷逐步建立起顺治律在旗人中的权威，大部分旗人案件依据清律断案（第六章）。然而，满洲法律并未完全退出历史舞台。顺治十年二月初七日，东城理事官王光宗和广西道试监察御史白尚登建议将清律翻译为满文，因为满臣多不认识汉字，引律时需要旁人解释。同时，因为汉官不了解满洲靠例，二人建议将满洲靠例编纂成书后刊行。两天后，皇帝下旨由刑部处理。[③] 王光宗和白尚登的题本表明当时满汉官员需要了解并应用满、汉两种法

---

① 顺治三年五月的一份记载显示，只在数月之间逃人就有几万。《世祖章皇帝实录》卷二六，顺治三年五月庚戌，《清实录》第三册，中华书局1985年版，第218页。

② 这里借用周远廉和赵世瑜的用语。周远廉、赵世瑜：《皇父摄政王多尔衮》，吉林文史出版社1993年版，第328页。

③ 《内阁题本（北大移交题本）》，中国第一历史档案馆藏，档案号：2-31-2136-4。

律。这说明满汉法律都被清朝承认并应用。因为满官多不懂汉语，而汉官多不了解满洲法律，如果二者地位相等的话，这两起任务都应该尽快完成。

然而，事实并未如此。顺治十二年（1655）十月十八日，顺治帝指出官员"引用律例，多有未惬"，要求刑部赶紧将"满汉字律例作速誊写进呈"，以便早日颁行。皇帝并未提及满洲靠例。① 十二月初九日，刑部将翻译成满文的《大清律》印刷好后进呈给皇帝时表示，"尚有盛京所定及鼎新后拟定例"将另缮进览。② 由此可知，满洲靠例也在编纂之中。十二月十五日，清廷颁行满文《大清律》。③ 同日，刑部在回复王光宗和白尚登的题本时表示，"大清汉字律遵行已久"，清字律已经刊刻进呈皇帝，等待皇帝详览颁行。尽管刑部回复王光宗、白尚登二人的题本的主旨是"添刻清字律令兼颁满汉靠例"，但只回应了清字满文《大清律》之事，没有提及满洲靠例的编撰。④

清廷可能从来就没有编撰过一部独立的汉字满洲靠例。一则《实录》等清代文献并无此满洲靠例成书的记载；二则《实录》记载显示，清廷后来希望将适用的满洲法条文纂入清律。顺治十七年（1660）四月初八，大学士觉罗巴哈纳等遵谕校订律例，将"盛京定例"及历年所奉上谕和部院衙门条例，分析"应入律不应入律各款，缮写满汉文各六册，进呈御览"。⑤ 这表明，清廷此时力图将有关满洲法律的条款并入清律中，而不是要制定一部单独的满洲法律。由此看来，清律而非满洲法律，才是王朝的正统法典。曾经独立于清律之外

---

① 《世祖章皇帝实录》卷九四，顺治十二年十月戊辰，《清实录》第三册，中华书局1985年版，第740—741页。

② 《内阁题本（北大移交题本）》，中国第一历史档案馆藏，档案号：2-31-2135-18。

③ 《世祖章皇帝实录》卷九六，顺治十二年十二月乙丑，《清实录》第三册，中华书局1985年版，第752页。

④ 《内阁题本（北大移交题本）》，中国第一历史档案馆藏，档案号：2-31-2136-4。

⑤ 《世祖章皇帝实录》卷一三四，顺治十七年四月壬辰，《清实录》第三册，中华书局1985年版，第1036页。

的满洲法律条文，如果合适，应该载入清律，成为清律中的满洲法源。与这一思想相一致，康熙朝修律时，朝廷关注的是不合时宜的条文以及满、汉两种文字的异同。将满洲法律写入清律，并不是修律的主要目标。①

当然，我们不能简单地认为清朝统治者轻易地废弃了满洲法。在康熙朝修定的《大清会典》以及《刑部现行则例》（以下简称《现行则例》）等官方文献中，我们可以看到一些入关前制定的例文。这些例文可能就是满洲法律的部分内容。康熙朝《大清会典》并未将典与例分开，而是收入了一些废弃的例文。故收录入关前的旧例，并不表明这些例文都在康熙时期都具有实际效力。② 与《大清会典》不同，康熙朝制定的《刑部现行则例》是清朝官员在判案时应用的例文，具有实际效力。苏亦工认为，《刑部现行则例》中的有些条文保留了比较鲜明的满洲特色，当中最具代表性的是刑罚上的双轨制，即对旗人适用鞭责；对民人适用板责。苏氏还认为，《人命》门的三条例文，《故杀奴仆》《官员妻母殴死奴仆》《打死他人奴仆》，其"追人"入官或者付给死者之主的刑罚，突出体现了入关前满洲法的特征。③

的确，如何处理旗人犯罪和满洲法，依然是康熙朝立法者的关注点之一。在《现行则例》中，有一些曾经存在于满洲社会的满洲刑罚（如苏亦工提到的"追人"），并存有不少专门针对旗人的例文。比如，"旗下徒流折枷号"例直接规定旗人犯徒、流、军罪不必实发。④ 这一条例的初始形态制定于顺治十三年。该条例在承认

---

① 可见雍正朝《大清律集解附例》（雍正三年版，藏国家图书馆）第一册之《谕旨》和《奏疏》。尽管顺治、康熙两朝多次修律，但直到雍正朝，清廷才再次颁布修订后的《大清律集解附例》。

② 李明在考察清代命案中的"追埋葬银"问题时注意到不同时期对"过失杀"追银的不同规定：入关前为鞭笞、赔人一口，康熙三年改为"赔人给银"，康熙八年复归为依据清律处理。李明：《清代命案中的"追埋葬银"：从立法到司法的历史考察》，《中国法律史研究》2016 年卷，社会科学文献出版社 2016 年版，第 93、95—96 页。

③ 苏亦工：《明清律典与条例》（修订本），商务印书馆 2020 年版，第 267 页。

④ 《刑部现行则例》卷上，载刘海年、杨一凡总主编《中国珍稀法律典籍集成》丙编第三册，科学出版社 1994 年版，第 553 页。

了清律权威的前提下，确保旗人得到优待。① 类似的明确专门处理旗人犯罪的例文一共有48条（见表2-2）。这些例文大多为入关后清廷为应对旗人犯罪而设，不少规定体现了满洲社会的特色。

表2-2　　　《现行则例》中专门针对旗人的例文②

年幼免流	各省驻防兵丁买人	外省驻防旗人放债	旗人诱人贩卖
反叛奴仆入官	出差人买人	禁人贩子牙子	昌平等城兵丁为盗
旗人徒流折枷号	不给买主	市城马贩	另户之主为盗
新满洲治罪	卖身旗下有房田	外省马贩	在屯奴仆为盗
被掳投归	旗下人入官	霸占要地生理	强盗事犯屯拨什库处分
论功免死	满洲人不许卖与汉军民人	紫禁城内骑马	旗人以窃报强
查阵亡效力	聘娶之妇	领兵将军等扰害良民	采纵官兵治罪
不许赎身	偷嫁女儿	口外逃人	奴仆掌奸
承追官员交该部	投充人之女聘嫁	马匹不按时喂饮	买良为娼
逃人干连	隐匿入官人口	旗下各屯人等马匹令其用印	旗下家人庄头倚势害民
汉军革职等官回旗	旗下人出境放债	抢夺及指匿逃人	查拿吃烟
直隶各省买人	旗下人私自出境	逃人白昼抢夺	旗下有犯强盗罪停其解部

　　上述例文都是针对旗人特定罪名，当中有少部分源自入关前的满洲法。对《现行则例》中沿自满洲法的例文，学界尚未有专门研究。前述苏亦工的研究只是从刑罚的角度简单地提及《现行则例》所展示的满洲特色。胡祥雨在考证"家长奸家下人有夫之妇"例时，提到此

————————

① 胡祥雨：《清代法律的常规化：族群与等级》，社会科学文献出版社2016年版，第59页。
② 这里列出的是明确针对旗人的例文。另外有些例文，并未直接说针对旗人，但可能源自满洲法或者是针对旗人而设立的。这些例文需要仔细甄别，故暂未列入。

例源自满洲法，入关后此例逐步受到汉人思想的影响。《现行则例》对"家长奸家下人有夫之妇"的规定已经渗入了汉人的等级观念。①除此以外，未见有学者关注《现行则例》中源自满洲法的例文。

仔细钩沉文献，不难发现，除了"家长奸家下人有夫之妇"例外，《现行则例》中还存在一些例文具有满洲法渊源。例如，《现行则例》"婚姻"门"偷嫁女儿"例规定：

> 凡家仆女儿不问伊主偷嫁与人，五年内控告者，将所嫁之女断回与本主，给还聘礼。嫁女之人鞭一百。若过五年，免其夫妻拆离，给银四十两。如不得银，仍将夫妻拆离。其嫁女之人亦鞭一百。凡系辛者库人之女，不论年分远近，将女儿断与伊主，将偷嫁之人亦鞭一百。其该管拨什库应无庸议。若明知辛者库与旗下人家仆之情，说媒及聘娶者，照不应重律治罪。若不知情，免罪。②

这一例文涉及的刑罚为鞭刑，提及的拨什库、辛者库、旗下家仆皆系满洲社会的产物。依据这些条件我们可以推断出这一条例文是满洲社会的产物。入关前，清廷就禁止旗人私自嫁女。天聪九年（1635）三月初十日，户部传汗谕：

> 凡章京及章京兄弟、诸贝勒下人、专达、巴雅喇、芬得拨硕库等之女子、寡妇，须赴报明，（户）部中人转问各该管诸贝勒，方可准嫁，若不报而私嫁者罪之。至于小民女子、寡妇，须问各该管牛录章京，方可准嫁。……其专管牛录与在内牛录皆同此例。③

---

① 胡祥雨：《清代"家长奸家下人有夫之妇"例考论——满、汉法律融合的一个例证》，《法学家》2014 年第 3 期。
② 《刑部现行则例》卷上，载刘海年、杨一凡总主编《中国珍稀法律典籍集成》丙编第三册，科学出版社 1994 年版，第 514 页。
③ 中国第一历史档案馆编：《清初内国史院满文档案译编》（上），光明日报出版社1989 年版，第 155 页。

这一禁令说明满洲社会存在极强的人身依附关系，不光平民，甚至连章京人等私自嫁女也属于犯罪。家仆和主人的人身依附关系更加密切，其嫁女受到家主限制也自在情理之中。据康熙朝《大清会典》："国初定，凡家仆将女子私嫁与人，不问本主者，鞭一百。不论年分远近，生子与未生子，俱离异，给与本主。"① 康熙朝《大清会典》如果提及顺治朝事例，往往直接用顺治年号，如果不知道年份，也会用"顺治年间"，而不用国初。② 这一记载印证了入关前满洲社会就不许家仆私自嫁女，且不顾结婚年月强制要求出嫁之女给还本主。《现行则例》在入关前禁令的基础上有所变化，不再拆散结婚五年以上的家仆之女。这说明满人对主奴关系的考量，已经受到汉人婚姻观念的影响。纵观《现行则例》的"偷嫁女儿"例文，其满洲色彩依然非常浓厚。雍正修律时，并未收入这一例文，但在《督捕则例》《户部则例》以及《大清律例》嘉庆六年所定之例中，这一例文的精神得到延续。③

再如，《现行则例》"杂犯"门"失火"例规定："凡出征打猎之处失火者，鞭一百。"④ 例文虽然没有明确这是针对旗人的，但"鞭一百"的刑罚揭示出它可能具有满洲渊源。据康熙朝《大清会典》，"国初定，凡在行兵围猎之处失火者，鞭一百"。⑤ 这两条例文的意思基本一致，只有个别文字差异。故《现行则例》中"失火"例具有满洲法的渊源。这一例文收入雍正朝《大清律》，并一直保留到清末。收入雍正律时，例文改为"凡出征行猎处失火者，杖一百"。只将刑罚由鞭改为杖。⑥ 这一

---

① 《大清会典（康熙朝）》卷一一三，载沈云龙主编《近代中国史料丛刊三编》第73辑，台北：文海出版社1993年影印本，第5662页。

② 对年岁久远，具体年份不可知者，"止书曰国初，曰顺治初"。杨一凡、宋北平主编：《大清会典（康熙朝）·凡例》，关志国、刘宸缨点校，凤凰出版社2016年版。

③ 《读例存疑》卷三六，载黄静嘉编《读例存疑重刊本》，台北：成文出版社1970年版，序号：314.06之评论，卷五三，捕021之评论。

④ 《刑部现行则例》卷下，载沈厚铎主编：《沈家本未刊稿七种》，刘海年、杨一凡总主编《中国珍稀法律典籍集成》丙编第三册，科学出版社1994年版，第553页。

⑤ 《大清会典（康熙朝）》卷一二三，载沈云龙主编《近代中国史料丛刊三编》第73辑，台北：文海出版社1993年影印本，第6144页。

⑥ 《大清律集解附例》卷二六，雍正三年本，第10页。《读例存疑》卷四四，载黄静嘉编《读例存疑重刊本》，台北：成文出版社1970年版，序号：382.01。

刑罚改变说明例文适用至汉人时必须遵守汉人律例的刑罚规定。

《现行则例》"诉讼"门"家仆告主"例的规定与清律的立法精神亦有差距。"家仆告主"例规定，只有"谋反、大逆、谋叛、隐匿奸细"等罪许家仆告主，"其余一切事情，家仆首告者，除所告事不准行，控告之人系旗下，鞭一百，系民，责四十板"。① 民人责四十板为杖一百的实际执行数，与旗人鞭一百是同等刑罚。此条例系康熙十二年制定。② 而在入关之前，后金/清政权为了限制满洲贵族，甚至鼓励奴仆告主。天聪五年制定的《离主条例》准许奴仆就私自采猎、隐匿战争所获、人命等罪行告主，如果得实，奴仆无罪且准许离主。这些罪名往往没有谋反大逆这么严重。③ 姚念慈考证后认为，在《离主条例》颁发之前，后金就有鼓励奴仆告主的举措。④ 崇德元年（1636），清廷更是直接规定家仆告主审实者，将原告转给他人为奴。⑤ 同入关之前相比，"家仆告主"例极大地限制了家仆告主的权利，但对家仆的惩罚比《大清律》的规定要轻。顺治律"干名犯义"律规定奴仆告主，除了谋反等特殊情况，即便所告得实也要杖一百、徒三年。⑥《现行则例》"家仆告主"例体现出满汉法律的双重影响，家仆告主既没有如入关前那样受到鼓励，也没有如顺治律那样受到严厉惩罚。

雍正三年《大清律集解附例》对"家仆告主"例做了形式上的改动，附在"干名犯义"律下。例文改为"凡家仆告主，除谋反、大逆、谋叛、隐匿奸细，许其首告外，其余一切事情，家仆首告者，除

① 《刑部现行则例》卷下，刘海年、杨一凡总主编：《中国珍稀法律典籍集成》丙编第三册，科学出版社1994年版，第546页。

② 《大清会典（康熙朝）》卷一二一，载沈云龙主编《近代中国史料丛刊三编》第73辑，台北：文海出版社1993年影印本，第6079页。

③ 《清太宗实录》卷九，天聪五年七月庚辰，《清实录》第二册，中华书局1985年版，第124—125页。

④ 参见姚念慈《〈离主条例〉刍议》，《历史档案》1993年第2期。

⑤ 《大清会典（康熙朝）》卷一二一，载沈云龙主编《近代中国史料丛刊三编》第73辑，台北：文海出版社1993年影印本，第6079页。

⑥ 《大清律集解附例》卷二二，载杨一凡、田涛主编《中国珍稀法律典籍续编》第五册《顺治三年奏定律》，王宏治、李建渝点校，黑龙江人民出版社2002年版，第360—361页。

所告事不准行，仍杖一百"①。此处杖一百的刑罚和《现行则例》规定的旗人鞭一百、民人责四十板相一致，和律文规定相冲突。"家仆告主"例写入清律表明，此时清廷对奴仆告主之事并未如汉人传统那样片面强调等级名分。

雍正帝死后，清廷针对家仆告主，设立新的例文，且新的例文与"干名犯义"律文的精神一致。雍正十三年九月初三日，乾隆皇帝登基大赦天下，奴仆告主属于可赦之罪。② 九月二十三日，乾隆帝反对赦免奴仆告主罪名，决定重新制定奴仆告主之罪，下谕旨曰：

> 本年恩诏，赦款甚多，但奴仆告家主之案，**名分攸关，情罪可恶**（黑体为引者所加，下同），毋得援恩诏赦免。盖凡官民人等，身蹈过愆，大干功令者，自然不能掩盖，且无人不可举首，断不容奴仆挟制短长，妄行首告，而紊尊卑之定分也。嗣后遇有奴仆首告家主者，虽所告皆实，亦必将首告之奴仆，**仍照例重治其罪**。尔等即交该部通行晓谕，永著为令。③

这道谕旨不仅将奴仆告主罪行排除在大赦之外，且规定以后奴仆告主将"照例重治其罪"。此处的例应为前述"干名犯义"律文下的"家仆告主"例。乾隆帝的谕旨表明他重视主仆名分，反对奴仆告主。

乾隆五年（1740），清廷修律时，将雍正律中的"家仆告主"例删除，其理由是例文与律文不符。④ 同年，清廷依照雍正十三年谕旨，为"干名犯义"律文添加了一条新例："凡奴仆首告家主者，虽所告皆实，

---

① 《大清律集解附例》卷二二，载杨一凡、田涛主编《中国珍稀法律典籍续编》第五册《顺治三年奏定律》，王宏治、李建渝点校，黑龙江人民出版社2002年版，第27页。

② 《清高宗实录》卷二，雍正十三年九月己亥，《清实录》第九册，中华书局1985年版，第159—160页。

③ 《清高宗实录》卷三，雍正十三年九月己未，《清实录》第九册，中华书局1985年版，第188页。

④ 《钦定大清会典事例（嘉庆朝）》卷六三七，载沈云龙主编《近代中国史料丛刊三编》第69辑，台北：文海出版社1992年影印本，第3072—3073页。

亦必将首告之奴仆，仍照律从重治罪。"① 此例和谕旨相比，只将"照例"改为"照律"。与《现行则例》及雍正律中的"家仆告主"例不同，乾隆五年的新例与律文相一致。这说明乾隆皇帝在奴仆告主问题上，彻底抛弃满洲遗存，遵守汉人律例原则。薛允升认为这一例文和律文的意思重复。② 的确，这一例文只是强调奴仆告主要照律从重治罪。然而，如果将此例的设立和同年"家仆告主"例的删除结合起来分析，可知清廷的立法旨在扭转过去对奴仆告主的轻纵并强调律文的严肃性，也即强调与满洲奴仆告主传统的决裂。

《现行则例》中诸多专门针对旗人的例文以及某些例文具有满洲法渊源的事实表明，清廷在立法时并未简单地放弃满洲法和旗人的特殊地位。由于缺少满洲法的成文法典，我们只能通过档案和相关官政书去寻找《现行则例》和清律中的满洲法渊源。不过，即便在《现行则例》中，有确切证据源自满洲法的例文占比也不多。雍正朝纂修清律时收入了《现行则例》的诸多例文，但雍正律中确定源自满洲法律的条文并不多见。③ 何况，将满洲法的某些条款写入《现行则例》或是《大清律》中，而不是按照顺治年间的规划编撰一部满洲靠例，本身就说明清廷不再坚持满洲法的正统地位。《大清律》才是皇朝的正统法典。多尔衮统治时期，的确存在满汉二元法律格局，但是顺治帝及之后的统治者，纵然都刻意维护满人的特殊地位，却都将《大清律》应用于满人。《大清律》的正统地位，在清末司法变革之前，一直没有受到挑战。④

---

① 《钦定大清会典事例（嘉庆朝）》卷六三七，载沈云龙主编《近代中国史料丛刊三编》第69辑，台北：文海出版社1992年影印本，第3074页。

② 薛允升：《读例存疑》卷四〇，载黄静嘉编《读例存疑重刊本》，台北：成文出版社1970年版，序号：337.02。

③ 陈兆肆认为清廷在入关后继续沿用作为满洲旧俗的"断脚筋刑"，并将适用对象扩展到民人。这一现象展示出另外一种满汉法律的一体化。陈兆肆：《清代"断脚筋刑"考论——兼论清代满汉法律"一体化"的另一途径》，《安徽史学》2019年第1期。

④ 即便在鳌拜等辅政大臣统治期间，旗人犯罪仍然依据清律审判。中国第一历史档案馆藏：《康熙三年四年分刑部秋审情实真犯人招册》，《内阁满汉黄册》第二四一八册。

第五节　结语

清朝入关之初，虽然继承并采用了明朝法律与司法制度，但并没有放弃满洲法律。第六章将通过大量案件证明，多尔衮统治时期，清朝的确在直省应用明律与顺治律，在京师，尤其是旗人中，则以满洲法律为主。大体而言，清朝的法律体系可以视作满人用满法、汉人用汉法的二元制度。入关之初，清廷的确考虑过制定一部融合满汉的法律，摄政王多尔衮和臣子们都数次表示修律将"参酌满汉"。然而，顺治四年颁行的《大清律集解附例》几乎为明律的翻版，① 这表明多尔衮在修律方针上的转变，也说明他对法律二元体制的坚持。清律的颁行可以安抚汉人的民心，对满人继续使用满洲法律则可以安抚满人。

---

① 孙家红认为，顺治朝对律文的修订"广泛而深刻"，清律中436条律文中只有15条来自明律且未作修改，有401条在顺治朝修改，201条在顺治朝修改后正式确定，故"清律是明律的翻版"的说法严重违背史实。这一观点与明末清初文人谈迁的观点迥异。谈迁作为当时代人，有条件看到当时的清律和明律，并认为清律为明律翻版，而孙家红依据清末律学家薛允升编纂的《读例存疑》来反推顺治朝的清律内容。谈迁看见的清律和薛允升归纳的以及孙家红依据薛允升的文字推断出来的清律不是一回事。如果谈迁所见"顺治律"与孙家红归纳出的顺治朝清律内容一致，清廷在顺治时期确实大规模地改变了律文的文字。孙家红指出，顺治时期清廷大规模地修改律文小注，例如通过小注明确立决和监候的区分（郑秦在1996年已经指出这一点）。从形式上来说，顺治朝确实改变了很多律文。那么，为何谈迁认为清律和明律变化不大呢？笔者认为论及清律与明律的变化，除了形式之外，更应该看内容。就孙家红所举监候与立决的区别而言，明末的实践已经将二者区分开来。据孙承泽的记载，崇祯十五年（1642），大理寺卿就言"死罪有立决、秋决二项"。顺治元年十月刑部左侍郎党崇雅也强调依照明制，死罪执行分为决不待时和监候两种。谈迁作为明末清初人，对于清律将死罪区分立决和监候，只会认为是明朝制度的延续。郑秦在介绍接近顺治律原刊本的两种律书时注意到律文小注以及顺治律与明律的不同，但认为变化不大，而且清廷对明律的某些改变，算是完成"前朝的未了之事"。王宏治、李建渝在点校《顺治三年奏定律》时也注意到小注，但他们不认为这些小注会造成律文的质变。孙家红：《散佚与重现——从薛允升遗稿看晚清律学》，社会科学文献出版社2020年版，第208、216—217页；郑秦：《顺治三年律考》，《法学研究》1996年第1期；孙承泽：《春明梦余录》卷五〇《大理寺》，《景印摛藻堂四库全书荟要》史部第九六册，台北：世界书局1988年版，第182—365页；《清世祖实录》卷一〇，顺治元年十月乙亥，《清实录》第三册，中华书局1985年版，第102页；王宏治、李建渝：《点校说明》，载杨一凡、田涛主编《中国珍稀法律典籍续编》第五册《顺治三年奏定律》，王宏治、李建渝点校，黑龙江人民出版社2002年版，第9页。

　　与多尔衮不同，顺治帝更加重视总结明朝的经验。尽管满汉分城居住，但是满汉冲突始终存在，而且刑部等机构始终有满汉官员，故在顺治十年，清廷认为有必要颁行清律的满文本，同时制定满洲成文法律。清廷于顺治十二年颁行满文版清律，满洲靠例却始终未见颁行。顺治朝之后，清廷更是将部分满洲法律条文写入《现行则例》或者清律中。"家长奸家下人有夫之妇"等例的满洲法源表明，清廷能够融合满汉法律传统，将合适的满洲法律条文渗入清律之中，而满洲法律中的大多数条文消失在历史长河中。这都表明满洲法律不具有正统地位。第三章将以"逃人法"的变迁为例，论述满洲法在入关后的命运。

第三章　从满洲法到清法：清代"逃人法"变迁[*]

第一节　引言

以中国幅员之辽阔，不同地方的人们对同一重大变局可以有完全不同的经历。明清易代在很多地方没有产生大的波澜。经历过战乱的北京大学校长蒋梦麟在自传中说，他生活的村子直到清朝的圣旨传来，才知道清朝取代了明朝。除了留辫子和服饰外，新朝廷并没有对这个村庄产生啥影响。[①] 然而，在经历过战争和满汉冲突的地区，情形却大不相同。明清易代对很多人来说，是彻底的悲剧。悲剧可能来自农民的起义，也可能来自明朝的腐朽，更有可能来自清朝的恶政。

陕西三原县民人刘配世一家就是清朝恶政的牺牲者。顺治二年（1645）正月二十一日，刘配世的女儿大姐被东兵（案：指八旗兵，因满洲在东方，故其时称八旗兵为东兵）带走（抢走），分给正黄旗叶格色为婢。该年四月初十日，刘配世在跨越千里之后，抵达京师，

---

* 本章部分内容曾在 *Modern China：An International Journal of History and Social Science* 和 *Frontiers of Law in China* 发表，收入本书时做了一定修改。"The Power of Mercy：Amnesty Policies in Fugitive Cases in the Qing Dynasty"，*Frontiers of Law in China*，Vol. 15，Issue 1，2020，pp. 4 – 19；"The Evolution of Early Qing Regulations on Fugitive Slaves"，*Modern China：An International Journal of History and Social Science*，Vol. 46，Issue 6，2020，pp. 642 – 675。

① 蒋梦麟：《西潮·新潮》，岳麓书院 2000 年版，第 20 页。

找到了大姐。其时，叶格色正在南方出征，刘配世趁机于顺治三年八月将女儿大姐和另一使女二姐带回陕西三原县隐住。不能不说，刘配世很英勇，只身到京师救走女儿。然而，残酷的"逃人法"已经布下天罗地网。不久，刘配世的邻佑和地方知情后，向知县举报刘配世拐带东妇（来自满洲的妇人）。很快，刘配世一家被陕西巡抚送到京师刑部。刑部官员认为"刘配世之女大姐，既与叶格色为婢，已属东妇"，居然敢趁叶格色出征之际，携其女并拐另一使女二姐回陕西。刑部据此将刘配世"依律拟斩，妻孥家产籍没入官"。刑部虽然提到依律，却未引任何律文。此外，"大姐二姐背主同逃，各鞭一百给主"。邻佑、地方因为出首，被免议。顺治四年十月初七日，刑部具题，皇帝下旨"刘配世著即处斩。余依议"。①

这是一个英勇的故事，更是一个悲壮的故事。在明清易代的混乱中，清军残暴地抢走了刘配世的女儿。在刘配世救出女儿后，"逃人法"恶政终结了刘配世的生命。这样的逃人案件，展示出顺治年间满汉矛盾的尖锐。清朝统治并非一帆风顺，而是经常发生冲突和悲剧，尤其是在顺治和康熙年间（1662—1722）。清代"逃人法"的演变，涉及各种充满争议的经济、社会和政治问题，反映了清朝统治者长期以来面临的法律困境，即如何平衡满人自身的利益与汉人由来已久的政治法律规范之间的关系。

奴隶制度是众多表明满人统治汉人的残酷性和异质性的证据之一，由此引发的逃人问题是清初满汉冲突的焦点。在入关前，奴隶早已在满人社会中扮演重要角色。大概有两百万奴隶为满人从事家务劳作，或是为主人耕作。②入关后，奴隶依然在满人社会中继续发挥重要作用。在旗人中，上至贵族下至平民，生活都依赖奴仆的劳作。③

---

① 《内阁大库档案》，台湾"中研院"历史语言研究所藏，登录号：087719。

② 韦庆远、吴奇衍、鲁素：《清代奴婢制度》，中国人民大学出版社1982年版，第14—15页。

③ 《世祖章皇帝实录》卷九〇，顺治十二年三月壬辰，《清实录》第三册，中华书局1985年版，第706页。

欧立德指出，如果没有奴隶，所有旗人家庭将停止运作。① 在顺治时期，逃人问题引发了巨大的社会灾难。

由于奴隶逃跑危及满人的经济利益，后金和清朝都建立一系列法规来阻止旗奴出逃。本书将这些法规统称为"逃人法"。在康熙十五年（1676）前，后金/清颁布诏令、律、例等逃人法规，以制止旗人逃跑。② 康熙十五年，清廷将"逃人法"编为《督捕则例》，并于乾隆八年（1743）修订。③ 在清朝绝大多数时期，除了顺治四年版的《大清律集解附例》有一条有关逃人的律文"隐匿满洲逃亡新旧家人"律（以下简称"逃人律"）外，其他各种形式的"逃人法"并没有写入清律。在顺治康熙年间，无论"逃人法"的内容是否写入清律，它与《大明律》和《大清律》中关于处理逃犯的各种律例条文有着根本不同，故"逃人法"是满人统治汉人的标志之一。

然而，有清一代，"逃人法"逐渐从满洲法变为清法。④ "逃人法"在这种复杂的演变中，融合了满人传统、明朝法律和清朝的创新。因此，"逃人法"的演变为观察明朝法律和满洲法之间的冲突与融合提供了一个窗口。本章将概述"逃人法"演变的历史，分析在该过程中，汉人立法原则是如何逐渐影响"逃人法"的立法并最终

---

① Mark C. Elliott, *The Manchu Way: The Eight Banners and Ethnic Identity in Late Imperial China*, Stanford, Cali.: Stanford Univ. Press, 2001, p. 227.

② 虽然"逃人法"曾经以"隐匿满洲逃亡新旧家人"律被写入清律，但实践中的"逃人法"多以各种"例"的方式存在，包括"例""事例""则例""定例"等。因为这些词在清代文献中并无严格定义，官方文献对这些词语的使用具有一定的灵活性。例如，康熙朝《大清会典》中的则例在光绪朝《大清会典事例》中成为事例。这些形式多样的例多源自判例或谕旨。

③ 《督捕则例》，《续修四库全书》第八六七册，乾隆八年本，上海古籍出版社 2002年影印本。《圣祖仁皇帝实录》卷五九，康熙十五年正月丁酉、己酉，《清实录》第四册，中华书局 1985 年版，第 766、768 页；《大清会典（康熙朝）》卷一〇七，载沈云龙主编《近代中国史料丛刊三编》第 73 辑，文海出版社 1993 年版，第 5311 页。

④ 再次赘述，由于满人在入关前没有成文法典，因此"满洲法"指的是起源于入关前，应用于满人社会的习惯和法规。张晋藩和郭成康对入关前满洲法律有过描述。"逃人法"包括在满洲法中。张晋藩、郭成康：《清入关前国家法律制度史》，辽宁人民出版社1988 年版，第 405—562 页。

占据上风的。为避免行文过于拖沓，本章不打算全面研究清代"逃人法"的每个方面，而是重点关注对逃人、窝藏者以及窝藏者邻居的处罚。

一 关键词和清初"逃人法"的背景

本章所言"逃人"主要指的是逃跑的旗下家奴，而不是通常意义上那些犯罪后逃跑的人。严格来说，所有的旗人，从正身旗人到奴仆，都有可能逃离八旗。因为清初逃人主要是旗下家奴，此时的"逃人法"也主要针对旗下家奴，且旗下家奴逃走导致了满汉之间的大量冲突与矛盾——从满汉官员到平民之间均是如此，故本章主要关注顺治时期的旗下家奴。"旗下家奴"或"奴仆"有时也称"满洲家人"。这些人都依附其主人，没有独立身份，可视作奴隶。在清前期，绝大多数逃走的旗下家奴是汉人——许多是在明末清初被满人俘虏后变为奴仆的。[①] 而窝家（窝主）或隐匿之家指的是那些隐匿或帮助旗下奴仆逃跑的人。清军入关后，窝家也大多是汉人。

与汉人社会不同，满洲社会的运作依赖奴仆。正身旗人（指在八旗中具有独立地位的贵族或普通旗人）通常不亲自劳作，而是依赖奴仆为他们工作。因此，旗人们带着许多奴仆离开满洲进入关内，来到京师以及中国的其他地方。与此同时，有许多汉人通过自愿或不自愿的方式成了旗人奴仆，这一过程称为投充。[②] 虽然早在顺治四年，清廷就曾禁止投充，[③] 但投充政策一直到乾隆年间才最终废除。[④]

---

① 孟昭信：《从档案资料看清代八旗奴仆》，《历史档案》1981 年第 2 期；徐凯：《清初逃人事件述略》，《北京大学学报》（哲学社会科学版）1983 年第 2 期；罗崇良：《略论顺治年间的"逃人"》，《辽宁师范大学学报》（社会科学版）1986 年第 1 期；定宜庄：《清代八旗驻防研究》，辽宁民族出版社 2003 年版，第 247—253 页。

② 在清代早期，投充旗人虽成为奴仆，但同时也享有旗人的法律特权，徒、流、军等罪均无须实发，只需要鞭责，在顺治十三年之后改为枷号。

③ 《世祖章皇帝实录》卷三一，顺治四年三月己巳，《清实录》第三册，中华书局1985 年版，第 257 页。

④ 顾诚：《南明史》，中国青年出版社 2003 年版，第 222 页。

奴隶逃跑的理由各不相同，而虐待无疑是其中一个重要因素。①清朝君臣都十分清楚奴仆的困苦处境。顺治帝福临也知晓他们的悲惨际遇，指出满人苛刻对待奴仆，才导致他们逃走。②顺治十二年，刑部左侍郎李际期奏称，每年京师有数百旗下奴仆自杀。他建议皇帝命令旗人善待奴仆，相信通过此举不仅可以减少奴仆自杀，还可以减少奴仆逃跑的数量。③谈迁指出，旗下人多"挫顿不堪"，故多有逃者。④清初一个严重问题是，明朝时期中国北方很多汉人被俘后迁居到满洲，成为奴仆，顺治初年他们随主人南下入关，来到京师或中原的北部地区。这些奴仆在地理上和心理上都离自己的生长地更近，便于他们逃回自己的原生家庭（按照当时的法律，这些奴仆为主人家庭的财产，与原生家庭无关）。

满洲人不仅将奴隶制度带入关内，还通过政策迫使更多的人成为奴仆。由此，逃人成了清朝政治的关键问题。顺治元年，两位摄政亲王多尔衮和济尔哈朗都意识到逃人问题的严重性。顺治元年八月初八日，多尔衮决定建立保甲制度，明确表示这一制度的主要目的在于举报和捉拿逃人。⑤同年九月十二日，当济尔哈朗和顺治帝抵达永平府时，谕令官员必须逮捕逃人送往京师，并且传谕山海关，让所有人都务必遵守此令。⑥依据《实录》，这是济尔哈朗离开长城后，与年幼的皇帝发布的第一道谕旨。顺治三年，多尔衮禁止所有官员就剃发、

---

① 刘家驹：《顺治年间的逃人问题》，载《庆祝李济先生七十岁论文集》编辑委员会《庆祝李济先生七十岁论文集》下册，台北：清华学报社 1967 年版，第 1052—1055 页；孟昭信：《从档案资料看清代八旗奴仆》，《历史档案》1981 年第 2 期。

② 例如《世祖章皇帝实录》卷一〇二，顺治十三年六月己丑，《清实录》第三册，中华书局 1985 年版，第 788 页。

③ 《内阁大库档案》，台湾"中研院"历史语言研究所藏，登录号：089427。

④ 谈迁：《北游录》，汪北平点校，中华书局 1960 年版，第 387 页。

⑤ 《世祖章皇帝实录》卷七，顺治元年八月癸亥，《清实录》第三册，中华书局 1985 年版，第 76—77 页。

⑥ 《世祖章皇帝实录》卷八，顺治元年九月丁酉，《清实录》第三册，中华书局 1985 年版，第 86 页。

衣冠、圈地、投充、逃人五事上奏，① 这说明逃人问题的重要和敏感。而地方官也将抓捕逃人，视作清朝第一要务。② 顺治十五年，直隶河南山东总督张悬锡在试图自尽前奏言，"皇上严禁逃人，而地方棍徒每借假逃人之名以行诈。此风不息，天下不得平也"。③ 这是一名汉人大臣在试图自尽前的进言，表明当时逃人引发的社会问题已经危及社稷。

让人无比惊讶的是，光绪三十四年（1908）十一月初九日，末代皇帝溥仪登基，大赦天下，规定除"十恶等真正死罪不赦外，军务获罪、隐匿逃人，亦不赦外"，其余犯罪均予以赦免。④ 在清朝风雨飘摇之际，逃人问题早已不是朝廷和社会关注的热点，皇帝登基的恩诏依然将隐匿逃人视作不赦之罪。这种政治表态与顺治年间严厉而残酷的"逃人法"一样，都在向汉人展示清朝统治的满洲性。

二 "逃人法"的研究状况

中国学者过去多通过阶级斗争的视角研究清代"逃人法"。他们通常将有关"逃人法"的讨论置于从落后的奴隶制度（或农奴

---

① 《世祖章皇帝实录》卷二八，顺治三年十月乙酉，《清实录》第三册，中华书局1985年版，第237页。

② 中国人民大学清史研究所编：《康雍乾时期城乡人民反抗斗争资料》，中华书局1979年版，第460页；第一历史档案馆编：《顺治年间的逃人问题》，载第一历史档案馆编《清代档案史料丛编》第10辑，中华书局1984年版，第80—81页。

③ 《世祖章皇帝实录》卷一一六，顺治十五年四月己丑，《清实录》第三册，中华书局1985年版，第906—907页。顺治帝下旨调查此事，张悬锡自陈礼仪有失，被学士麻勒吉责备，感到惶恐而自裁。皇帝下旨将张悬锡降三级调用。《世祖章皇帝实录》卷一一七，顺治十五年五月丁酉，《清实录》第三册，中华书局1985年版，第909页。悲剧的是，张悬锡于顺治十五年七月十二日在京师圣安寺自缢身死。九卿科道会议，对麻勒吉等拟以"鞭一百、为奴"等较重的处罚，但是皇帝大大减免了处罚，仅对麻勒吉降级留任。《世祖章皇帝实录》卷一一九，顺治十五年七月戊申、七月戊午，《清实录》第三册，中华书局1985年版，第923、925页。

④ 《宣统政纪》卷二，光绪三十四年十一月辛卯，《清实录》第六〇册，中华书局1987年版，第28页。

制度）到封建社会的背景下，在此语境下，清代早期的统治者将落后的奴隶制社会关系强加于相对先进的封建社会。因此，这些学者批评康熙帝亲自掌权之前的"逃人法"的落后性。① 一些不认为满洲法具有正统地位的学者认为，顺治时期的"逃人法"是法外有法或者只是朝廷政令。② 许多学者强调清朝早期统治者对逃人问题的严厉规定，尤其是多尔衮、顺治和鳌拜的某些时期，同时强调到了康熙朝及以后，该法日渐宽弛。③ 同样，中国台湾学者刘家驹也强调满洲人维持奴隶制度的决心和顺治时期"逃人法"的严酷性。④ 吴志铿赞同将"逃人法"视为满人运用奴隶作为生产方式的表现。他详细考证了"逃人法"在满洲本位政治路线指导下的演变过程，并分析了皇帝在处理逃人问题时面临的困难——满洲贵族和汉人官僚之间的矛盾。⑤ 以上学者仅考虑到"逃人法"的政治性，没有从法制史角度分析该问题。

谷井俊仁和吴爱明是为数不多的从清代法律与政治制度入手分析"逃人法"的学者。谷井认为，在顺治时期，汉官基于其官僚制度中的罪刑均衡原则来寻求解决逃人问题之道，然而满人官员则试图通过优待奴隶，以及抓捕逃人来解决这一问题。在谷井看来，只有通过改

---

① 刘家驹：《清朝初期的八旗圈地》，台北：台湾大学文史丛刊1964年版，第91页；杨学琛：《关于清初的逃人法——兼论满族阶级斗争的特点和作用》，《历史研究》1979年第10期；徐凯：《清初逃人事件述略》，《北京大学学报》（哲学社会科学版）1983年第2期；罗崇良：《略论顺治年间的"逃人"》，《辽宁师范大学学报》（社会科学版）1986年第1期。

② 周远廉、赵世瑜：《皇父摄政王多尔衮》，吉林文史出版社1993年版，第328、330页；刘家驹：《清朝初期的八旗圈地》，台北：台湾大学文史丛刊1964年版，第110—111页。

③ 杨学琛：《关于清初的逃人法——兼论满族阶级斗争的特点和作用》，《历史研究》1979年第10期；孟昭信：《清初"逃人法"试探》，《河北大学学报》（哲学社会科学版）1981年第2期；徐凯：《清初逃人事件述略》，《北京大学学报》（哲学社会科学版）1983年第2期；吴爱明：《清督捕则例研究》，博士学位论文，南开大学，2009年，第76—77页。

④ 刘家驹：《清朝初期的八旗圈地》，台北：台湾大学文史丛刊1964年版。

⑤ 吴志铿：《清代的逃人法与满洲本位政策》，《"国立"台湾师范大学历史学报》1996年第24期。

造满人社会，逃人问题才能得到解决。① 吴爱明的文章对清代的"逃人法"研究最为全面。他认为，清代"逃人法"的演变展现了清朝政治从满汉对峙到联合的过程。但他并没有明确分析汉人的法律原则如何对"逃人法"施加影响。②

在前人研究的基础上，笔者提出两个关于清代"逃人法"演变的新视角。首先，笔者将分析"逃人法"逐渐吸收汉人法律原则，使其从满洲法转变为清法的过程。因为较少有学者关注满洲法在入关以后的命运，故探究"逃人法"从满洲法到清法的转变有助于深入对满洲法的研究。其次，因为已有研究很少考虑到顺治帝与满人权贵、汉人官员之间的复杂关系，所以本章将分析满洲贵族和汉人官僚在朝堂上的斗争，以及这种斗争如何影响"逃人法"的变革。笔者将重点阐明顺治帝对逃人问题的态度和他在修改"逃人法"时扮演的角色。

第二节　入关前满洲社会的"逃人法"

在入关之前，满人并没有成文法典。在后来的官政书中，仅有少数则例和谕部分体现了"逃人法"。张晋藩和郭成康认为，在天命八年（1623），后金政权对逃亡罪进行界定，明确将逃人定为逃亡罪，容留者犯盗人罪。③ 天聪六年（1632）二月初三日，皇太极谕兵部："至独身行路之人，令详查之，若查出者系逃人，仍以擒获逃人例给赏。倘不详查，独行之人，其人出尔家后，为他人擒获，仍以容纳逃人例罪之。"④ 根据康熙朝《大清会典》记载，后金在天命十一年

① ［日］谷井俊仁：《督捕则例的出现——清初的官僚制与社会》，载杨一凡总主编《中国法制史考证》丙编第四卷《日本学者考证中国法制史重要成果选译·明清卷》，中国社会科学出版社 2003 年版，第 118—119 页。

② 吴爱明：《清督捕则例研究》，博士学位论文，南开大学，2009 年。

③ 张晋藩、郭成康：《清入关前国家法律制度史》，辽宁人民出版社 1988 年版，第 513 页。

④ 中国第一历史档案馆、中国社会科学院历史研究所译注：《满文老档》，中华书局 1990 年版，1229 页。

（1626）建立了最早的"逃人法"："凡逃人已经离家被执者处死，其未行者，虽首告，勿论。"同年，后金还规定："逃人犯至四次者处死。"①

另外，通过研究入关前的逃人案件，可推知"逃人法"的一些内容。② 例如，崇德三年（1638），一个旗人窝藏了另外两个旗人长达四年。这两个逃人和窝藏者都被刑部拟以死刑；窝藏者所在旗的牛录章京知情，被拟革职并鞭一百。皇太极下令，两个逃人无罪开释；窝家免死，鞭八十二、贯耳、罚银九两；牛录章京也被罚以应得之罪。③皇帝宽赦两个逃人或许是因为他们是正身旗人，并非奴隶。在其他两个案件中，正身旗人逃跑，皇帝同样减轻了对逃人的处罚。官员对逃人（正身旗人）拟定的刑罚有死刑、鞭责、贯耳、割脚筋等，皇帝通常会免除他们的死刑。④

但对于逃亡奴仆的惩罚往往是死刑或割脚筋。例如，一个朝鲜奴隶趁其主人狩猎时逃回本国，被朝鲜国王抓获，并在天聪六年遭返。皇太极得知后，谕曰："不懂法纪，故逃去耳。此乃穷人，割其脚筋，给还原主。"⑤ 同样，在崇德三年，一名汉人男子和一名朝鲜妇女（二人同属一个旗人主子）逃跑，他们在边境被捕。皇帝下旨处死汉人男子，割断朝鲜妇女的脚筋并鞭五十。⑥

尽管入关前的"逃人法"的具体内容并不清晰，但在以上案件

---

① 《大清会典（康熙朝）》卷一〇七，载沈云龙主编《近代中国史料丛刊三编》第73辑，台北：文海出版社1993年版，第5312页。

② 《盛京满文逃人档》记载了1626年至1630年期间148起逃人案，但这些档案很少提及逃人法或对违反者的惩罚。中国第一历史档案馆编：《盛京满文逃人档》，《清代档案史料丛编》第14辑，中华书局1990年版，第1—21页。

③ 中国人民大学清史研究所、中国第一历史档案馆译：《盛京刑部原档（清太宗崇德三年至崇德四年）》，群众出版社1985年版，第28页。

④ 中国第一历史档案馆编：《清初内国史院满文档案译编》（上），光明日报出版社1989年版，第343、351—353页。

⑤ 中国第一历史档案馆、中国社会科学院历史研究所译注：《满文老档》，中华书局1990年版，第1193页。

⑥ 中国第一历史档案馆编：《清初内国史院满文档案译编》（上），光明日报出版社1989年版，第336—337页。

中，通过官员判决和皇太极的最终裁决，可做以下总结：第一，逃人包括旗下家奴和正身旗人；第二，逃人和窝家都有可能被判处割脚筋、鞭刑和死刑；第三，这五个案件都验证了先前学者的观点，即入关前，"逃人法"尚未定型，君主的个人意见在判决中起重要作用。[①]最后，入关前的"逃人法"源自满洲社会，是满洲法的一部分。

第三节　多尔衮摄政时期的"逃人法"

顺治元年，多尔衮带领清军进入京师后，满人保留原有的政治和法律制度。作为清王朝的实际统治者，多尔衮一方面维护满人自身利益；另一方面也采用了明朝的法律体系以统治人数占绝对多数的汉人。因此，多尔衮在法律上实施二元体制：满人用满洲法，汉人用明律或者清律。在入关后最初的三年里，尽管清廷宣布使用明律，[②]但一旦涉及逃人问题时，清廷并不遵守明律。

一　实施入关前的"逃人法"（顺治元年至三年）

顺治元年十月二十一日，摄政王多尔衮在颁布了一条新令，该令涉及当时"逃人法"的部分内容。令旨规定：居民每十家委一人为十（家）长，每百家委一人为百（家）长。如果一家窝逃，其余九家之人以及十长、百长没有举首，而旁人举首者，则九家之人以及十长、百长分别治罪（令旨没有告知如何惩罚）。隐匿之人处死，其家产人口分作三份，一份给首告者，二份入官。[③]籍没对于违法汉人而言并

---

①　周远廉、赵世瑜：《皇父摄政王多尔衮》，吉林文史出版社1993年版，第323页。

②　《世祖章皇帝实录》卷五，顺治元年六月甲戌，《清实录》第三册，中华书局1985年版，第62—63页。

③　参见《内阁大库档案》，台湾"中研院"历史语言研究所藏，登录号：038164；中国第一历史档案馆编《清初内国史院满文档案译编》（中），光明日报出版社1989年版，第61页。对窝主财产的处理为籍没。在清代，女人无独立地位而男人为一家之主。窝主的财产包括妻、子等在内。家产籍没意味着家庭成员沦为奴隶。籍没是清初奴隶的一个来源。

不陌生，但《大明律》仅将此刑用于谋反等重罪。这条令旨中，清廷将籍没用于逃人之窝主——实际上是按照满洲法惩罚罪犯。除了对窝藏者施以斩刑及籍没，以及前述天命十一年规定逃跑四次的逃人会被处死外，对顺治三年以前"逃人法"的细节知之甚少。

在一起逃人案件的判决中，刑部运用了入关前的"逃人法"和顺治元年的新颁令旨。顺治元年，一位居住在京师的山东举人在不问明身份的情况下容留一个叫二孩子的小孩并收他为仆，而二孩子实际上是旗下家人。后二孩子被另一旗人认出，举报到官。尽管这位举人不知道二孩子是旗下家人，但刑部裁决该举人"坐以隐匿"，将其拟以死罪。他在山东的两个妻子（原文如此）、一个儿子、两个婢女和六头牛全部被解往京师。"二孩子罪逃"，鞭五十、割双脚筋，归还原主。刑部在顺治元年腊月初九日具奏，其时举人已经被正法，奉旨"知道了"。[1]

刑部审理此案时并未提及《大明律》。若据明律审理，这个举人将会按"收留迷失子女"律拟徒两年、杖八十。[2] 但在本案中，对二孩子的惩罚——割脚筋和鞭刑——与入关前的满人判例一致；而对窝藏者的处罚——斩首和籍没——也是按照上述顺治元年十月的令旨判处的。由此可见，本案的所有处罚都合于满人的刑罚，而没有按照明律中的"五刑"处理。审判的依据也同明律无关。

遗憾的是，笔者只找到一件案件来反映顺治三年之前"逃人法"的情形，但这个案件部分证实了康熙朝《大清会典》中的论述："国初，德威广被，立法详明。缉捕逃人，特为创典。自定鼎燕京以来，悉遵太宗文皇帝成宪。"[3] 尽管举人是汉人，但他并没有按明律处理，而是按照入关前的"逃人法"和顺治元年的令旨论处。

---

① 《内阁大库档案》，台湾"中研院"历史语言研究所藏，登录号：185037。

② 《大明律》卷四，怀效锋点校，法律出版社 1999 年版，第 47—48 页。

③ 《大清会典（康熙朝）》卷一〇七，载沈云龙主编《近代中国史料丛刊三编》第 73 辑，台北：文海出版社 1993 年版，第 5311 页。

二 清律中的"逃人律"（顺治三年至五年）

应用入关前的"逃人法"意味着满、汉两种不同的法律原则会发生冲突。顺治元年的令旨对窝主拟以死刑——这一规定比《大明律》严酷得多，并且窝主和逃人所受的刑罚也违背了汉人法律中情（犯罪情节）罪（罪名与相应的刑罚）平衡原则，即主犯（逃人）应该比从犯（窝藏者）受到更严厉的惩罚。[1]

从《清实录》可知，顺治三年，"逃人法"发生了重要的变化。清廷先是放宽对窝主的惩罚，但随后又再次收紧。根据顺治三年五月初五的上谕可知，因为皇帝不忍心将窝家处以死刑，清廷决定用鞭刑取代原来的死刑。然而，这一宽厚的规定却造成了成千上万旗下家奴逃跑。满洲文武官员对此激烈反对。清廷决定由兵部立即拟定新律，兵部很快制定了新的"逃人法"：

> 隐匿满洲逃人不行举首，或被旁人讦告、或察获、或地方官察出，即将隐匿之人及邻佑九家、甲长、乡约人等，提送刑部，勘问的确，将逃人鞭一百，归还原主。隐匿犯人从重治罪。其家赀无多者断给失主；家赀丰厚者，或全给、半给，请旨定夺处分。首告之人将本犯家赀三分之一赏给，不出百两之外。其邻佑九家、甲长、乡约各鞭一百、流徙边远。如不系该地方官察首者，其本犯居住某府某州县，即坐府、州、县官以怠忽稽察之罪，降级调用。若本犯所居州县，其知府以上各官，不将逃人察解，照逃人数多寡治罪。如隐匿之人自行出首，罪止逃人，余俱

---

[1] 这主要是从法家传统角度出发。罪与罚必须一致。谷井认为汉人官员通过攻击逃人法的不公正或罪与刑不平衡来反对该法。［日］谷井俊仁：《督捕则例的出现——清初的官僚制与社会》，载杨一凡总主编《中国法制史考证》丙编第四卷《日本学者考证中国法制史重要成果选译·明清卷》，中国社会科学出版社 2003 年版，第 93、109—110 页。汪雄涛也认为，秦汉以后的法律制度主要由法家缔造，法的精神主要是"平"而不是"礼"。汪雄涛：《"平"：中国传统法律的深层理念》，《四川大学学报》（哲学社会科学版）2021 年第 6 期。

无罪。如邻佑、甲长、乡约举首，亦将隐匿家赀赏给三分之一。抚、按及各该地方官于考察之时，以其察解多寡，分其殿最。①

兵部表示立刻将这一新的"逃人法"刊示颁行，让人人知晓。有趣的是，这一"逃人法"被称作新律（为行文方便，以下称为顺治三年"逃人律"），其颁布时间早于顺治四年第一版《大清律集解附例》。②

顺治三年"逃人律"经过修改后收入顺治四年颁行的《大清律集解附例》。其内容如下：

> 隐匿满洲逃亡新旧家人
>
> 一凡隐匿满洲逃亡家人者，须逃案先在兵部准理。或被旁人告首、或失主察获、或地方官察出，将隐匿之主及邻佑九家、百家长尽行捉拿，并隐主家资起解兵部，审明记簿转送刑部，勘问的确，将逃人鞭一百归还原主；隐匿犯人处斩，其家资无多者给失主；家资丰厚者，或全给、半给，请旨定夺处分。将本犯家资三分之内，以一分赏给首告人，大约不出百两之外。其邻佑九家、百家长各鞭一百、流徙边远。如不系该地方官察出者，本府居住某府、州、县，即坐本官以怠忽稽查之罪，府降州、州降县，县降县丞。若本犯出于某县，其该管上司若知州、知府、道官，计隐一人罚俸一个月，至十二人应罚俸一年则降一级。该管巡抚失于稽察，亦计逃人多寡递为罚俸。巡按失于稽察，回道严加考核。各地方逃人，若经一月不行察送者，本府、本州、本县官，如律问罪。知府司道若系所属地方，其逃人经四十五日以内

① 《世祖章皇帝实录》卷二六，顺治三年五月庚戌，《清实录》第三册，中华书局1985 年版，第218—219 页。

② 在顺治三年和四年的档案中，此版本的"逃人法"得到应用。《内阁大库档案》，台湾"中研院"历史语言研究所藏，登录号：087564；《内阁题本（北大移交题本）》，中国第一历史档案馆藏，档案号：2-30-2087-1。亦可参阅胡祥雨《"逃人法"入"顺治律"考——兼谈"逃人法"的应用》，《清史研究》2012 年第3 期。

不行察送者，如律问罪。抚、按六十日以内不行察送者，如律问罪。如隐匿之人自行出首，罪止逃人。或一邻举首，亦罪止逃人并隐匿之人，余俱无罪。如邻佑、百家长居首，亦将隐匿家资赏给三分之一。自回投主者，隐匿之家并左右二邻俱流徙边远；余邻七家、十长各责五十鞭；该管官及百家长俱免罪。抚、按及各该地方官以察解之多寡为功殿最。有犯此律者，遇赦不赦。①

众所周知，顺治四年颁行的顺治律几乎为《大明律》的翻版。顺治律保留了明律中的"收留迷失子女"律。这一律条适用于收留（或贩卖）走失（或逃走）的汉人平民或奴仆。② 然而，"逃人律"入清律，意味着顺治律同明律之间存在着重大区别。③ 苏亦工指出，顺治律中的"隐匿满洲逃亡新旧家人"律，与《实录》中记载的内容非常相近，而清律中的律文较《实录》所载更为完整明确（见表3-1）。④

　　"逃人律"明确区分了逃人和窝藏者的不同量刑。在律文中，逃人仅拟鞭责，而隐匿者（通常是汉人）却被处以斩首和籍没的重刑。逃人之所以被区别对待是因为满人需要奴仆的劳作来维持生计。此外，该律规定对隐匿者的邻佑、百家长等拟以流徙重罪。

---

　　① 《大清律集解附例》卷四，清康熙刻本，国家图书馆藏，第7—8页。亦见苏亦工《明清律典与条例》（修订版），商务印书馆2020年版，第202—203页；［日］谷井俊仁《督捕则例的出现——清初的官僚制与社会》，载杨一凡总主编《中国法制史考证》丙编第四卷《日本学者考证中国法制史重要成果选译·明清卷》，中国社会科学出版社2003年版，第91—92页。

　　② 《大明律》卷四，怀效锋点校，法律出版社1999年版，第47—48页；《大清律集解附例》卷四，载杨一凡、田涛主编《中国珍稀法律典籍续编》第五册《顺治三年奏定律》，王宏治、李建渝点校，黑龙江人民出版社2002年版，第184—185页。

　　③ Zheng Qin, "Pursuing perfection: formation of the Qing code", trans. by Guangyuan Zhou, *Modern China*, Vol. 21, No. 3, 1995, pp. 317–18.

　　④ 苏亦工：《明清律典与条例》（修订版），商务印书馆2020年版，第202—207页。根据苏氏的观点，尽管无法确定顺治律的原件，但"逃人法"在清律的其他版本中记载均一致。其他有关"隐匿满洲逃亡新旧家人"律的研究，可参阅郑秦《顺治三年律考》，《法学研究》1996年第1期；［日］谷井俊仁《督捕则例的出现——清初的官僚制与社会》，载杨一凡总主编《中国法制史考证》丙编第四卷《日本学者考证中国法制史重要成果选译·明清卷》，中国社会科学出版社2003年版，第86—93页。

其用意十分明确：维持奴隶制度。清廷非常关注奴隶制以至于制定了专门的"逃人律"来解决满洲家人的逃跑问题，却没有提及任何有关正身旗人逃跑的情况。

表3-1　《实录》与《大清律集解附例》中"逃人律"的异同

	《实录》	《大清律集解附例》
窝家	从重治罪（无特殊处罚）	斩首，籍没
逃人	鞭一百，归还原主	鞭一百，归还原主
邻佑人等	邻佑九家、甲长、乡约各鞭一百，流徙边远	邻佑九家、百家长各鞭一百，流徙边远
大赦	无提及	遇赦不赦
处理流程	刑部审理	兵部准理，交由刑部审理

虽然顺治三年的"逃人律"被写入顺治律，但该律依旧属于满洲法。首先，该律规定由刑部审理逃人案件，而不是交由地方官员审理。之所以如此，是因为京师相当于所有旗人的新家园，任何逃人案件都等同于旗人案件——本质上为满人案件。根据明朝法律制度，京师以外的案子应该首先由当地官员审理。只有案件发生在京师或涉及特殊人员（如朝廷大员）才被直接送往京师刑部审理——这类案件被称为"现审案件"。然而"逃人律"明确地将逃人案当作现审案件，即使发生在京师外也照此办理。其次，尽管律文中运用了流刑，表明立法受到汉人"五刑"的影响，但是在"逃人律"中规定汉人罪犯仍处鞭刑（满人刑罚），而不是按照清朝当时的刑罚制度，对旗人用鞭刑，汉人用杖刑。[①] 最后，由于轻惩首犯（逃人），严惩从犯（隐匿者），该法违背了《大清律》中的汉人法律原则，即情罪平衡。总

---

① Hu Xiangyu, "Reinstating the Authority of the Five Punishments: A New Perspective on Legal Privilege for Bannermen", *Late Imperial China*, Vol. 34, Issue 2, 2013, pp. 33 – 41.

之，"逃人律"虽然是顺治律中的一条正式律文，却同顺治律其他律例中体现的汉人法律原则格格不入。

第二章提到，多尔衮统治时期，清廷在旗人中继续使用满洲法，但只有"逃人律"被写入《大清律》中，以适用于所有满汉人等，这表明逃人问题的重要性。同时，"逃人律"的立法也反映出奴仆是满人社会的基础。"逃人律"对汉人是极不公正的，因为隐匿者以及其邻居——他们通常都是汉人——是这一法律的主要受害者。

顺治律颁布以后，从地方官员对几起逃人案件的处理来看，"隐匿满洲逃亡新旧家人"律在实践中得到应用。顺治四年十二月，因为陕西地方官拿获一疑似满洲逃妇于氏，但不能确定。陕西巡按刘明偯会同陕西巡抚黄尔性具题请旨由兵部查核于氏身份。刘明偯在揭帖开头即言，"隐匿满人，律设大法，盖使人畏而不敢犯耳"。揭帖还提到，"律例开载：满洲逃亡家人，须逃案先在兵部准理等情。若于氏果属逃亡，兵部必有逃案"。[1] 这说明，陕西官员处理逃人案件，在程序上遵守"隐匿满洲逃亡新旧家人"律。其余案件也表明，官员依据"逃人律"审理逃人案件。[2]

三　清律中的"逃人律"失效（顺治五年）

正如郑秦所述，中国古代的立法者视律文为真理，应经久不变。

---

[1] 《内阁大库档案》，台湾"中研院"历史语言研究所藏，登录号：087707。苏亦工认为，顺治初年尚处于战乱中，陕西官员不大可能这么快就可以收到顺治律并在实践中应用。对于陕西巡按刘明偯提及"隐匿满人，律设大法"以及对"逃人律"内容的引用，苏亦工认为不能排除引用的是顺治三年五月初五日的上谕。笔者认为，刘明偯引用的是清律中的"逃人律"而非顺治三年五月初五日的上谕。刘明偯提及逃人案件必须先在兵部准理。这一点可见诸"逃人律"，而顺治三年五月初五日的上谕并无记载。苏亦工自己也认识到，顺治五年五月初五日的上谕要求逃人案件"提送刑部"而清律中的"逃人律"则明确要求逃人案件先在兵部受理。苏亦工：《明清律典与条例》（修订版），商务印书馆 2020 年版，第 205、212—213 页。

[2] 如《内阁大库档案》，台湾"中研院"历史语言研究所藏，登录号：087719、087721；《内阁题本（北大移交题本）》，中国第一历史档案馆藏，档案号：2 - 30 - 2087 - 3、2 - 30 - 2087 - 4、2 - 30 - 2087 - 5。

顺治四年，多尔衮将"逃人律"写入清律时，也一定希望该律能够流传百世。[①] 然而，"逃人律"在实践中的存在时间并不长久。顺治五年之后，尽管律文还存在于清律中，但清廷又创立了新条例，逐渐在实践中废弃了律文。康熙年间，"逃人律"最终在《大清律》中完全删除。虽然清朝立法中"以例破律"并不少见，但"逃人法"的律文和例文都从清律中删除，则有点不同寻常。

顺治五年，清廷规定："凡窝家正法，妻子家产，籍没给主，仍给一分与出首之人。邻佑、十家长等各责四十板、流徙边远。"[②] 责四十板等同于鞭一百，两者的区别仅在于前者适用于民人，后者适用于旗人。这种修改是微不足道的，但反映了汉人立法原则对清廷的影响。自此，"逃人律"的相关鞭责规定不再有效，虽然新颁布的例未被载入《大清律》，但它毕竟起到了代替作用。这次修改后，清廷在惩罚窝家邻人（如果是汉人）时，便将鞭刑改为杖刑。[③]

顺治五年的一次大赦也证明了"逃人律"的部分内容逐渐失效。清廷在该年十月十一日的大赦中规定："满洲赦前逃人，如在顺治六年八月以前自归者，匿主邻佑官长人等一概免议。在九月初一以后者不免。"[④] 这次对窝主人等的赦免是有条件的，如果逃人不能在规定期内返回，则窝主及其他涉事者依然要受到惩罚。然而这一赦免方式与"逃人律"的规定相左——"逃人律"规定有犯者"遇赦不赦"。

---

① Zheng Qin, "Pursuing Perfection：Formation of the Qing Code", trans. by Guangyuan Zhou, *Modern China*, Vol. 21, No. 3, 1995, p. 319.

② 《大清会典（康熙朝）》卷一〇七，载沈云龙主编《近代中国史料丛刊三编》第73辑，台北：文海出版社1993年版，第5325页。

③ 例如《内阁题本（北大移交题本）》，中国第一历史档案馆藏，档案号：2-30-2087-9、2-30-2087-21；《内阁大库档案》，台湾"中研院"历史语言研究所藏，登录号：087736、087737。由于新的则例并未完全取代逃人律，因此"逃人律"的其他内容在顺治五年仍然适用。例如，窝主在顺治六年之前都判死罪。如《内阁大库档案》，台湾"中研院"历史语言研究所藏，登录号：161945。

④ 《世祖章皇帝实录》卷四一，顺治五年十月辛未，《清实录》第三册，中华书局1985年版，第330页。

顺治五年之后，"逃人法"的新变化进一步取代了"逃人律"。顺治六年谕：

> 向来申严隐匿逃人之法，原以满洲官兵身经百战，或有因父战殁而以所俘赏其子者，或有因兄战殁而以所俘赏其弟者，或有亲身舍死战获者，今俱逃尽，满洲官兵纷纷控奏，其言亦自有理。故先令有隐匿逃人者斩，其邻佑及十家长、百家长不行举首，地方官不能觉察者，俱为连坐。今再四思维，逃人虽系满洲官兵功苦所获，而前令未免过重。自今以后，若隐匿逃人被人告发或本主认得，隐匿逃人者免死流徙，其左右两邻各责三十板，十家长责二十板，地方官俟计察时并议。若善为觉察者，亦俟计察时议叙。逃人自归其主或隐匿者自行送出，一概免罪，有亲戚愿赎回者，各听其便。①

这一新的"逃人法"大大减轻了对窝主和邻佑人等的惩罚。隐匿之人处以流刑而不是死刑；邻佑不再流徙，而是责三十板，十家长责二十板。而多尔衮之所以借顺治帝名义颁布这一诏谕，是因为他意图平衡满汉之间的利益关系。首先，奴仆系满洲官兵战场拼命所获，多尔衮不得不考虑他们的诉求，这就导致了顺治三年"逃人律"的诞生。其次，虽然奴仆是满洲官兵功苦所得，但"逃人律"过于苛刻，因此他决定更改。② 更大的背景是，姜襄（？—1649）反清，多尔衮需要在逃人问题上向汉人妥协，以稳定局势。

由此，顺治三年设立的"逃人律"被废止。即便"隐匿满洲逃亡新旧家人"律可能依然出现在顺治六年以后的清律中，但只是一纸空

---

① 《世祖章皇帝实录》卷四三，顺治六年三月甲申，《清实录》第三册，中华书局1985年版，第345—346页。

② 《世祖章皇帝实录》卷四三，顺治六年三月甲申，《清实录》第三册，中华书局1985年版，第345页。

文，不再在实践中被援引。在北京和台北所藏档案中，顺治六年"逃人法"修改后，逃人案件在题本中基本消失。显然，逃人案件本身不可能消失。对此最合理的解释是：逃人案件不再是死罪案件，刑部没有必要单独具题。① 直到顺治十年后，档案中的逃人案件才逐渐多起来。而正如下面将要论述的，此时的逃人法规定窝主死罪，逃人逃走二次（后改三次）以上也处绞刑，故逃人案件作为死罪案件必须请皇帝裁决。

顺治五年之后，在档案中有些官员称"逃人法"为"清法"。② 官员使用这一术语的原因可能很简单，只是表明"逃人法"是清朝的法律而已，但这一术语可以较好地描述顺治五年之后的"逃人法"——源自满洲法但逐步受到汉人法律原则与规范的影响。

第四节　顺治帝与"逃人法"

顺治七年（1650）多尔衮逝世，顺治帝仅十三岁，以前辅政王济尔哈朗为首的满洲贵族在事实上掌握着政权。他们严格执行顺治六年的"逃人法"，直到顺治九年（1652）才对其进行修改。魏斐德认为，顺治帝正式掌权时间应始于顺治八年的最后几个月。③ 赵志强也

---

① 当然与保存状况也有关系。顺治六年六月十九日，三法司具题一起逃人案件，但此案件发生于顺治四年，最初的审理也在当年。由于下属官员拟律错误，江南江西河南三省总督马国柱直接引清律中的"隐匿满洲逃亡新旧家人"律的部分内容进行驳审。由于驳审，此案经历时间很长。最后罪犯或病死狱中或因大赦赦免。见《内阁题本（北大移交题本）》，中国第一历史档案馆藏，档案号：2－30－2087－28。此外，《实录》记载顺治七年（1650）广西巡抚郭肇基等因擅带逃人被处死，家产籍没。《实录》没有告知审判机构和处死理由。见《世祖章皇帝实录》卷四九，顺治七年六月己亥，《清实录》第三册，中华书局1985年版，第392页。

② 如《内阁大库档案》，台湾"中研院"历史语言研究所藏，登录号：087722、087737。

③ Frederic E. Wakeman, Jr., *The Great Enterprise: The Manchu Reconstruction of Imperial Order in Seventeenth-Century China*, Berkeley: Univ. of California Press, 1985, p. 928（中文版见魏斐德《洪业——清朝开国史》，陈苏镇、薄小莹等译，江苏人民出版社2008年版，第611页）。

认为，从顺治九年开始，顺治帝逐渐在清政府中占统治地位。[①] 值得一提的是，议政王大臣会议在顺治时期依然是最重要的中枢决策机构。早在入关前，满人社会就形成了贵族合议的政治制度，其中议政王大臣会议最具影响力。[②] 议政王大臣基本都是满洲贵族或高官，汉官通常被排除在外。顺治时期，清廷为了巩固统治，就必须具备掌控满汉精英的手段。正如本章所示，顺治帝在依靠议政王大臣会议做决定时，也越发采纳汉人官员的意见。"逃人法"在顺治帝掌权时期（1652—1661）的曲折变化证明了他在朝堂上为平衡满汉势力做出的努力。

一　顺治帝在逃人问题上发声（顺治九年）

顺治九年四月二十六日，刑部尚书刘余祐具题，建议皇帝要区分窝主是否与逃人存在亲属关系。他认为，如果父母隐匿子女，或子女隐匿父母，都应该从轻发落。这一点具有重要意义，因为刘余祐明确指出现行的"逃人法"违背了儒家伦理中的"亲亲相隐"原则。多尔衮曾就逃人问题禁言。多尔衮死后，虽然政治上被清算，但逃人问题的重要性并没有因此降低。刘余祐敢于触碰禁令，却没有受到惩罚。皇帝要求相关衙门对此进行讨论，并称赞刘余祐的建议"有关图治大务"。[③] 对此最合逻辑的解释是，虽然年轻的顺治帝为了满人的利益，不得不维护奴隶制度，但他已开始在"逃人法"上表达自己的政治主张。

尽管有皇帝的圣旨，该年清廷修改"逃人法"时并没有采纳刘余

---

① 赵志强：《清代中央决策机制研究》，科学出版社 2007 年版，第 96—97 页。

② Frederic E. Wakeman, Jr., *The Great Enterprise: The Manchu Reconstruction of Imperial Order in Seventeenth-Century China*, Berkeley: Univ. of California Press, 1985, pp. 850–851（中文版见魏斐德《洪业——清朝开国史》，陈苏镇、薄小莹等译，江苏人民出版社 2008 年版，第 563—564 页）。

③ 《内阁大库档案》，台湾"中研院"历史语言研究所藏，登录号：006582；《世祖章皇帝实录》卷六四，顺治九年四月己未，《清实录》第三册，中华书局 1985 年版，第 504—505 页。

祐的这一建议。① 顺治九年五月，清廷制定"隐匿查解逃人功罪例"。与顺治六年的"逃人法"相比，这一版本的"逃人法"加重了对逃人和窝主的惩罚。逃人一次被获者，鞭一百归主，二次逃走者正法。如果逃人是初犯，则隐匿之人及家产将交予逃人之主。如果逃人再次逃跑，隐匿之人及家产解户部。无论何种情形，窝主本人和他的家产都将被没收。对旁人的惩罚也更重，窝主左右邻居和甲长未出首者，责四十板。② 这样，窝主的刑罚由流徙变为籍没（他本人和家属都被当作财产）。

顺治九年的"逃人法"未能让满汉任何一方满意，但在某种程度上，该例却又安抚了双方。依照汉人法律传统，量刑需区分首犯和从犯，从而使情罪平衡。因此对于汉人官员而言，这种转变向情罪平衡迈出了一大步。而对于满洲官员而言，严惩窝家（籍没为奴，没收家产）提供了新的奴仆来源。

二 汉人官员反对"逃人法"（顺治九年至十二年）

顺治九年起，顺治帝对"逃人法"和汉文化的态度激励汉人官员提出修改"逃人法"的主张。汉官群体一直以来都反对严苛的"逃人法"，但只有在顺治九年到十二年，因顺治帝对儒家文化表现出极大兴趣并恢复许多明代制度，③ 才使大量汉人官员在逃人问题上敢于发声，批评当时的"逃人法"。

汉人官员反对"逃人法"是因为该法通过损害了汉人官员和平民的利益来保护满洲奴隶制。汉官对奴隶制和强制劳动（劳役）并不陌

---

① 魏象枢撰：《寒松堂全集》卷一，陈金陵点校，中华书局 1996 年版，第 23 页。

② 《世祖章皇帝实录》卷六五，顺治九年五月丙申，《清实录》第三册，中华书局 1985 年版，第 508—509 页。

③ Frederic E. Wakeman, Jr., *The Great Enterprise: The Manchu Reconstruction of Imperial Order in Seventeenth-Century China*, Berkeley: Univ. of California Press, 1985, pp. 907 – 922（中文版见魏斐德《洪业——清朝开国史》，陈苏镇、薄小莹等译，江苏人民出版社 2008 年版，第 600—607 页）。

生。至少到明朝，奴隶还一直存在，但不是一个主要的社会阶层。清末律学家薛允升认为民人也有奴隶，但没有特别的法律来应对民人的奴仆逃跑的问题。① 对于汉人官员而言，奴隶并不重要，而藏匿奴隶也不涉及任何重罪。根据这些汉官的观点，当时的"逃人法"主要违背了儒家伦理以及情罪平衡的司法原则。

"逃人法"对逃人和窝家的不同刑罚，违反了汉人对法律公平的理解。顺治十一年（1654）正月二十六日，兵部督捕右侍郎魏琯奏言，"初犯再犯之逃人，罪鞭一百，而窝主则行籍没，逃轻窝重，非法之平"。② 魏琯认为，当一人藏匿逃人时，逃人应该被当作主犯，而窝主应是从犯。在他看来，"逃轻窝重"的处罚方法显然与情罪平衡原则不合。

"逃人法"严重违背了儒家道德规范，其中包括家庭伦理、社会道德、社会等级和君主之责。多尔衮时期，清廷对年老窝逃者和妇女窝逃者有所宽免，但不是通过法律形式，而是出自君主恩惠（详见本章第六节）。顺治帝当政后，"逃人法"违背儒家道德规范的状况依然没有得到改变。刘余祐批评"逃人法"违背了家庭伦理，是因为该法不允许任何人隐匿逃人，哪怕逃人是父母子女，这与儒家"父为子隐、子为父隐"的原则相冲突。明律和清律法都支持"亲亲相隐"原则，只有叛逆重罪方才排除在这一原则之外。③ 然而，清廷曾经将窝主排除在大赦之外，实际上就将其等同于谋逆叛国之罪。满人相信维护奴隶制阻止旗下家奴逃跑远比维护儒家的家庭伦理重要；汉官却恰恰相反，认为儒家的家庭伦理比维护满洲奴隶制更加重要。

汉官从儒家思想出发，希望维护社会稳定，"逃人法"则不同，

---

①　薛允升：《读例存疑》，引自黄静嘉编《读例存疑重刊本》，台北：成文出版社1970年版，序号：捕042.01，按语。本书所引之律例和对律例的注释均据黄静嘉所编之序号。此处"捕"指《督捕则例》。

②　《世祖章皇帝实录》卷八〇，顺治十一年正月丁巳，《清实录》第三册，中华书局1985年版，第633页。

③　《大明律》卷一，怀效锋点校，法律出版社1999年版，第18页；《大清律集解附例》卷一，载杨一凡、田涛主编《中国珍稀法律典籍续编》第五册《顺治三年奏定律》，王宏治、李建渝点校，黑龙江人民出版社2002年版，第145—146页。

在广大的汉人社会中造成了恐慌。正如兵科右给事中李裀在顺治十二年正月二十五日奏言，"逃人一事，立法过重，株连太多，使海内无贫富、无良贱、无官民，皆惴惴焉莫保其身家"。① 窝主、邻佑、甲长以及与此相关地方官员——绝大多数是汉人——都牵涉其中。尽管个人无法得知邻里是否藏匿逃人，却会因此受罪。另外，由于"逃人法"规定过于苛刻，使得包括地方官在内的所有人都不敢收留或帮助任何"流民"，其中就包括因自然灾害而无家可归之人。②

同样，"逃人法"还破坏儒家维护的社会等级。在明清时期的中国，奴隶的价值远低于士大夫和平民（农民、工匠和商人）。然而"逃人法"却不惜以牺牲官员和平民的利益为代价，来维护奴隶制度。李裀认为，"逃人法""祸起奴婢，则名分荡然"。③ 而"逃人法"又规定社会地位不同之人接受同样的惩罚，也模糊了儒家等级之别。一个典型例子就是对生员的处罚。顺治九年的"逃人法"规定对窝家处以籍没时，并不区分生员和平民。顺治十一年正月初十日，刑科给事中陈忠靖具题，认为当时的"逃人法"对缙绅、举人、贡生、监生均和齐民（平民）区别对待，但是没有优待生员。他认为，按照儒家的名分之别，生员应与平民区别对待。④

按照当时的"逃人法"，皇帝在"逃人"问题上并未履行汉官期待的角色，这会威胁清廷的正统地位。在实施"逃人法"的过程中，清帝成为满人奴隶制度的保护者。而在中国的帝制时期，士大夫希望皇帝保护他的臣民（士人、自耕农等），而不是保护某些人的奴隶。魏琯在反

---

① 《世祖章皇帝实录》卷八八，顺治十二年正月庚戌，《清实录》第三册，中华书局1985年版，第695页。

② 《世祖章皇帝实录》卷七七，顺治十年七月壬寅，《清实录》第三册，中华书局1985年版，第607页；卷八八，顺治十二年正月庚戌，第696页；卷九〇，顺治十二年三月戊子，第705页。时人谈迁也提及地方官不敢救济灾民。谈迁：《北游录》，汪北平点校，中华书局1960年版，第388页。

③ 《世祖章皇帝实录》卷八八，顺治十二年正月庚戌，《清实录》第三册，中华书局1985年版，第695页。

④ 《内阁大库档案》，台湾"中研院"历史语言研究所藏，登录号：088363。

对"逃人法"中的籍没（或充奴）刑罚时称："夫亦思今日率土之民，莫非朝廷之赤子？今日籍一家，则间阎少一家。明日没一人，则版图少一人。"① 李祳也提出相似的观点，"破一家，即耗朝廷一家之供赋。杀一人，即伤朝廷一人之培养"。② 这些官员直接指出皇帝的责任是保护他的臣民，而不是保护奴隶和奴隶制。在汉人官员看来，清朝统治者对满人奴隶的保护是一种异端行为，由此破坏了清朝的统治合法性。

总之，汉官们认为"逃人法"与儒家伦理和汉人法律原则格格不入。他们进一步提出，"逃人法"危害了清朝统治的合法性，并且建议皇帝与其实施严格的"逃人法"来维护满人的利益，不如保护更为庞大的黎民苍生。

三　关于"逃人法"的斗争（顺治十年至顺治十二年）

从大多数满官的立场来看，汉官对"逃人法"的反对鼓励了奴隶逃跑。顺治十年，顺治帝恢复了许多明代的法律制度，例如秋审，③ 并且对"逃人法"进行一些改变。其中一个变化是减轻对逃人的惩罚：只有逃跑三次的逃人才被判处死刑。这和顺治九年逃走两次处死的规定略有不同。④ 顺治十年的改变见于《清实录》，但没有载入康熙朝《大清会典》。十一年，汉人官员提议大幅修改"逃人法"。这激发了满官的强烈不满，他们对此予以反击。

顺治十一年，魏琯反对"逃人法"最为激进。在正月二十六日的奏疏中，他要求废除针对窝主的籍没刑罚。魏琯上奏时，正值清廷在很多方面采用明代的典章制度。就籍没刑罚而言，当时

① 魏琯：《罢籍没定逃窝疏》，《皇清奏议》卷七，《续修四库全书》第四七三册，上海古籍出版社 2002 年版，第 82 页。

② 《世祖章皇帝实录》卷八八，顺治十二年正月庚戌，《清实录》第三册，中华书局1985 年版，第 695 页。

③ 孙家红：《清代的死刑监候》，社会科学文献出版社 2007 年版，第 85 页。

④ 《世祖章皇帝实录》卷七五，顺治十年五月庚辰，《清实录》第三册，中华书局1985 年版，第 594 页。尽管减轻了对逃人的惩罚，但这一惩罚仍然比入关前天命十一年的"逃人法"（逃人逃走四次处死）更加严格。

除了针对叛逆重罪依然保留外，已经废除针对强盗的籍没之刑。依据当时适用的顺治九年"逃人法"，窝主依然籍没。魏琯表示，"逃轻窝重，非法之平"。① 同刘余祐相似，魏琯没有因为这一建议而受到惩罚。清廷甚至部分接受了他的建议。新的"逃人法"规定，窝主及妻子儿女由充奴改成发往盛京屯种，其家产依然会被没收。十一年二月二十九日，吏科右给事中王桢奏言，既然已经将窝主发往盛京，又将窝主田产入官，"是仍行籍没"，请旨参照充军之例，只将窝主本身夫妇发往盛京，"其余家口田产俱免追"。②《实录》显示，这一建议被采纳，窝主之刑改为充军。③

同年六月初六日，顺治帝因魏琯再次反对"逃人法"而勃然大怒。魏琯以天热"暑疫盛行"为由，求顺治帝免去已故窝家妻儿流徙盛京，田产也免予报官。对此，顺治帝回复：

> 满洲家人系先朝将士血战所得，故窝逃之禁甚严，近年屡次宽减，罪止流徙。且逃人多至数万，所获不及什一。督捕衙门屡经具奏，魏琯明知，何得又欲求减？显见偏私市恩。殊为可恨。著议政诸王贝勒大臣、九卿、詹事、科道各官，会同从重议处具奏。④

---

① 《世祖章皇帝实录》卷八〇，顺治十一年正月丁巳，《清实录》第三册，中华书局1985年版，第633页。

② 《世祖章皇帝实录》卷八一，顺治十一年二月庚寅，《清实录》第三册，中华书局1985年版，第639页；《大清会典（康熙朝）》卷一〇七，载沈云龙主编《近代中国史料丛刊三编》第73辑，台北：文海出版社1993年版，第5326页。

③ 《世祖章皇帝实录》卷八五，顺治十一年八月甲戌，《清实录》第三册，中华书局1985年版，第673页。

④ 《世祖章皇帝实录》卷八四，顺治十一年六月甲子，《清实录》第三册，中华书局1985年版，第658页。清初延续明代法律制度，朝廷运用热审来彰显帝王因天气炎热而体恤臣民：非死刑犯人将获得减刑，若死刑犯人案件存疑或可矜，其案件将被重新考虑。魏琯上奏时恰逢热审。清初热审可参阅 Brian Mcknight, *The Quality of Mercy: Amnesties and Traditional Chinese Justice*, Honolulu: Univ. of Hawaii Press, 1981, pp. 103 – 104；[日] 赤城美惠子《论清代前期的热审制度》，李冰逆译，载里赞主编《法律史评论》第10卷，法律出版社2018年版，第3—26页。

济尔哈朗等官员会议后认为，魏琯的请求会使满洲家人尽数逃走，建议将他处以绞刑。六月十二日，顺治帝收到奏疏，经过斟酌考虑，对魏琯从宽"降三级调用"。① 由于死刑减一等为流刑，魏琯所受的惩罚（降调）很轻。

然而，这场斗争并未结束。十一年六月二十二日，顺治帝颁布大赦，将窝家排除在大赦之外。② 魏琯也立刻受到再次惩罚。八月十四日，顺治帝在重新考虑魏琯所奏对逃人案件中的罪犯减轻处罚的建议后，决定将他流放盛京。时值山东德州生员吕煌藏匿逃人，并让兵部的一个中级官员吕献忠去贿赂逃人之主，以求平息此事。逃人之主却不想就此了结，反而举发此事。吕煌因此被发配盛京。考虑到吕献忠的罪行，兵部建议从轻处理。顺治帝对此十分不满，要求议政王大臣商议处理。结果，大量的兵部官员（满汉均有），都受到行政处罚，少部分人甚至被革除官职。其中，魏琯条奏对逃人案中罪犯减等处罚的建议被顺治帝认为是"明为吕煌而发"。魏琯因此受到最严厉的处罚，被革职并流徙盛京。③ 皇帝决意保护满人的利益，故魏琯因同一罪行受到两次惩罚，且流徙盛京远比降三级调用严重。④

不久，顺治十一年八月十七日，与顺治帝对魏琯的态度一致，诸王及满洲汉军部院大臣奏言，窝主为奴之时，虽有逃人，但"尚多缉获。自定充军之例，一年间，逃人几及三万，缉获者不及十分之一"。他们强烈要求加重对隐匿者的惩罚。皇帝下旨这些上

---

① 《世祖章皇帝实录》卷八四，顺治十一年六月庚午，《清实录》第三册，中华书局1985年版，第659页。

② 《世祖章皇帝实录》卷八四，顺治十一年六月庚辰，《清实录》第三册，中华书局1985年版，第663页。

③ 《世祖章皇帝实录》卷八五，顺治十一年八月辛未，《清实录》第三册，中华书局1985年版，第672—673页。

④ 谈迁提到，魏琯案后，"一时都人懔懔"。谈迁记载此案，除了德州生员名字为李辉，其余均与《实录》相同。谈迁：《北游录》，汪北平点校，中华书局1960年版，第387—388页。

奏者会同九卿、詹事、科道中的汉官会议具奏。① 满洲官员主导了这次修订工作，根据他们修订的新例，窝主及其妻儿给予逃人之主为奴；窝家邻佑人等将处以流徙——这与顺治三年"逃人律"的规定相近。八月二十七日，顺治帝因不同意对犯人的处罚，尤其是对窝家邻佑人等的处罚，拒绝了这一版本的"逃人法"，并要求官员重新商议。②

顺治帝一方面告诫汉人官员不要在"逃人法"上要求过甚；另一方面，他也不希望按照满官的意愿去严厉处罚窝主，但他的态度对于缓和满汉官员的冲突并不起作用。几天之后，他选择支持满官。九月初三日，顺治帝提到南赣巡抚宜永贵的奏疏。宜永贵是汉军旗人，他建议皇帝采用最早的逃人定例——但没有明说是哪些。身为旗人的高级官员，宜永贵为满人说话不足为奇。顺治帝没有直接批准，但他对此表现十分积极。他借这份奏疏指出，汉人官员之所以主张轻惩窝家，是因为他们毫不在乎满洲家人逃跑。由此，顺治帝让亲王们（如济尔哈朗）等来商议宜永贵的建议。顺治帝还苦心地对汉臣说，满洲家人事关满洲生计，希望汉臣尽忠为国，不要和满洲抵牾。汉臣表示，"臣等有何置辩，从此以后，惟改心易虑，各尽职守"。③ 这表明，在皇帝的压力下汉臣只能妥协。

九月初六日，迫于以济尔哈朗为首的满洲贵族和官员的压力，顺治帝批准了代表满人利益的"最初定例"。由这些"最初定例"构成的"逃人法"极其残酷——其程度仅次于顺治三年的"逃人律"。根据定例，隐匿逃人的汉人平民将被处死，家产籍没；其邻佑责四十板、流徙，十家长责四十板。初次和二次逃人鞭一百，第

---

① 《世祖章皇帝实录》卷八五，顺治十一年八月甲戌，《清实录》第三册，中华书局1985年版，第673页。

② 《世祖章皇帝实录》卷八五，顺治十一年八月甲申，《清实录》第三册，中华书局1985年版，第674页。

③ 《世祖章皇帝实录》卷八六，顺治十一年九月己丑、壬辰，《清实录》第三册，中华书局1985年版，第675—676页。

三次逃者正法。此"逃人法"还特别强调汉人生员和平民同等对待。"生员隐匿逃人，与平民一例正法。"① 这些规定表明，这一版本的"逃人法"旨在巩固入关前就已确定的主题：维护奴隶制度以确保满人利益。

顺治十一年"逃人法"的一个新特点是规定了如何惩罚隐匿逃人的下等旗人：

> 如满洲家人隐匿逃人，鞭一百、罚银五两，其本主不论官民，罚银十两。或另户人隐匿逃人，鞭一百、罚银十两。宗室公以上家下庄头等人窝隐逃人，鞭一百、罚银五两，其管庄拨什库罚银十两。逃走二次或三次，如本主不行报明，被旁人出首者，平人鞭一百，有顶带官员鞭一百，折赎，仍将前入官家产，分作三分，一分给与出首之人。②

由上可知，满洲家人和旗下庄头等藏匿逃人，只受到极轻的惩罚（鞭一百并缴纳罚金）。在顺治十一年之前，并未见到明文规定满洲家人窝逃应如何处罚。在实践中，清廷仅对旗下窝逃者处以罚金③——这一惩罚甚至比顺治十一年的"逃人法"轻得多。对于下等旗人窝逃的从轻发落表明了满人不想失去任何奴仆资源。

顺治十一年"逃人法"的颁布，意味着满洲贵族和官员的胜利，但不意味着顺治帝从此置汉人官员于不顾。在顺治十一年十一月十六日的大赦中，皇帝按一定条件免除了对窝主的惩罚。如果窝主在赦前隐匿逃人且审讯尚未结束，即可免于惩罚。而如果赦后隐匿逃人，则

---

① 《世祖章皇帝实录》卷八六，顺治十一年九月壬辰，《清实录》第三册，中华书局1985年版，第676—678页。

② 《世祖章皇帝实录》卷八六，顺治十一年九月壬辰，《清实录》第三册，中华书局1985年版，第677页。

③ 刘家驹：《顺治年间的逃人问题》，载《庆祝李济先生七十岁论文集》编辑委员会《庆祝李济先生七十岁论文集》下册，台北：清华学报社1967年版，第1058页。

依然根据"逃人法"论处。① 这次大赦免除了对一些窝主的惩罚，②也一定程度上减轻了顺治十一年版"逃人法"的严酷性。

然而，在顺治十一年"逃人法"颁布之后，满人内部却出现反对的声音。十二年正月二十一日，满官都察院左都御史屠赖批评顺治十一年的"逃人法"既不公正也不公平。他建议调整量刑，严惩逃人，轻惩窝家，并建议为魏琯等受罚的汉人官员平反。尽管屠赖支持汉人官员的原因尚不明确，但他的理由与汉人观念中的公正——情罪平衡——是相一致的。对此，顺治帝下旨"议政王贝勒大臣、九卿、詹事、科道等官会议具奏"。③ 正月二十五日，李裀应皇帝之命奏言，"逃人一事，立法过重"。他通过强调"逃人法"在实践中造成危害（见第四节第二小节讨论），对其进行激烈抨击。言下之意，李裀希望清廷能够减轻对逃人相关罪犯的惩罚。顺治帝命议政王、贝勒、大臣一起会议李裀的建议。④

无论是皇帝还是以济尔哈朗为首的满洲贵族都无法容忍李裀的抨击。十二年三月初七日，在汉官赵开心提出放宽隐匿之罪后，顺治帝当即下令继续实施现行的十一年"逃人法"。顺治帝一方面表示"满汉人民，皆朕赤子"，不偏袒任何一方；另一方面又解释实施严酷的"逃人法"的理由和苦衷：

> 近见诸臣条奏，于逃人一事各执偏见，未悉朕心，但知汉人之累，不知满洲之苦。在昔太祖太宗时，满洲将士征战勤劳，多所俘获，兼之土沃岁稔，日用充饶。兹数年来，叠遭饥馑，又用

① 《世祖章皇帝实录》卷八七，顺治十一年十一月壬寅，《清实录》第三册，中华书局1985年版，第684页。

② 例如，中国第一历史档案馆编《顺治年间的逃人问题》，载中国第一历史档案馆《清代档案史料丛编》第10辑，中华书局1984年版，第76—86页。

③ 《世祖章皇帝实录》卷八八，顺治十二年正月丙午，《清实录》第三册，中华书局1985年版，第694页。

④ 《世祖章皇帝实录》卷八八，顺治十二年正月庚戌，《清实录》第三册，中华书局1985年版，第695—696页。

武退方，征调四出，月饷甚薄，困苦多端。向来血战所得人口，以供种地牧马诸役，乃逃亡日众，十不获一。究厥所由，奸民窝隐，是以立法不得不严。若谓法严则汉人苦，然法不严，则窝者无忌，逃者愈多，驱使何人？养生何赖？满洲人独不苦乎？

顺治帝甚至认为，清朝将士从农民起义军和明朝"余孽"下挽救汉人，汉人应当在逃人问题上体谅满人之心。皇帝批评大臣"不宣上意，致小臣不知，小臣不体上心，致百姓不知"。而每当皇帝求言时，诸臣反而借端攻击逃人政策。最后，顺治帝斥责反对逃人政策的官员，称："若使法不严而人不逃，岂不甚便？尔等又无此策。"顺治帝警告了那些与他意见相左的官员，并要求兵部将他的这一谕旨刊示中外。[①] 两天后的三月初九日，顺治帝禁止任何人讨论与逃人有关的问题。[②] 这一禁令暂时结束了满汉官员的斗争。

顺治帝的态度造成了兵科右给事中李裀的悲剧。《实录》记载，济尔哈朗等建议将他责四十板、流徙宁古塔。济尔哈朗等表示，由于李裀应皇帝之命上奏，故减轻处罚。否则，李裀奏请将逃人定例减轻惩罚，"虽律无正条"，但"甚属可恶，允宜处死"。皇帝减轻了惩罚，改其杖刑为缴纳赎金，将他流放至稍近一些的尚阳堡。[③] 谈迁提到，乙未（顺治十二年）正月，朝廷"许中外文武臣条奏，求言虽切，无一触讳"，只有李裀因为"极言其事"，触怒了满洲贵族而被流徙。[④]

当时的顺治帝已掌握了权力，并在许多方面恢复明代制度，但他

---

① 《世祖章皇帝实录》卷九〇，顺治十二年三月壬辰，《清实录》第三册，中华书局1985年版，第705—706页。

② 《世祖章皇帝实录》卷九〇，顺治十二年三月甲午，《清实录》第三册，中华书局1985年版，第707页。

③ 《世祖章皇帝实录》卷九〇，顺治十二年三月辛亥，《清实录》第三册，中华书局1985年版，第712页。

④ 谈迁记载李裀被"议杖五十"，这一条和《实录》记载不符。清律中没有"杖五十"的刑罚。杖刑六十起步，如果是实际责打往往用责多少板。谈迁：《北游录》，汪北平点校，中华书局1960年版，第388页。

在顺治十一年修订"逃人法"，十二年禁止官员言及逃人问题，并流放了李裀等反对者。这表明顺治帝依旧是满人利益的忠实保护者。不同于中国的历代皇帝，顺治帝的权力来源于满人。因此他需要迎合满人的利益——通过维护严苛的"逃人法"将有益于达成这一目标。王廷元认为，顺治帝虽然效法明朝，但由于农奴制在满洲社会占据主导，所以他没有改变"逃人法"。[①] 然而，顺治帝不仅多次改变"逃人法"，而且在顺治十一年颁布残酷的"逃人法"之后，还逐步减轻对汉人窝逃者的惩罚。

四 顺治帝的再平衡（顺治十二年至顺治十八年）

顺治十一年的"逃人法"，按照清廷的说法，是"最初定例"的回归，几乎和多尔衮早期的版本一样残酷。这毫无疑问是济尔哈朗为首的满洲贵族和官员向顺治帝施压的结果。然而，顺治帝很快就改变了想法。对此，吴志铿认为顺治帝在满汉官员之间起到了平衡作用，同时他也强调汉人官员受到皇帝和满洲贵族的控制。[②] 但是吴志铿没有考虑到顺治帝在施行顺治十一年版的"逃人法"时所扮演的角色。史料显示，顺治帝利用他无上的权力，在实践中对窝主——汉人刻意保护。

在司法实践中，依据顺治十一年的"逃人法"，窝主会拟绞罪，绞刑是否执行要由朝审决定。然而，从顺治十二年到十四年，皇帝几乎没有处决任何窝主。顺治帝运用各种儒家法律传统——如大赦和减刑来免除死刑。第一，皇帝对个别案件，主动介入，让窝逃者免死减等。第七章将论述顺治帝主动介入山西民人李永昌窝逃案，并成功地让罪犯免于死罪。第二，在顺治十二年的热审期间，皇帝利用热审规则，将某些窝主的死罪减等。[③] 第三，顺治十二年，皇帝听从龚鼎孳

---

① 王廷元：《顺治帝与清初的"法明"政策》，《社会科学辑刊》1984 年第 5 期。

② 吴志铿：《清代的逃人法与满洲本位政策》，《台湾师范大学历史学报》1996 年第 24 期。

③ 例如《内阁大库档案》，台湾"中研院"历史语言研究所藏，登录号：087597。

等的建议，停止秋决，并规定"每遇恤刑①，内外暂行停决"②。第四，顺治十三年（1656）十月二十四日，皇帝表示，因为上年停止秋决，今年朝审应决人犯有一百多人，他不忍心一次正法这么多人，要求安郡王岳乐、索尼等满洲大臣详审。不知道这些满洲贵族和大臣是如何回应皇帝的，但十月二十九日，皇帝决定再次停止秋决：

> 谕刑部：朝审秋决，系刑狱重典。朕必详阅招案始末，情法允协，令死者无冤。今决期伊迩，朝审甫竣，招册繁多，尚未及详细简阅，骤行正法，朕心不忍。今年姑著暂停秋决，昭朕钦恤至意。③

顺治帝以招册太多为借口，再次停止秋决，推迟执行死刑，以昭显他的仁慈。这样，依据顺治十一年九月颁布的"逃人法"判处绞监候的窝主，到顺治十三年都还没有执行死刑。

第五，顺治十三年腊月初六日，顺治帝册封董贵妃，大赦天下，将该年所有朝审过后候决囚犯全部减等发落，窝主因此获得减刑。④

至此，皇帝实际上已免除了窝主的死刑。显然，以上决定是为了展示皇帝爱民如子之心，同情因各种原因被判死刑的罪犯，而不仅仅针对隐匿逃人之犯。顺治帝实施上述大规模停刑、减刑措施时也从未

---

① 顺治十二年，清廷决定实施"恤刑"，即五年一次的审录，对现监人犯依据情况减等处理或是维持原判。［日］赤城美惠子：《清朝初期的"恤刑"（五年审录）》，张登凯译，载周东平、朱腾主编《法律史译评》，北京大学出版社2013年版，第226—227页。

② 《世祖章皇帝实录》卷九三，顺治十二年八月庚午，《清实录》第三册，中华书局1985年版，第731页。"秋决"意为复审后死刑犯于即将来临的秋季（或冬季）处决。这类案件绝大多数会在秋审或朝审上复核。

③ 《世祖章皇帝实录》卷一〇四，顺治十三年十月戊戌、癸卯，《清实录》第三册，中华书局1985年版，第810—811页。

④ 《世祖章皇帝实录》卷一〇五，顺治十三年十二月己卯，《清实录》第三册，中华书局1985年版，第816—817页。按照顺治十一年逃人定例的规定，窝家将首先被判处绞刑，但根据这次大赦规定，窝家的绞刑减为流刑——比死刑减轻一等。例如《内阁大库档案》，台湾"中研院"历史语言研究所藏，登录号：117519。

宣称自己是为了减轻对窝主的惩罚。然而，顺治十一年（1654）冬月十六日和顺治十三年腊月初六日的两次大赦却表明了他对逃人案的态度。在顺治八年济尔哈朗执掌朝政期间，大赦对象不包括窝家。① 顺治十一年六月二十二日顺治帝颁行大赦时——当时关于"逃人法"的斗争极为激烈——同样将窝家排除在外。而自十一年九月初六日顺治帝批准"逃人法"开始，他就在大赦的时候转变了自己在逃人问题的立场。从那天到十四年（1657）二月十三日清廷决定再次修改"逃人法"（下文讨论），顺治帝颁布了三次大赦。前述十一年冬月十六日大赦按一定条件宽赦了部分窝家，十三年腊月初六日的大赦赦免了所有窝家。

顺治十三年六月二日，皇帝颁布一项特殊诏谕以告诫满人不能虐待奴隶，称顺治十一年的逃人定例并非出于本意。相反，他是为了维护满人的利益而颁布的。他敦促满人反省奴隶为何轻去，并叮嘱满人要善待奴隶。这样才能使奴仆充盈，满人可以安享富贵。在诏谕中，顺治帝接受了汉人官员的建议，展示自己保护众民为君主之责，并运用许多汉人的政治原则（比如皇帝需要关心保护所有臣民；皇帝应该维护儒家的名分关系）。正如顺治帝所言：

> 朕为万国之主，念兹犯法诸人，孰非天生烝民，孰非朝廷赤子？倘刑罚日繁，户口日减，尔心亦何能自安。②

顺治帝明确指出，窝主并非天生的罪犯，而且严酷的惩罚只会导致国家户口日减。这次下诏可能是顺治帝的事后之言，但也清楚表明，他亦必须自视为汉人的皇帝，有义务保护国内的每一个臣民。

---

① 《世祖章皇帝实录》卷五二，顺治八年正月庚申，《清实录》第三册，中华书局1985年版，第410页；卷五九，顺治八年八月丙寅，《清实录》第三册，中华书局1985年版，第470页。

② 《世祖章皇帝实录》卷一〇二，顺治十三年六月己丑，《清实录》第三册，中华书局1985年版，第788页。

顺治十四年二月十三日，清廷下谕修改顺治十一年的"逃人法"。顺治帝表达了对窝主悲惨际遇的同情：

> 向来所定隐匿逃人之法，将窝逃之人，给发逃人本主为奴。不意遂有奸徒乘机诈害，弊端百出。后经改议，隐逃窝主拟绞秋决。每逃一人，辄置一窝逃者于重辟。年来秋决重犯，半属窝逃。人命至重，谁非朕之赤子？

在深思熟虑之后，顺治帝表示如此严惩窝主，"于心不忍"，建议在窝主脸上刺字，并将窝主及其家产发给贫困旗人为奴。皇帝命议政王贝勒大臣、九卿、詹事、科、道等官讨论这一建议。[①] 皇帝的建议得到臣子们的支持，成为定例。[②]

顺治帝的行为是反复无常吗？确实，他在"逃人法"问题上数次转变立场。截然不同的态度反映出顺治帝需要在朝廷上平衡满汉关系。顺治九年，顺治帝容忍甚至鼓励汉人官员就逃人问题提出建议，并部分吸纳了汉官的建议。然而，为了保护满人利益，他并没有对逃人政策大加修改。同时，顺治帝在九年到十二年恢复了许多明代制度，很多触及满人利益，使得顺治十年到十三年，朝堂上满汉关系非常紧张。顺治十一年三月，顺治帝处死了陈名夏。陈名夏虽然也入了旗，却被视作当时最负盛名的汉人文人及高级官员之一，且曾经深得皇帝信任。陈名夏被处死的部分原因在于他试图恢复明朝的衣冠服饰。[③]

---

① 《世祖章皇帝实录》卷一〇七，顺治十四年二月丙戌，《清实录》第三册，中华书局 1985 年版，第 838—839 页。

② 《大清会典（康熙朝）》卷一〇七，载沈云龙主编《近代中国史料丛刊三编》第 73 辑，台北：文海出版社 1993 年版，第 5327 页。

③ Frederic E. Wakeman, Jr., *The Great Enterprise: The Manchu Reconstruction of Imperial Order in Seventeenth-Century China*, Berkeley: Univ. of California Press, 1985, pp. 985–986（中文版见魏斐德《洪业——清朝开国史》，陈苏镇、薄小莹等译，江苏人民出版社 2008 年版，第 645—646 页）。

毋庸置疑，逃人问题也容易激发满汉官员的怒火。不难想象，以魏琯为代表的汉人官员和以济尔哈朗为首的满洲贵族皆剑拔弩张。当满人官员发动反击时，皇帝不得不考虑他们的利益，故在顺治十一年支持满洲贵族并颁布残酷的"逃人法"。而顺治帝之所以有能力在三年之后改变逃人定例，不仅仅是因为他作为皇帝享有高于一切法律的地位，还与最有权势的满洲贵族郑亲王济尔哈朗于顺治十二年五月逝世密切相关。济尔哈朗去世后，亲王、贝勒中已无人能在逃人问题上左右皇帝。实际上，顺治帝停止秋决、颁布大赦时，不排除窝主等变相减轻窝主惩罚的行为，多发生在济尔哈朗死后。"逃人法"的演变见证了顺治帝将其统治建立在牺牲满洲贵族的利益之上。

自顺治十四年清廷放宽"逃人法"后，如何处置逃人依然是一个严重的社会问题。窝主沦为奴隶的悲剧远未结束，而顺治帝此后也没有从根本上改变逃人政策。不过，"逃人法"在顺治十四年后对汉人的规定还是朝着温和的方向变化。例如，顺治十一年，清廷开始制定新例以消除敲诈恶行；[①] 在顺治十五年（1658）五月初七日，清廷详细规定了各种措施，以制止"奸徒"——包括旗人和民人在内——对无辜者实行敲诈勒索，并要求地方官员严加抓捕。顺治帝在谕旨中强调"满汉人民，皆朕赤子"。满汉双方都需要受到保护。[②] 五月十四日，清廷进一步修改"逃人法"。新法题为"逃人事例"，对整肃勒索乱象做出了更多的细化规定。[③]

此外，从十四年到十八年，"逃人法"的其他变化也反映了类似

---

① 《世祖章皇帝实录》卷八六，顺治十一年九月壬辰，《清实录》第三册，中华书局1985年版，第677页。由于逃人法对窝家的惩罚极为严酷，旗人便可以到他人家中谎称自己是逃奴，轻松实施敲诈。而平民也可以伪装成逃奴来敲诈不知情的人。

② 《世祖章皇帝实录》卷一一七，顺治十五年五月癸卯，《清实录》第三册，中华书局1985年版，第909—910页。

③ 《世祖章皇帝实录》卷一一七，顺治十五年五月庚戌，《清实录》第三册，中华书局1985年版，第912—913页。

的倾向——对汉人平民更加宽和。如十五年，清廷规定，如果妇女在其丈夫不在家时窝藏逃人，她将处以责四十板的轻刑。[①] 这种从轻处罚汉人窝家的倾向在顺治帝逝世后一直延续。

第五节　顺治帝之后的"逃人法"

顺治帝去世之后，鳌拜等辅政大臣扭转了顺治帝的"汉化"趋势。[②] 学者们普遍认为，1661 年到 1669 年鳌拜掌权期间，是"满人统治"的时代。[③] 一些学者认为，该时期清廷在逃人案上实施了更为严厉的政策。[④] 司徒琳（Lynn. A. Struve）对鳌拜采取"满人一边倒"的政策表示质疑，她认为汉人官员依然对清朝政治产生影响。[⑤] 事实上，鳌拜辅政期间对"逃人法"的修改并不总是以满人利益为导向。鳌拜甚至比顺治帝走得更远，制定了一些新的则例以减轻对窝家的刑罚，加重对逃人的刑罚。

鳌拜逐渐减轻了对汉人窝家和邻居的惩罚。康熙四年（1665），

① 《大清会典（康熙朝）》卷一〇七，载沈云龙主编《近代中国史料丛刊三编》第 73 辑，台北：文海出版社 1993 年版，第 5335—5336 页。

② 顺治十八年，顺治帝在逝世前夕指定了四位最信任的朝臣，索尼、苏克萨哈、遏必隆、鳌拜，为辅政大臣。四大臣皆反对顺治帝吸收汉人文化和制度的政策。以顺治帝名义所写的遗诏否定了他在位时的许多政策。在遗诏中，顺治帝承认自己的十四条"罪状"，其中第一条便是由于自己违背满人传统，逐渐使用汉制，使得国家没有得到很好统治。在 1661 年到 1669 年这一时期，鳌拜并不总是独掌大权。在头五年里，由四大臣共掌国政。康熙帝于 1667 年开始正式亲政，但实际上是鳌拜在控制整个国家。《世祖章皇帝实录》卷一四四，顺治十八年正月丁巳，《清实录》第三册，中华书局 1985 年版，第 1105—1106 页；《圣祖仁皇帝实录》卷一，顺治十八年正月丁巳、戊午，《清实录》第四册，中华书局 1985 年版，第 40—41 页。

③ Robert B. Oxnam, *Ruling from Horseback: Manchu Politics in the Oboi Regency, 1661 – 1669*, Chicago: Univ. of Chicago Press, 1975; Lynn. A. Struve, "Ruling from Sedan Chair: Wei Yijie（1616 – 1686）and the Examination Reform of the 'Oboi' Regency", *Late Imperial China*, Vol. 25, No. 2, 2004, pp. 1 – 3.

④ 例如徐凯《清初逃人事件述略》，《北京大学学报》（哲学社会科学版）1983 年第 2 期；吴爱明《清督捕则例研究》，博士学位论文，南开大学，2009 年，第 76—77 页。

⑤ Lynn. A. Struve, "Ruling from Sedan Chair: Wei Yijie（1616 – 1686）and the Examination Reform of the 'Oboi' Regency", *Late Imperial China*, Vol. 25, No. 2, 2004.

窝家治罪不再刺字。六年（1667），鳌拜仍掌大权，停止将窝家为奴，改为"流徙尚阳堡"。康熙七年（1668），清廷议准，窝隐逃人之两邻、十家长、地方均"免其流徙"，两邻枷号一个月、责四十板，十家长和地方枷号两个月、责四十板。① 与顺治帝一样，鳌拜也制定则例，以防止无辜者因逃人（包括伪装成逃人的奸贼）牵连受害。②

与此同时，鳌拜增加了对逃人的惩罚。顺治十八年（1661），令"逃人犯至三四次者，虽遇赦，即处绞，不必候秋后"。③ 值得注意的是，顺治时期的大赦一般只排除窝家，不排除逃人。由于顺治十八年的这一则例被认为过于严酷，该年清廷废除了大赦排除逃人的规定，不过逃人三次依然照例立绞。康熙七年，清廷规定三次逃人拟绞监候。④ 由此观之，鳌拜的举措更接近于满足汉人官员的立法要求：重惩逃人，轻罚窝家，以维护罪刑之间的平衡这一汉人法律原则。

令人惊讶的是，鳌拜大大加重了对驻防旗人（驻守京师地区以外的八旗人员）窝逃的处罚。顺治十八年题准："各省驻防旗下官员及常人窝带逃人者，俱正法。"⑤ 与顺治十一年旗下家人窝逃相比，这一规定极为残酷。这一做法等于将顺治朝强加给汉人窝逃者的不平等对待（窝主为从犯、逃人为主犯）施加于驻防旗人。或许驻防旗人远离京师，具有窝逃时逃人之主更难发现的特点。这一无比残酷的条例直

① 《大清会典（康熙朝）》卷一〇七，载沈云龙主编《近代中国史料丛刊三编》第73辑，台北：文海出版社1993年版，第5327页。

② 《圣祖仁皇帝实录》卷一三，康熙三年十二月壬午，《清实录》第四册，中华书局1985年版，第205—206页；卷一四，康熙四年正月甲午，《清实录》第四册，中华书局1985年版，第207页；卷二一，康熙六年四月戊申，《清实录》第四册，中华书局1985年版，第299页；《大清会典（康熙朝）》卷一〇七，载沈云龙主编《近代中国史料丛刊三编》第73辑，台北：文海出版社1993年版，第5340—5341页。

③ 《大清会典（康熙朝）》卷一二九，载沈云龙主编《近代中国史料丛刊三编》第73辑，台北：文海出版社1993年版，第6453页。这一则例确立于顺治十八年。顺治帝死于该年正月初七，离农历新年很近，结合皇帝的身体状况，这项决定应该出自四大辅臣之手。

④ 《大清会典（康熙朝）》卷一二九，载沈云龙主编《近代中国史料丛刊三编》第73辑，台北：文海出版社1993年版，第6453页。

⑤ 《大清会典（康熙朝）》卷一〇七，载沈云龙主编《近代中国史料丛刊三编》第73辑，台北：文海出版社1993年版，第5330页。

到康熙七年才得以更改。康熙七年题准，驻防旗人窝逃，"系官，革职，罚银一百两，系常人，枷号三个月、鞭一百"。① 结合鳌拜时期严惩逃人的规定，不难发现，鳌拜对待旗人（窝主和逃人）比民人更为严酷。

　　鳌拜之后，康熙帝在修改"逃人法"时对窝家和逃人均实行宽弛政策。康熙十年，他颁布新例，减轻对驻防八旗窝逃的惩罚，"系官革职，常人照例枷号鞭责"。② 另外，在康熙十五年，清廷将"逃人法"编为《督捕则例》。③ 通过这一举措，"逃人法"成为正式的单行则例。尽管《督捕则例》附在某些版本的《大清律》中，但它并不属于《大清律》的一部分。④ 二十五年，康熙帝废除三次逃人的死刑，将其改为"给与宁古塔穷兵为奴"。⑤ 自此，"逃人法"中不再有死刑。

　　康熙朝以后，清朝统治者们对逃人问题越发宽弛。到了清中叶，"逃人法"的主要目的不再是维护奴隶制，而是防止正身旗人因贫困逃跑。⑥ 在乾隆朝《督捕则例》中，逃亡者包括正身旗人和奴隶。⑦ 乾隆十八年（1753）的新例（"另户旗人逃走"）只

---

　　① 《大清会典（康熙朝）》卷一〇七，载沈云龙主编《近代中国史料丛刊三编》第73辑，台北：文海出版社1993年版，第5330页。
　　② 《大清会典（康熙朝）》卷一〇七，载沈云龙主编《近代中国史料丛刊三编》第73辑，台北：文海出版社1993年版，第5330页。
　　③ 《圣祖仁皇帝实录》卷五九，康熙十五年正月丁酉、己酉，《清实录》第四册，中华书局1985年版，第766、768页；《大清会典（康熙朝）》卷一〇七，载沈云龙主编《近代中国史料丛刊三编》第73辑，台北：文海出版社1993年版，第5311页。
　　④ "逃人律"何时从《大清律例》中删去尚无定论。根据苏亦工的研究，该律可能在康熙七年或九年以后。由于某些康熙年版的《大清律集解附例》中包括《逃人律》，而其他版本却无，由此可知该律应当是在康熙时期被删去。苏亦工：《明清律典与条例》（修订版），商务印书馆2020年版，第200页。
　　⑤ 《大清会典（康熙朝）》卷一〇七，载沈云龙主编《近代中国史料丛刊三编》第73辑，台北：文海出版社1993年版，第5313页。
　　⑥ 刘家驹：《清朝初期的八旗圈地》，台北：台湾大学文史丛刊1964年版，第132—144页。
　　⑦ 《督捕则例》卷一，《续修四库全书》第八六七册，上海古籍出版社2002年版，第494页。

针对正身旗人。① 薛允升指出，逃人的身份发生了从奴仆到正身旗人的转变，并建议《督捕则例》的第一条，"另户旗人逃走"无须归入此门。② 甚至于皇族都有可能逃跑，而他们也会成为"逃人法"拘捕的目标。③

道光五年（1825），清廷对"逃人法"做出根本性的修改：旗人如果希望脱离旗籍变为民人，已经没有法律障碍。新例规定，在京旗下官员逃走一次者，将"革职、销除旗档"，京师闲散旗人逃跑两次以及第一次逃跑超过一个月者，不论被拿获还是自己投回，均"销除旗档为民"。④ 这一事例与同年《大清律例》新例规定允许闲散旗人离旗相一致。如果他们想要脱离旗籍就只能以平民身份谋生。⑤ 到了19世纪，旗人数量日益增加，成为清廷沉重的财政负担，⑥ 将所有旗人困在八旗之内逐渐变得没有必要且不切实际。道光五年的立法，改变了清朝长期以来维护满人社会基础——八旗制度——的政策。

最终，汉人的法律原则在"逃人法"中占据上风。首先，清廷对逃人和窝家的量刑逐渐与汉官强调的情罪平衡原则一致。乾隆八年（1743）《督捕则例》中最重的惩罚：平民窝主徒三年，逃跑三次的奴隶则流放至宁古塔等处。⑦ 此外，旗人窝主也和民人窝主一样接受

---

① 薛允升：《读例存疑》，黄静嘉编：《读例存疑重刊本》，台北：成文出版社1970年版，捕001，按语。

② 薛允升：《读例存疑》，黄静嘉编：《读例存疑重刊本》，台北：成文出版社1970年版，捕001，按语。

③ 例如《宗人府档案——来文》，中国第一历史档案馆藏，第557包。

④ 这项新事例适用于京师、盛京和其他省份的正身旗人。与此事例相似，清廷在道光二十三年（1843）增加了用于处理吉林和黑龙江旗人的事例。《清会典事例》（光绪）卷八五五，中华书局1991年影印本，第1278页。由此，旗人可能会依例革除旗籍，见赖惠敏《从法律看清朝的旗籍政策》，《清史研究》2011年第1期。

⑤ 薛允升：《读例存疑》，载黄静嘉编《读例存疑重刊本》，台北：成文出版社1970年版，76.09。

⑥ Mark C. Elliott, *The Manchu Way: The Eight Banners and Ethnic Identity in Late Imperial China*, pp. 306–342；林乾：《清代旗、民法律关系的调整——以"犯罪免发遣"律为核心》，《清史研究》2004年第1期。

⑦ 《督捕则例》卷一，《续修四库全书》第八六七册，上海古籍出版社2002年版，第494页。

惩罚。嘉庆五年（1800）清廷终于确认，逃人为主犯，窝主为从犯。因此，窝主较逃人定罪量减一等。① 其次，"逃人法"逐渐采用了明律和清律中的"五刑"刑罚体制。顺治三年，"逃人法"规定对犯人施以流刑。五年，朝廷决定对民人违法者用杖刑代替鞭刑。十年，清廷决定实行死刑监候制度。乾隆八年，徒刑见于《督捕则例》之中。最后，"逃人法"逐渐受到儒家思想的影响。一个例子是，"逃人法"逐渐增加条款，减轻对弱者的处罚。顺治十一年，清廷规定"窝隐逃人之犯，七十岁以上者，男妇俱免流徙"。十三年清廷进一步规定："凡窝隐逃人者，系七十岁以上、十三岁以下，俱免责。"康熙十年议准："瞀目之人窝隐逃人者，免责。"② 总之，到清朝中后期，"逃人法"已发生改变：它们不再是以牺牲汉人利益为代价，用来保护满人奴隶制度的满洲法律了。

第六节 从赦免政策看清朝"逃人法"变迁

"遇赦不赦"是清初"逃人法"的重要特征之一。前文述及，"隐匿满洲逃亡新旧家人"律（即"逃人律"）规定"有犯此律者，遇赦不赦"。考虑到明律和清律都包含"常赦所不原"这一律文，已经详细规定了不赦的情形，"隐匿满洲逃亡新旧家人"律实属清律中的另类律文。"常赦所不原"律中明确规定"十恶"等故意犯罪不能被赦免，但同时又赋予皇帝个别地赦免任何罪犯的权力：

> 其赦书临时（钦）定（真犯等）罪名，特（赐宥）免（谓赦书不言常赦所不原，临时定立罪名宽宥者，特从赦原）及（虽不全免）减降从轻者（谓降死从流，流从徒，徒从杖之类），不

---

① 《清会典事例》（光绪）卷八五五，中华书局 1991 年影印本，第 1280 页。
② 《大清会典（康熙朝）》卷一〇七，载沈云龙主编《近代中国史料丛刊三编》第 73 辑，台北：文海出版社 1993 年版，第 5334—5336 页。

在此限（谓皆不在常赦所不原之限）。①

顺治律中同时有"常赦所不原"律和"逃人律"，这引发出一些值得思考的问题。首先是清廷对逃人案件的极端重视，将相关罪行视作"不赦"重罪。既然"常赦所不原"律明文规定皇帝可以临时性赦免任何罪犯，那么，涉及"逃人案件"的罪犯是否也被皇帝赦免？其次，"逃人律"中遇赦不赦的规定是否源自入关之前？最后，考虑到"逃人律"在顺治五年就在实践中为不断更改的例文所替代，清廷针对逃人案件（窝主、逃人等）的赦免政策有何变化？本节依据清朝赦免政策回答以上问题，以期进一步了解清朝"逃人法"的变化。

一　入关前的赦免政策与逃人案件

清廷入关前的政策显示，将与逃人案件有关的罪犯排除在大赦之外并非满洲传统。目前史料中所见赦免政策中，从未将逃人相关罪犯彻底排除在外。

根据《实录》，入关前皇太极颁布过六次大赦，顺治帝颁布过一次。七次大赦中，有四次提到逃人有关的案件。天聪十年（1636）四月十二日，为庆贺皇太极上尊号为皇帝，清廷颁诏大赦，规定除"十恶不赦外，其余罪犯悉赦之"，并明确规定"其隐匿人口财物者，但令给还原主，无罪"。② 这实际上给予隐匿人口的罪犯一个自首的机会，只要将人口给还原主，即可无罪。崇德二年

---

① 《大清律集解附例》卷一，载杨一凡、田涛主编《中国珍稀法律典籍续编》第五册《顺治三年奏定律》，王宏治、李建渝点校，黑龙江人民出版社 2002 年版，第 134 页。清律和明律的规定一致。《大明律》卷一，怀效锋点校，法律出版社 1999 年版，第 9 页。括号内文字为小字。

② 《太宗文皇帝实录》卷二八，天聪十年四月丁亥，《清实录》第二册，中华书局 1985 年版，第 369 页。亦见《崇德帝以受尊号颁大赦之诏书》，《内秘书院》，中国第一历史档案馆藏。

（1637）七月十六日，清廷为庆祝皇子出生而大赦。政策和前一年大赦类似，规定除叛逃等"十罪俱不赦外，其余逃亡、遗失物件被人认出者，令还原主，免其罪"。这里"逃亡"的主体没有明言是人，但奴仆事实上也属于可以逃亡者。① 崇德五年的一次大赦规定"隐匿偷盗之罪，俱行赦免"。② 皇太极在其余三次大赦中未提及逃人。崇德八年八月，顺治帝登基大赦规定除叛逆等大恶不赦外，"其余一切死罪，囚禁、隐匿、偷盗及未完赃赎等罪，尽行赦免"，并规定"逃走遗失者，如经原主认识给还，免罪"。③

总之，入关前清廷在大赦政策上并未明确排除逃人相关的罪犯。从实际案例来看，本章第二节就已经证明，皇帝赦免逃人或者窝逃者的例子并不罕见。由此不难得出，"隐匿满洲逃亡新旧家人"律将逃人相关罪行排除在赦免之外的规定，并不是满洲入关前的传统。

二 多尔衮摄政时期逃人案件与赦免政策

顺治元年七月十七日，清廷入关后不久，就宣布大赦，规定顺治元年五月初二日之前所犯之罪，"不拘在京在外，事无大小，已发觉、未发觉，已结正、未结正，悉行宥免"。④ 考虑到清军刚刚入关，全国大部分地方并没有在其控制之下，这次大赦主要是为了争取人心。阻止逃人尚不是清朝统治者的施政重点，故大赦中没有提及逃人问题。

不久，清廷就改变了对逃人的政策。前文述及，多尔衮和济尔哈朗分别在顺治元年八月和九月表示捉拿逃人是清朝的重要政务。十月

---

① 《太宗文皇帝实录》卷三七，崇德二年七月壬午，《清实录》第二册，中华书局1985年版，第487页。

② 《太宗文皇帝实录》卷五三，崇德五年十月壬申，《清实录》第二册，中华书局1985年版，第707—708页。

③ 《世祖章皇帝实录》卷一，崇德八年八月丁亥，《清实录》第三册，中华书局1985年版，第33页。

④ 《世祖章皇帝实录》卷六，顺治元年七月壬寅，《清实录》第三册，中华书局1985年版，第68页。

初十日，为庆贺顺治帝在京师登基，清廷颁诏大赦天下，规定"其隐匿在官及民间财物、人口、牲畜者，许自首免罪。如被人告发，不在赦例"。① 这次大赦和前述大赦不同的地方在于，明确规定不自首则不赦免。顺治二年四月十五日，清廷在陕西等地颁赦，也规定"隐匿在官及民间人口、牲畜、财物者，许自首免罪，各还原主。如被人告发，不在赦例"。② 顺治三年六月，河道总督杨方兴具题魏夏成隐匿满洲逃妇一案，将魏夏成"依律拟斩"，逃妇拟鞭一百归还原主。杨方兴在题本中特意提到"隐藏满洲逃妇，罪在不赦"。③

如前所述，顺治三年清廷制定"逃人律"并在顺治四年写入清律。清律中的"逃人律"明确规定有犯此律者，遇赦不赦。从上述大赦政策和杨方兴的题本可以看出，清廷的政策都针对隐匿之人。这些政策与"隐匿满洲逃亡新旧家人"律的规定有相同的一面，也有不同的一面。相同的一面是，二者都规定隐匿之人（窝主）可以自首免罪。不同的一面在于，"隐匿满洲逃亡新旧家人"律规定"有犯此律者，遇赦不赦"。不光窝主，逃人、窝主邻佑人等都不能在大赦中被赦免。"隐匿满洲逃亡新旧家人"律远比之前实践中的大赦政策严格。

不过，"隐匿满洲逃亡新旧家人"律中的赦免政策并没有妨碍统治者在大赦中的自主权。顺治五年十一月十一日，清廷大赦天下，规定："满洲赦前逃人如在顺治六年八月以前自归者，匿主、邻佑、官长人等一概免议。在九月初一以后者，不免。若在限定日期之内被人告发，或失主认识者，仍旧例问罪。"④ 这一赦免政策，和前述

① 《世祖章皇帝实录》卷九，顺治元年十月甲子，《清实录》第三册，中华书局1985年版，第94页。

② 《世祖章皇帝实录》卷一五，顺治二年四月丁卯，《清实录》第三册，中华书局1985年版，第135—136页。

③ 《内阁大库档案》，台湾"中研院"历史语言研究所藏，登录号：087563。

④ 《世祖章皇帝实录》卷四一，顺治五年十一月辛未，《清实录》第三册，中华书局1985年版，第328—330页。

赦免一致，都关注窝主。这一次大赦与"逃人律"中的规定亦略有不同。如果逃人自归是匿主主动举首的结果，则这一赦免政策和"逃人律"相一致。如果逃人自回，是逃人自主选择的结果，按照"逃人律"，匿主和邻佑都应该流徙边远；根据这次赦免政策，匿主和邻佑人等都免议。这一赦免政策旨在鼓励逃人自回——不管是窝主不再窝隐还是逃人自愿回来，与"逃人律"片面强调罪不可赦的政策不同。顺治七年八月初十日，清廷再次大赦。这次赦免只提到十恶等大罪不赦，没有提及逃人案件。① 这表明，逃人案件无须排除在大赦之外。

除了大赦政策外，这一时期多尔衮在具体案件中也减轻窝逃者的惩罚。顺治五年，刑部审理寡妇张氏窝逃一案时，就表示虽然依据清律应斩，但是张氏系"老妇无知"，建议减等责四十板（当时京师实施二等刑罚体制，死罪减等为责四十板）。皇帝批准了这一判决。② 这不是特例，这一时期，皇帝对无知妇人窝逃者免死减等，或者对年老的窝逃者减等，都不罕见。③

总之，虽然在多尔衮执政时期，清廷将"隐匿满洲逃亡新旧家人"律写入清律，且律文规定相关罪犯"遇赦不赦"，但多尔衮本人不管是在大赦中，还是具体个案上，都没有严格遵从"遇赦不赦"的规定。

三 顺治帝亲政时期的大赦与逃人案件

顺治八年正月，福临亲政。考虑到福临年仅十四岁，以郑亲王济尔哈朗为首的满洲贵族实际掌握朝政。济尔哈朗在大赦中对窝主非常

---

① 《大清诏令》卷二，《续修四库全书》第四五八册，上海古籍出版社 2002 年版，第 465—466 页。

② 《内阁题本（北大移交题本）》，中国第一历史档案馆藏，档案号：2 - 30 - 2087 - 9。

③ 《内阁题本（北大移交题本）》，中国第一历史档案馆藏，档案号：2 - 30 - 2087 - 4、2 - 30 - 2087 - 15、2 - 30 - 2087 - 22、2 - 30 - 2087 - 27；《内阁大库档案》，台湾"中研院"历史语言研究所藏，登录号：087732、087736。

严格。十二日，顺治帝的亲政大赦诏书明确规定"隐匿满洲逃人，亦不赦"，并直接将隐匿满洲逃人列在十恶之后。① 同年八月二十一日，清廷的另外一次大赦也和亲政大赦一样，将隐匿满洲逃人列在十恶之后，定为不赦之条。②

顺治帝掌权后，在大赦中对待逃人案件的态度，和"逃人法"的变化一样复杂。前面提到，顺治十一年六月二十二日皇帝颁行大赦时，依然明确排除窝主。但在同年十一月十六日，皇帝因为地震和水灾颁布大赦，规定："隐匿满洲逃人在颁诏之日以前，见（现）在审理未结者，悉与赦免。赦后者仍照例处治。"③ 这次大赦明确规定隐匿逃人的案件可以赦免，但是为了不给窝主留下朝廷默许的印象，特意强调赦后窝逃者照例处理——这在大赦的文字中属于赘语，因为大赦都是只管赦前所犯之罪。这一赘语也反映出当时逃人问题斗争的复杂性，提醒官员严格照例处治赦后窝逃者。

顺治十三年七月初七日的大赦，对逃人案件的态度又有了新变化。在十恶大罪之后，"满洲逃人、窝主、干连人等"也被排除在大赦之外。④ 和以前主要针对窝主的政策不一样，这次大赦明确排除逃人案件中的所有罪犯，连干连人等也不能赦免。这是第一次指明将逃人本身排除在大赦之外。这一方面表明逃人问题的严重性；另一方面也表明，汉人情罪平衡的思想也起到了作用：不能只将窝主排除在大赦之外，逃人自身和其余牵连者也属于不赦之罪。然而，五个月后，顺治十三年十二月初六日的大赦，却丝毫没有提及

---

① 《世祖章皇帝实录》卷五二，顺治八年正月庚申，《清实录》第三册，中华书局1985年版，第410页。

② 《世祖章皇帝实录》卷五九，顺治八年八月丙寅，《清实录》第三册，中华书局1985年版，第469—470页。

③ 《世祖章皇帝实录》卷八七，顺治十一年十一月壬寅，《清实录》第三册，中华书局1985年版，第684页。

④ 《世祖章皇帝实录》卷一〇二，顺治十三年七月癸丑，《清实录》第三册，中华书局1985年版，第793—795页。

任何逃人案件相关的罪犯。① 按照大赦条文，应该赦免逃人案件相关罪犯。十四年三月初十日的大赦，规定在十恶之后，"满洲逃人、窝主、干连人等"亦不赦免。② 又回到十三年七月大赦时候的政策。此时，"逃人法"已经在十四年二月更改，已经减轻了对窝主的惩罚。顺治帝这次将逃人相关罪犯排除在大赦之外，估计是为了缓和满洲贵族的情绪。

其后顺治十四年十月二十六日的大赦，没有将逃人案件相关的任何罪犯排除。③ 这是一个转折点，此后十五年正月初三日的大赦也没有排除逃人案件。④ 顺治十七年正月二十五日的大赦则规定"逃人罪犯赦后三次者方坐死罪，在赦前者俱免"。⑤ 特意强调逃人可以赦免，而对窝主则未提及——依照大赦条款，没有排除在大赦之外则属于可以赦免的范畴。

概言之，顺治帝亲政时期，在大赦中对逃人案件的态度非常多变，这展示了这一时期朝廷内部在逃人问题上斗争的激烈程度。而自顺治十四年十月开始的三次大赦，都对逃人相关的罪犯采取宽容的态度，没有将他们排除在大赦之外。

四　顺治帝之后的大赦和逃人案件

顺治帝死后，年幼的康熙帝即位，鳌拜等辅政大臣掌握权力。顺治十八年正月初九，为祝贺康熙帝登基，大赦天下，规定除"十恶等真正死罪不赦外，及军机获罪、隐匿逃人亦不赦"，其余在十八年正

---

① 《世祖章皇帝实录》卷一〇五，顺治十三年十二月己卯，《清实录》第三册，中华书局 1985 年版，第 816—817 页。

② 《世祖章皇帝实录》卷一〇八，顺治十四年三月癸丑，《清实录》第三册，中华书局 1985 年版，第 847 页。

③ 《大清诏令》卷四，《续修四库全书》第四五八册，上海古籍出版社 2002 年版，第 494—495 页。

④ 《世祖章皇帝实录》卷一一四，顺治十五年正月庚子，《清实录》第三册，中华书局 1985 年版，第 890 页。

⑤ 《世祖章皇帝实录》卷一三一，顺治十七年正月辛巳，《清实录》第三册，中华书局 1985 年版，第 1014—1015 页。

月初九日昧爽以前之罪，一律赦除。① 这是第一次将隐匿逃人和军机获罪并列，都列为不赦之罪。这一大赦政策与顺治十四年以来大赦不排除窝主的情况完全不同。

康熙四年（1665）三月初五日，因为地震，大赦天下，不仅没有排除逃人窝主，还特别规定：

> 逃人面上刺字，原欲稽察有据，但面上一经刺字，无由改过。自今以后，逃人面上刺字，著停止，照窃盗例刺字。至于窝家，既治以窝隐之罪，复面上刺字，罪及重于逃人。以后窝逃之[家]，著免刺字。②

此次大赦，不仅没有排除逃人相关的罪犯，反而从立法层面减轻了对逃人和窝主的惩罚。这一政策和鳌拜等辅政大臣掌权之初将隐匿逃人视为不赦之罪的政策完全不同。

康熙六年（1667）七月初七日，皇帝亲政，颁诏大赦天下，其中特别提到"逃人事情，向来不赦，今概准赦免"。③ 同年十一月的大赦，再次规定"逃人事情，概准赦免"。④ 一般认为，鳌拜在康熙亲政初期依然控制朝廷。康熙四年到六年底的三次大赦，均没有排除逃人案件的相关罪犯。这表明，从长远来看，鳌拜等辅政大臣终究回归常态，不将逃人相关罪犯列入不赦之条。

康熙八年十一月二十五日，在鳌拜被抓后不久，清廷大赦天下，

---

① 《大清诏令》卷五，《续修四库全书》第四五八册，上海古籍出版社 2002 年版，第 503 页。

② 《大清诏令》卷五，《续修四库全书》第四五八册，上海古籍出版社 2002 年版，第508—510 页；《内秘书院》，中国第一历史档案馆藏，档案号：07 - 01 - 08。

③ 《大清诏令》卷五，《续修四库全书》第四五八册，上海古籍出版社 2002 年版，第514 页。顺治帝亲政时的大赦规定隐匿满洲逃人不赦。结合附表1，不难看出，除了地震等自然灾难引发的两次大赦对窝逃者宽免外，其他原因引发的大赦都与是否赦免逃人相关罪犯没有关联。

④ 《大清诏令》卷五，《续修四库全书》第四五八册，上海古籍出版社 2002 年版，第517 页。

"满洲逃人、窝主、干连人等"被排除在大赦之外。① 这是康熙帝掌握大权之后首次大赦，和之前的四辅臣执政的首次大赦一样，都将逃人窝主排除在大赦之外。不过，这是笔者所见资料中，康熙帝最后一次将逃人相关罪犯排除在大赦之外。次年五月初六日，康熙帝再次大赦天下时，又回归常态，规定"逃人窝主及干连人犯，俱准赦免"。② 此后，康熙多次大赦天下，但均不提及逃人。③ 而在为数不多的几次提及逃人的大赦中，都明确赦免逃人相关案犯。例如，康熙二十年十二月二十日，因为平灭吴三桂造反，清廷大赦天下，特意提到"逃人事情，概准赦免"。④

　　本章前面提及，光绪三十四年（1908），末代皇帝溥仪登基时大赦天下，隐匿逃人与十恶、军务获罪并列，列为不赦之条。在逃人问题上，这一赦免政策和康熙登基大赦的政策如出一辙。据《实录》，自乾隆至光绪，所有皇帝的登基大赦都将隐匿逃人列在十恶和军务（或军机）犯罪之后，定为不赦之条。⑤ 雍正帝登基也大赦天下，但大赦内容不得而

---

　　① 《大清诏令》卷五，《续修四库全书》第四五八册，上海古籍出版社 2002 年版，第518—519 页。

　　② 《大清诏令》卷五，《续修四库全书》第四五八册，上海古籍出版社 2002 年版，第520—521 页；《内秘书院》，中国第一历史档案馆藏，档案号：07 - 05 - 05。吴爱明认为，清廷在乾隆年间方才将逃人纳入恩赦之列。这种看法忽视了顺治、康熙年间的恩赦条款。吴爱明：《清督捕则例研究》，博士学位论文，南开大学，2009 年，第138 页。

　　③ 如《大清诏令》卷六，《续修四库全书》第四五八册，上海古籍出版社 2002 年版，第523—526、526—527、529、530 页。

　　④ 《大清诏令》卷六，《续修四库全书》第四五八册，上海古籍出版社 2002 年版，第532—533、535 页。其余大赦也提到"逃人事情，概准赦免"。见《大清诏令》卷七，《续修四库全书》第四五八册，上海古籍出版社 2002 年版，第553 页；卷八，第559 页。还有三次提到"判乱、窃盗、逃人等项罪人"自首，可以免罪。《大清诏令》卷七，《续修四库全书》第四五八册，上海古籍出版社 2002 年版，第541、546、553 页。

　　⑤ 《高宗纯皇帝实录》卷二，雍正十三年九月己亥，《清实录》第九册，中华书局 1985年版，第159—160 页；《仁宗睿皇帝实录》卷一，嘉庆元年正月戊申，《清实录》第二八册，中华书局 1986 年版，第72 页；《宣宗成皇帝实录》卷三，嘉庆二十五年八月庚戌，《清实录》第三三册，中华书局 1986 年版，第112 页；《文宗显皇帝实录》卷二，道光三十年正月己未，《清实录》第四〇册，中华书局 1986 年版，第82 页；《穆宗毅皇帝实录》卷六，咸丰十一年十月甲子，《清实录》第四五册，中华书局 1987 年版，第168 页；《德宗景皇帝实录》卷三，光绪元年正月己未（戊午后一日），《清实录》第五二册，中华书局 1987 年版，第116 页。

知。据《实录》，雍正大赦也是依例而行。①《永宪录》记载，雍正即位恩诏将藏匿逃人与军机获罪均列为不赦之罪。② 康熙的登基诏书，给清朝后世皇帝树立了一个范例，而后世皇帝，居然无不遵守。考虑到清代中后期，尤其是溥仪登基时，逃人根本就不是清朝政治的核心议题，甚至连一般性的议题都谈不上，在登基大赦中排除隐匿逃人者，只具有形式上的意义。

需要指出的是，康熙朝以后，除了皇帝登基大赦，其余大赦很少排除逃人案件。在《实录》中，只有在光绪二十年（1894）给慈禧太后上徽号③和三十年（1904）庆祝慈禧太后七十大寿时④，才将隐匿逃人排除在大赦之外。这进一步说明，各位皇帝登基大赦只是遵循圣祖仁皇帝的故事，而没有登基的慈禧太后也效法这一故事。这表明，清朝历代统治者无不在即位之初，通过这一象征性的仪式提示入关后形成的满洲传统。

第七节　结语

"逃人法"的演变为研究入关后满洲法的变化提供了例证。我们不能简单地认为，"逃人法"是清朝统治者强加给汉人的满洲法律。"逃人律"中遇赦不赦的规定，即便写入清律，也从来没有被统治者遵守，且清朝针对逃人问题的大赦政策一直不停变化。这表明，清朝统治者在逃人这一事关满汉矛盾的焦点问题上，一直都在仔细权衡。随着汉人法律原则的逐步渗入，"逃人法"逐渐从满洲

---

① 《世宗宪皇帝实录》卷一，康熙六十一年十一月辛丑，《清实录》第七册，中华书局1985年版，第37—38页；卷二，康熙六十一年十二月癸亥，中华书局1985年版，第55—56页。

② 萧奭：《永宪录》卷一，朱南铣点校，中华书局1959年版，第57页。

③ 《德宗景皇帝实录》卷三四七，光绪二十年八月庚申，《清实录》第五六册，中华书局1987年版，第446页。

④ 刘锦藻编纂：《清朝续文献通考》卷二五六，商务印书馆1955年版，第10015—10016页。

法演化成清法。清承明制时，清朝也将满洲元素增添进清朝制度中。①"逃人法"从满洲法到清法的转变正是清朝法律创新的例证之一。

清朝"逃人法"的演变反映了皇权集中的过程。该法的演变往往涉及皇帝、满洲贵族和汉人官员之间的争论和斗争。为了自身的经济利益，满洲贵族推动制定严酷的"逃人法"。尽管满人的奴隶制对汉人社会的某些方面造成了伤害，但汉人官员很少直接挑战或反对满人的奴隶制度。一般而言，汉官强调儒家规范和情罪一致的法律原则——即主犯（逃人）应该比从犯（窝藏逃人的人）获得更重的处罚，并且成功地说服了清朝统治者，使他们在修改"逃人法"时接受这一原则。顺治十二年济尔哈朗死后，"逃人法"变更时，再也没有片面地加重对窝主的惩罚了。顺治帝开始逐步修改"逃人法"，以逐渐减轻这一弊政带给汉人的痛苦，尤其是汉人窝主的痛苦，但他并没有完全站在汉人这一边。顺治帝必须在朝廷上平衡满汉官员的利益。在其统治时期，由于奴隶制对满人至关重要，使得当时的"逃人法"较之后来要严厉得多。只有当奴隶制在满人社会中的重要性降低时，"逃人法"对犯人的惩罚才会减轻，尤其是对汉人罪犯。

因此，"逃人法"的演变反映了满人社会的变迁。尽管历代皇帝都在登基大赦中排除窝主，但在清朝中晚期，逃人问题确实不是满汉斗争的焦点，窝隐逃人也不再被认为是危及满洲统治根基的重罪。黄宗智和魏斐德都提出，入关后，满人的土地制度和奴隶制度最终走向分崩离析。许多旗人成为地主，不再使用奴隶来

---

① 为了处理好清朝境内非汉族群的问题，清廷也在诸多方面对明代制度进行修改。克礼（Macabe Keliher）指出，清朝颁行《大清会典》的部分原因是《大明会典》中没有涉及满人制度。Keliher Macabe, "Administrative Law and the Making of the First *Da Qing Huidian*", *Late Imperial China*, Vol. 37, No. 1, 2016, pp. 55 – 107。姜永琳也认为，清代法律反映了"满人的鲜明社会特征"。Jiang Yonglin, "From Ming to Qing: Social Continuity and Changes as Seen in the Law Codes", *Washington University Law Review*, Vol. 74, No. 3, 1996, p. 562。

耕种土地。虽然旗人和奴仆仍维持着名义上的主奴或主仆关系，但实际上他们之间是地主和佃农关系。[1] 清朝统治者们逐渐认识到奴隶制难以维系，因此从康熙时期开始，他们制定了许多法规来解放奴隶。[2] 简而言之，清朝的统治者们根据社会现实，适时地调整"逃人法"。

---

[1]　Philip C. C. Huang, *The Peasant Economy and Social Change in North China*, Stanford, CA: Stanford Univ. Press, 1985, pp. 85 – 88, 98 – 99（中文版见黄宗智《华北的小农经济与社会变迁》，中华书局 2000 年版，第 87—88、100—105 页）。Frederic E. Wakeman, Jr., *The Great Enterprise: The Manchu Reconstruction of Imperial Order in Seventeenth-Century China*, Berkeley: Univ. of California Press, 1985, pp. 475 – 476（中文版见魏斐德《洪业——清朝开国史》，陈苏镇、薄小莹等译，江苏人民出版社 2008 年版，第 305—306 页）。

[2]　左云鹏：《清代旗下奴仆的地位及其变化》，《陕西师大学报》（哲学社会科学版）1980 年第 1 期。

第四章 清初京师审判体系的变革*

第一节 引言

尽管在顺治元年之前，满洲司法体制和明朝京师的审判体制有诸多不同，但有一点是一致的，即皇帝之下，主要的审判层级都分为两级。在明朝京师，初级审判机构为刑部和都察院，第二级则为大理寺。依据满洲审判制度，初级审判机构为八旗下的牛录额真，第二级为刑部。虽然这两种体制下都存在其他变样，但基本都是二级审判体制。

自顺治元年清廷占领京师后，多尔衮将入关前的满洲审判制度适用于京师，并大幅改造明朝制度，使其纳入新的清朝审判体系中。一如入关前的满洲制度，多尔衮在京师实行二级审判制度。初级审判衙门为八旗牛录额真、五城御史、兵部巡捕营等，第二级审判机构为刑部。多尔衮创立的这一审判体制，既体现了满汉分治的二元特征，也体现了满汉人等在审判制度上的同一性。具体而言，针对京师初级审判，多尔衮实行满汉分治：满人案件延续入关前的旧制，汉人案件则延续改造后的明朝制度。满人与汉人，或者说旗人与民人，适用不同的法律，由不同的衙门进行审判。清廷在京师实施满

---

* 本章部分内容发表在 *Frontiers of History in China*，2020 年第 4 期，收入本书时做了一定修改。"Judicial Changes in Qing Beijing during the Shunzhi Period（1644 – 61）"，*Frontiers of History in China*，Vol. 15，Issue 4（December 2020），pp. 579 – 610。

汉分城居住，也与上述二元的司法体系相一致。这是清初法律多元的表现。多尔衮死后，这一满汉分治的二元体制遭到顺治帝的反对。清廷逐步建立起统一的审判体系。满人和汉人，都可以在相同的衙门接受审判。

然而在第二级审判中，不分满汉，凡初级审判机构不能处理的案件都由刑部审理，满汉牵连之案，不分罪行轻重，也由刑部审理。这一做法和入关前的满洲制度一致。考虑到刑部这一机构本身就是清朝学习明朝制度的产物，入关后清廷将汉人案件的第二级审判纳入刑部管辖，对汉人来说，虽然程序上与明朝不同，却并不陌生。由刑部单独审判京师重罪案件，而不顾及涉案者的身份，表明多尔衮在重罪案件的审判上，并没有强调满汉分治。

第二节　旗人沿用满洲司法体系

清军入关之初，对旗人犯罪继续沿用入关前的满洲旧制。按照满洲制度，八旗下的牛录额真（佐领）能够处理旗人轻罪案件，[1] 重大案件则须交由刑部审理。然而，有两则材料表明刑部对旗人犯下的所有案件都做出裁决。顺治十一年（1654），刑部在题请增添司法官员和满汉翻译官时，有所提及自身负责的工作：

> 八固山满洲大小事情，暨直隶八府满汉牵连等事，并满洲强盗及京城内五城满汉牵连大小事情，俱系臣部审理。[2]

这则材料表明刑部审理了与满人有关的大小案件。顺治十二年正月

---

① 由于满洲刑罚体制的影响，此时的轻罪案件不一定只是笞杖案件。顺治十年以前，京师地区实行两等刑罚体制，即死刑、鞭责或杖责。直至 1653 年，清廷在京师民人中恢复了五刑权威。1656 年，清廷才恢复了五刑在旗人中的权威。胡祥雨：《清代法律的常规化：族群与等级》，社会科学文献出版社 2016 年版，第 40—45、54—55 页。

② 《内阁题本（北大移交题本）》，中国第一历史档案馆藏，档案号：2–31–2133–19。

三十日，刑部河南清吏司郎中刘世杰建议减少刑部的工作量。他提到，"今满洲八旗下，无论事之大小，总归刑部"，导致刑部负担过重。因此，刘世杰建议京师轻罪案件应当交由五城御史或者牛录额真审理。① 这两则材料均显示刑部审结了与满洲旗人有关的大小案件。如果上述说法属实，那么满人案件的审判程序在入关前后出现了重大断裂。

在笔者看来，上述说法可能夸大了刑部的工作量。首先，上述材料有动机夸大刑部工作量，以便增加刑部司法官员和翻译官员的人数。其次，如果刑部判决了京师所有只涉及满人的轻罪案件，那么它的工作量就会超出其能力范围。再次，皇太极曾于天聪五年（1631）下令牛录额真负责处理旗人轻罪案件而刑部则负责相关重案。多尔衮如果将所有涉及满洲的案件都交给刑部审理，则与维持满洲制度的形势不合（毕竟刑部是满洲学习明朝制度的产物）。最后，刑部受理并判决京师轻罪案件并不意外。有一点值得注意，入关后一段时间的轻罪案件是按照满洲刑罚制度确立的。如果用清律中的五刑来衡量，八旗在顺治十二年之前向刑部移交的许多所谓重罪案件，按照清律可能属于轻罪案件。尤其是在顺治十年，清廷依据清律来审判京师案件之后，刑部根据五刑界定案件轻重。② 下文将叙述，顺治初年，很多涉及满汉纠纷的案件，五城御史或者八旗之牛录额真都不能处理，只能送交刑部审理。故在刑部大量审理京师轻罪案件的情况下，官员完全可能夸张地说它审理所有与满人有关的大小案件。

通过考察八旗移交给刑部的一些案件，我们可以发现八旗能够裁决一些轻微案件。依照入关前的传统，牛录额真可以向刑部移交案件，旗人自己也可以到刑部控诉。因此，在顺治时期，旗人案件经由

---

① 《内阁大库档案》，台湾"中研院"历史语言研究所藏，登录号：085772。

② Hu Xiangyu, "Reinstating the Authority of the Five Punishments: A New Perspective on Legal Privilege for Bannermen", *Late Imperial China*, Vol. 34, No. 2 (2013), pp. 38 – 43.

牛录额真、旗人本人、包衣大（booida）① 送往刑部。② 遗憾的是，这些表明八旗能够审结轻微案件的档案材料全部都只涉及上三旗包衣。管辖上三旗的包衣大很少将案件直接报送给刑部。由于他们和皇帝关系特殊，他们直接将案件报告给皇帝。如果案件轻微，且不牵涉民人或官员，皇帝可能下令让包衣大等旗人官员审理这些案件；如果案件严重或者牵涉民人、官员，皇帝通常会命令刑部处理这些案件。通过考察以下三个经皇帝移交给刑部处理的案件，我们可以推断八旗能够处理一些轻案。

顺治十年（1653），包衣大单敏奉旨向刑部移交一宗案件。该案当事人为刘可爱，是单敏管理下的一位制作马头饰品的工匠（鋄匠）。他娶了一个寡妇。一日，二人发生口角，其妻因之逃到亡夫之叔宋二家。根据档案可知，宋二为吴三桂管辖下的民人。刘可爱曾两次请求其妻归家，其妻都拒绝了。后来，宋二做媒，将刘可爱之妻许配给李自成牛录下的一位旗人——王小二。刘可爱听闻后，将此事告知包衣大单敏。单敏将刘可爱之妻带回。单敏认为宋二是民人，此案应由刑部审理，于是将此事具题皇帝。皇帝批复："著送刑部审理。"③

顺治十一年，镶黄旗包衣乌尔虎将其女嫁予吏部理事官木清格为妻。这场婚姻是非法的，因为乌尔虎没有得到旗内牛录章京的同意。该牛录章京发现此事，并将之报告皇帝。之后，皇帝便命内大臣、包

---

① 包衣大为职官名称，即"管理包衣之长"或包衣的管理者。约在雍正三年至五年，包衣大汉文名改为管领。祁美琴：《清代包衣旗人研究》，人民出版社2019年版，第67—70页。

② 顺治十一年，镶红旗旗人一素杀死一名民人。当此案上报给牛录额真后，他回复道：将此案送交刑部。详情可参见《内阁大库档案》，台湾"中研院"历史语言研究所藏，登录号：087586。尽管该案直接上报给牛录额真，但是因为这是一宗命案，该牛录额真将其送交刑部。

③ 该案依据清律审判。宋二比照"期亲以上尊长主婚改嫁者，罪坐主婚律"拟杖一百、流三千里。但是，因其为平西王吴三桂下民人，免流拟鞭一百。《内阁题本（北大移交题本）》，中国第一历史档案馆藏，档案号：2-28-1868-3。所引律文出自清律之"出妻"条。见《大清律集解附例》卷六，康熙版，载杨一凡、田涛主编《中国珍稀法律典籍续编》第五册《顺治三年奏定律》，王宏治、李建渝点校，黑龙江人民出版社2002年版，第205页。

衣昂邦等官员共同审理此事。负责审理此案的官员认为乌尔虎犯下两宗罪行，一是未经旗内牛录章京同意私自嫁女，二是将女儿嫁给其他旗下官员。紧接着，他们又指出木清格是职官，不便拘入"内地"审理，此案应当发给刑部审议。皇帝对此表示同意。①

顺治十一年，包衣应哥因赌博被抓。包衣大塔命负责处理此事。塔命将此事题奏皇帝。之后，皇帝命令"众包衣大等议"。众包衣大对应哥进行审问，发现他在以前也犯过赌博罪。因此，他们一致认为这桩案件应当移交刑部审理，得到顺治帝允准。②

虽然以上案件出于不同原因均被移交给刑部，但是第一个和第三个案件表明涉及旗人的案子在被移交到刑部前曾经由旗人内部处理。由此可知，八旗内部组织能够处理一些轻微案件。通常情况下，包衣大（普通旗人应为牛录额真）负责这些小案。包衣大可以将案件直接报告给皇帝，这反映出上三旗包衣的特殊地位。此外，刘世杰在顺治十二年提出的建议也证明了牛录额真的重要性，即旗人轻案应当由他们裁断。③

上述三宗案件均未经过内务府的审理。由于涉及皇帝包衣（或者顺治七年后隶属于上三旗的包衣）所享有的特殊地位，涉及这些包衣的案件的审判程序发生改变。不过，档案中，未见内务府在顺治元年到十一年间曾审理过相关案件。顺治十一年，清廷废除内务府，并建立十三衙门负责处理相关事务。这是顺治帝采用明制的历史的一部分。顺治十一年十月己卯，顺治帝决定重建皇太极时期设立的尚方司。④ 十二年，尚方司改名为尚方院，后改名慎刑司，属内务府管辖。⑤

档案证明，顺治十二年以后，尚方司（尚方院）负责处理与上三旗包衣、太监以及皇家宫殿、园林相关的案件（这些人或地方后来都

---

① 《内阁题本（北大移交题本）》，中国第一历史档案馆藏，档案号：2 - 28 - 1871 - 9。

② 《内阁大库档案》，台湾"中研院"历史语言研究所藏，登录号：006504。

③ 《内阁大库档案》，台湾"中研院"历史语言研究所藏，登录号：085772。

④ 《世祖章皇帝实录》卷八六，顺治十一年十月己卯，《清实录》第三册，中华书局1985年版，第681页。尚方司成为第十四衙门，但是这些衙门通常被称为十三衙门。

⑤ 《清会典事例》（光绪）卷一一七〇，中华书局1991年影印本，第647、652页。

由内务府管理）。包衣大和牛录额真只是把这些案件送往尚方司处理。笔者在研究中发现的最早的案件的具题时间是在顺治十二年四月二十一日。案中，一位名叫田寿的镶黄旗包衣杀死了一位同样来自镶黄旗的包衣。经调查，尚方司认为此案须交由刑部审理，四月二十八日皇帝下旨送刑部审理。这表明尚方司需要将重案移交刑部处理。[①] 与其他八旗机构一样，尚方院也需要将牵扯到民人的案件移交给刑部处理。[②] 另外，另一案件表明，如果案件牵涉的是除上三旗包衣以外的其他旗人，尚方院要将案件移交给刑部。[③]

顺治元年到十二年，内务府并未作为一个审判衙门而发挥作用。涉及皇帝包衣的案件首先是由包衣大或牛录额真审理。对于皇帝所属包衣旗人而言，唯一的特殊情况在于司法程序上。由于他们是一类特殊的旗人（皇帝的私人奴仆），包衣大或牛录额真能够直接向皇帝上奏。

那思陆认为，顺治、康熙两朝，八旗都统对于京师原被告都系旗人（即单旗案件）的刑事案件拥有完全司法权。然而，他只是证明了康熙晚年至雍正年间，八旗都统司法审判权的下降，并未援引任何资料证明八旗都统在顺治年间拥有单旗案件的审判权。[④] 考虑到顺治年间，清廷忙于战事，而且现存档案显示，八旗都统极少参与司法审判，故清廷扩展八旗都统审判权的可能性很小。当然，目前研究可以证明，八旗都统的确在康熙年间拥有较大的审判权。清廷在雍正年间大力限制八旗都统的审判权。至乾隆年间，八旗都统只可处理笞杖细事。[⑤]

---

① 《内阁题本（北大移交题本）》，中国第一历史档案馆藏，档案号：2－28－1894－6。
② 《内阁题本（北大移交题本）》，中国第一历史档案馆藏，档案号：2－28－1914－1。
③ 《内阁题本（北大移交题本）》，中国第一历史档案馆藏，档案号：2－28－1921－10。
④ 那思陆：《清代中央司法审判制度研究》，北京大学出版社 2004 年版，第 206—207 页。
⑤ 那思陆：《清代中央司法审判制度研究》，北京大学出版社 2004 年版，第 206—207 页；胡祥雨：《清前期京师初级审判制度之变更》，《历史档案》2007 年第 3 期；鹿智钧：《国家根本与皇帝世仆：清朝旗人的法律地位》，东方出版中心 2019 年版，第 114—125 页。

故此，笔者认为，顺治年间清廷基本保留满洲两级司法体系。在这个体系内，牛录额真（上三旗包衣案件为包衣大或尚方司等机构）为该司法体系的第一级，刑部为第二级。此外，与入关以前满洲社会的情况相似，许多旗人将案件直接移交给刑部处理。因此，许多旗人轻微案件也经由刑部审理。

第三节 京师民人案件的初级审判：明朝遗产在清朝的变革

不难理解，满人在征服京师以后继续施行他们自己的司法审判制度，多尔衮也不得不尊重满洲传统。然而，明朝的制度为清朝统治者提供了值得借鉴的经验和教训。为了赢得新征服的汉人的支持，多尔衮需要尊重明朝的制度，同时废除其弊端。因此，为了统治汉人，满族统治者必须与京师业已存在的复杂的司法体系进行磨合。清廷在入关前就开始采用或者学习明朝法律制度，但只有在入关之后，才进一步借鉴并反思明朝制度的优劣之处。

一 重建治安体系并废除明代弊政

传统中国并无现代意义上的警察制度，由衙役和军队从事侦查、抓捕和审讯等工作。一个案件，尤其是命盗重案，往往需要衙役和军队等治安力量参与才能破案。故衙门里的衙役和负责治安的军队往往被视作司法机构中的成员。

对于清廷来说，让京师安定是统治者面临的最紧迫的任务之一。顺治元年七月二十七日，曾在明朝任职后来投降清朝的两位大学士冯铨（1596—1672）和洪承畴（1593—1665）提出一项加强京师治安力量的计划。这一计划类似于明朝制度的重建。三大主要治安机构——兵部、锦衣卫、五城继续维持京师治安。原属于兵部的东、西巡捕营改为南、北巡捕营，但基本结构保持不变。冯铨和洪承畴建议重新确定每个机构的管辖范围、俸禄以及番役和士兵人数。多尔衮批准了他们的计划，并命令官员立即执行。[1]

虽然清廷基本上保留了明朝在京师的治安力量，但这只是临时之策。清廷在顺治元年废除了臭名昭著的东厂。由于锦衣卫本是一个军事机构，在京师的治安中发挥了重要作用，所以得以保存。然而，清廷立即限制了锦衣卫的司法权，并在顺治三年剥夺了其治安职能。

顺治元年的几起案件证明，清廷在限制锦衣卫的司法权力。例如，在一个案件中，王守仁等几位平民在明清更迭的动荡之际从政府银库中偷走白银。几名锦衣卫士兵（实际上相当于今日的刑侦人员）发现此事并报告给上级。最后，该报告被呈送给都指挥同知王鹏冲。王鹏冲下令只逮捕嫌犯，该命令得到切实贯彻。六月二十二日，王鹏冲在给多尔衮的启本中，并未对任何罪犯拟律，只是直接陈述案情，并询问应如何惩处案犯，以及追回的银子应由哪个衙门接收。多尔衮考虑到抢劫是在李自成占据北京时发生的，便宽恕了罪犯，并让户部接收白银。

在此案中，尽管锦衣卫仍以正规的治安和司法机构运转，但是其权力受到限制。锦衣卫既没有提出任何刑事指控，也没有将案件移交到刑部。对于王鹏冲而言，将案件交给满族统治者是一种较为安全的做法。处理案件时，王鹏冲非常小心谨慎，避免自己或下属有任何虐待无辜百姓的嫌疑。他提到一个细节，一个罪犯把一些银子交给他的父亲隐藏。然而，当巡捕押解该犯至其家取银时，他的父亲并未不承认此事。王鹏冲在题本中直言，没有摄政王的命令，他不敢擅自拘捕或刑讯该犯的父亲。[2]

另一个案件也表明，锦衣卫是一个没有审判权的禁卫机构。顺治元年十二月十一日，王鹏冲向摄政王多尔衮题报了一个盗贼在紫禁城内偷盗铜瓦、铜缸的案件。王鹏冲请求摄政王让刑部依律审理此案。

---

[1] 《内阁大库档案》，台湾"中研院"历史语言研究所藏，登录号：059954。

[2] 《内阁大库档案》，台湾"中研院"历史语言研究所藏，登录号：007367。

摄政王下旨"刑部依律究拟具奏"。①

以上两起案件均发生在顺治元年，但锦衣卫均未对其进行审判。由此可知，清廷逐渐剥夺了锦衣卫的司法权。② 在顺治元年十一月二十六日具题的一个案件中，锦衣卫并未审讯自己属官。十一月二十四日，朝廷举行仪式。一位叫唐虞化的召鞭官在鸣鞭时犯了错误。据锦衣卫都指挥同知王鹏冲言，因为锦衣卫事先没有得到通知，所以唐虞化犯错。王鹏冲在写题本解释错误的时候，刑部已经将唐虞化传唤到部。王鹏冲具题后，皇帝下旨："唐虞化已有旨"，并让刑部知晓。③这表明唐虞化案是由刑部而不是锦衣卫审断。

同时，锦衣卫逐步恢复了原有的护卫和礼仪职能。根据康熙年间的《大清会典》可知，锦衣卫在顺治元年建立，但到了第二年，清廷将其改名为銮仪卫。正如康熙朝《大清会典》记载，銮仪卫主要是作为皇帝的护卫，执行皇家礼仪，没有司法职能。④ 顺治三年，当銮仪卫失去维护治安的职能时，清廷决定裁撤其侦查人员。⑤ 根据顺治八年的一份题本，巡捕营所用番役"皆明季厂卫凶徒"。这表明东厂和锦衣卫的番役已被调任到其他治安机构。⑥ 清代学者昭梿说，"本朝銮仪卫相沿明锦衣卫之制，而不司缉探之事"。⑦ 在档案中，笔者没有发现銮仪卫在顺治三年后作为一个司法或治安机构的案例。

总而言之，清廷废除了东厂，剥夺了锦衣卫司法职能，这是清廷肃清明朝弊病的重要举措。作为明朝的继承者，清朝统治者不得不研

---

① 《内阁大库档案》，台湾"中研院"历史语言研究所藏，登录号：185037。

② 此处指明朝锦衣卫的部分职权。当然，锦衣卫之所以强大而臭名昭著，不是因为其护卫皇帝的职能，而是因为其收集情报和刑讯的职能。

③ 《内阁大库档案》，台湾"中研院"历史语言研究所藏，登录号：038938。

④ 《大清会典（康熙朝）》卷一六二，载沈云龙主编《近代中国史料丛刊三编》第73辑，台北：文海出版社1993年版，第7791、7800—7810页。

⑤ 《清朝文献通考》卷一九五，商务印书馆1936年版，第6599页。

⑥ 《内阁大库档案》，台湾"中研院"历史语言研究所藏，登录号：086953。福格亦云清代番役"盖相沿明季厂役之名也。明季厂卫有番役，其迹最横"。福格：《听雨丛谈》卷五，汪北平点校，中华书局1984年版，第124页。

⑦ 昭梿：《啸亭杂录》卷六，中华书局1980年版，第176页。

究明朝灭亡的原因，以避免明朝的覆辙。而厂卫制度臭名昭著。革除厂卫的特务统治，可以在京师居民，特别是那些遭遇过东厂和锦衣卫虐待的汉族官员中，赢得民心。

清廷剥夺锦衣卫的治安和司法职能后，五城和兵部下属的巡捕营是京师的主要治安力量，但是它们的管辖范围仅限于民人。在旗人聚居的内城，八旗步兵维持治安。顺治三年二月甲申，由于一些汉人仍居住在内城，与旗人混居，五城御史和巡捕营官很难对其进行管理，清廷决定加快满汉分城，让汉人迁往外城。清廷还决定，京城"汉人居住地方，著巡捕营查缉；满洲居住地方，著满洲守夜官兵查缉"。① 换而言之，与满汉分居的政策一致，清廷在治安管理上也力图实行满汉分治。

二　改造明朝初级审判制度

前已述及，清朝统治者在京师创造了新的审判制度。正如明朝和入关前的满洲制度一样，皇帝以下存在两级审判体制。初级审判机构包括八旗制度（如前所述）、五城御史和兵部，负责审理轻罪案件。第二级审判机构为刑部，主要负责审理重大案件，但同时也处理相当数量的轻罪案件。京师的两级审判体制一直持续到清末新政时期才发生根本性的变化。②

顺治元年七月壬寅的一条记载表明清朝部分延续了明朝的司法体系。多尔衮下令任何人不得提出虚假诉讼，同时规定，京师诉讼"仍投通状，听通政司查实，转送刑部问拟。其五城御史有例应受理送问者，照旧送问"。③ 正如明朝一样，刑部不直接受理词讼或案件——这

---

① 《世祖章皇帝实录》卷二四，顺治三年二月甲申，《清实录》第三册，中华书局1985年版，第204页。

② 不过，还有一些额外的审判程序。例如，按照满洲传统，一些涉及满洲贵族或者高官的案件可能由诸王贝勒、八旗都统、议政王大臣等共同审理。相关案例可见中国第一历史档案馆《清初内国史院满文档案译编》（下），光明日报出版社1989年版，第88—89页。

③ 《世祖章皇帝实录》卷六，顺治元年七月壬寅，《清实录》第三册，中华书局1985年版，第68页。

与旗人直接向刑部呈送案件的方式完全不同。而且，五城也同明朝一样无审判权。

这是清军入关之初的状况。不过，档案显示，清廷变革了明朝审判制度，赋予五城和兵部审结京师细事案件①的权力。在明朝，治安和司法机构分离。五城和巡捕营可以抓捕罪犯，却将审判权垄断于三法司。据笔者所知，这些衙门顺治时期的档案均不复存在。笔者的观点可以由现存的题本和相关官政书中的记载得到印证。

（一）五城

虽然笔者没有找到五城御史在顺治十年以前具有审结细事案件的规定，但从档案和《实录》可以推断他们具有细事案件审结权。不过，五城只能审理涉及民人的细事案件。首先，在顺治十年之前的谕旨中，皇帝把五城当作正规的司法机构。例如，顺治二年十二月二十七日，刑部指出很多案件在京不由五城，在外不由州县、知府、巡抚巡按等审理就直接在刑部具告，属于越诉行为。清廷对此下旨：

> 内外诸司各有职掌。刑部专理详谳，例不受词。古人立法，原有深意。以后民间词讼，在外则归抚按监司，在内则归顺天府、宛（指宛平）大（指大兴）二县、五城。如果有冤抑，许赴通政使司投告，察审送部。尔部不许仍前滥收词讼。如问刑衙门听断不公，致使小民受冤者，事发重治。②

顺治八年七月二十四日，皇帝规范诉讼程序时谕刑部：

> 在京有冤枉者，应于五城御史及顺天府、宛大二县告理。若

---

① 包括轻罪案件和无罪案件。相关术语的辨析，可参阅邓建鹏《词讼与案件：清代的诉讼分类及其实践》，《法学家》2012 年第 5 期；胡祥雨《清代法律的常规化：族群与等级》，社会科学文献出版社 2016 年版，第 157—162 页。

② 《世祖章皇帝实录》卷二二，顺治二年十二月乙巳，《清实录》第三册，中华书局 1985 年版，第 196—197 页。

御史、府、县接状不准，或审断不公，再赴都察院、通政使司衙门具奏申告。至于六部，其应呈应诉者，仍照旧例准理。①

上述谕旨明确表明五城在京师起着初级审判衙门的作用，只有在其审断不公正或者不受理诉讼的情况下，案件才可以上诉。

其次，南城御史在顺治四年（1647）审结了一起轻罪案件。在这起案件中，悯忠寺僧人兴瑝与同寺的一位老僧人澄心发生争执。在冲突中，兴瑝打掉了澄心的门牙，于是寺里的其他僧侣把这件事报告给了南城察院。南城察院审理了此案，将兴瑝杖责三十，并追回其僧人度牒，驱逐出寺。作为一个轻罪案件，我们本无缘得知。这一信息之所以得以保存，是因为在顺治五年，兴瑝因为痛恨寺庙中的其他僧侣，故诬告他们谋杀住持并窝藏奸细。刑部审理了此案，认定兴瑝犯了诬告罪。如果兴瑝的指控得到证实，被告僧人将被判处死刑。因此，这是一个重大案件，应该报告给皇帝。皇帝和刑部得以知道南城御史在顺治四年判决过兴瑝所犯的轻罪案件，并且认可南城御史判决的合法性。②

再次，顺治九年（1652）的一个案件也表明五城御史可以裁决只涉及民人的细事案件。在这起案件中，民人张三欠太监陈国柱银一两四钱。为此，陈国柱邀请乐工刘贵泽和民人赵瘸子（担保此案债务的中人），一起索要债款。由于张三没有钱还债，陈国柱逼迫中人赵瘸子"立即还银"。在此过程中赵瘸子伤破张三的肾囊。陈国柱向西城递交诉状。西城御史张文炳与理事官卢兴祖一起审理此案。据张三交代是刘贵泽打伤了他，但是被告辩称是赵瘸子。

在这种情况下，对于审理官员而言，拷问刘贵泽是十分必要的。

---

① 《世祖章皇帝实录》卷五八，顺治八年七月己亥，《清实录》第三册，中华书局1985年版，第462页。

② 《内阁大库档案》，台湾"中研院"历史语言研究所藏，档案号：006126。刑部以兴瑝无知为由，将其拟责四十板。这一判决得到皇帝批准。

然而，因为刘贵泽是乐工，西城察院为此向礼部询问他是否投充。礼部回复："乐工是实，不系投充。好便用他，不好便逐他为民。"之后，西城相关官员对刘贵泽进行拷问。刘贵泽被拷问后受伤，将此事具告礼部。于是礼部即传西城察院负责此案的两位官员张文炳与卢兴祖到部。这两位官员承认拷讯了刘贵泽。随后，礼部向刑部告知此案。

礼部的传讯对这两位官员来说是一种耻辱，所以张文炳将此案题知皇帝，请求皇帝下旨由刑部严惩刘贵泽。他在题本中解释了拷问刘贵泽的必要性，并且指出礼部关于刘贵泽不是投充的回复，显然是允许两位审断官员执行法律，即拷打刘贵泽。张文炳还指出相关债务争执与刘贵泽并无关系，所以他一开始就不应参与，更不应该向礼部报告这件事情。张文炳总结道：

> 夫乐工不过优伶之贱，而臣乃皇上执法之官也。倘此风一长，奸宄效尤，三尺几不敢用。朝廷之体统安在？巡城之职掌何事乎？

这个案子由刑部审理，刘贵泽等犯被惩处，皇帝批准了刑部的判决。①

顺治十年四月壬子，顺治帝因为雨灾，下旨审判衙门将笞杖人犯豁免，徒流人犯减等。在京师审判机构中，五城御史和顺天府及大兴、宛平县并列。② 这也表明五城在这一时期是正规的司法审判衙门。

最后，萧家芝于顺治十二年所上之题本也佐证了笔者的观点。萧家芝为刑部山东清吏司郎中，他曾批评五城将许多诸如盗窃、斗殴等轻罪案件送交刑部的做法。因而，他建议明确五城的司法职责。此

---

① 《内阁题本（北大移交题本）》，中国第一历史档案馆藏，档案号：2－28－1857－3。
② 《世祖章皇帝实录》卷七四，顺治十年四月壬子，《清实录》第三册，中华书局1985年版，第584页。

外，他还指出五城之所以将轻微案件送交刑部是因为相关官员不便审结与满人有关的案件。萧家芝认为五城负责执行朝廷之法，满人也应当受朝廷之法约束。因此，若五城能够有效发挥其职能，那么京师的司法情况将有所改善。总之，萧家芝强烈建议皇帝允许五城负责审结所有轻罪案件，即便满人涉案。① 这一建议从侧面表明五城只能审结仅涉及民人的轻罪案件。

顺治十年及其以后的立法表明五城的司法管辖权不断扩大。顺治十年，清廷议准："京城满汉杂居，地有分属，凡涉偷窃衣物及斗殴琐屑细事，俱归各城审结。"② 这项条例明确规定五城御史能够审结京城的某些轻微案件，且这没有提及罪犯的旗人或者民人身份。十二年，清廷规定，"凡巡捕营缉获事件，解督捕，移送五城审理。犯徒流以上罪者，录取口供，送部问拟。其余该城竟行发落"。③ 这条规定也未提及罪犯的身份，表明五城可以拟结轻罪案件。考虑到巡捕营主要负责外城和城属地区的治安，旗人较少，可能默认巡捕营抓获的基本都是民人罪犯。

十三年，清廷进一步规定："京城内有犯斗殴、钱债各项细事，原、被俱系旗人者，送〔刑〕部审理。如与民人互告，仍付五城审结。"④ 此例值得深究。京城城内，包括旗人居住的内城，理论上也是五城所辖范围。只有单旗案件，五城才无权处理。和前述两个条例一样，这个条例没有提及民人与民人之间的案件。这从侧面反映出当时的一个不言而喻的事实：五城可以审结只涉及民人的轻罪案件。由于五城主要管理民人，故这些条例中都默认民人案件无须强调。

① 《内阁大库档案》，台湾"中研院"历史语言研究所藏，登录号：006101。

② 《古今图书集成·经济汇编·祥刑典》，中华书局1934年版，卷五〇，第七六九册，第37页；卷一三七，第七七七册，第16页。

③ 《大清会典（康熙朝）》卷一二九，载沈云龙主编《近代中国史料丛刊三编》第73辑，台北：文海出版社1993年版，第6437—6438页。

④ 《大清会典（康熙朝）》卷一二九，载沈云龙主编《近代中国史料丛刊三编》第73辑，台北：文海出版社1993年版，第6438页。光绪朝《会典事例》文字略有改动，但意思一致。《清会典事例》（光绪）卷一〇三一，中华书局1991年影印本，第348页。

顺治十七年，清廷规定"五城收准满汉词状，该御史竟行审结，徒罪以上者，准其送部"。① 这一规定对涉案人员的族群身份并不看重，而是强调只有徒罪或者更重罪行的案件，方可送刑部审理。次年，都察院题准，满洲责一百鞭或民责四十板（即杖一百之实际执行数）② 及其以下罪名的案件，五城自行审结；对于重罪案件，五城审明后送交刑部。如有应题之事，五城自行具题。③ 此后，这一规定被一再强调。④ 也就是说，五城可以拟结京师轻罪案件，但需要将重罪案件送交刑部审理，且五城拟结轻罪案件，不受旗民身份的限制。尽管吕元骢认为，清初满族、蒙古族和其他非汉族人建立了单独的审判衙门。⑤ 但是这一规定表明满汉人等由同一衙门审判。

由此可知，顺治十年以前，五城负责处理仅涉及民人的轻罪案件。顺治十年起，清廷逐步扩大五城的审判权，先是允许五城审结京城某些轻罪案件，十三年允许审结除京师城内单旗案件外的其他轻罪案件。到顺治十七年，京师普通旗民轻罪案件，五城都可以审结。

（二）兵部

兵部控制京师绿营巡捕营。就司法职能而言，兵部主要负责审理逃人案件。除逃人案件外，笔者只发现一宗由兵部于顺治九年审理的无罪可科的经济案件。该案主要涉及的是张三与陈国柱之间的债务，笔者已在前面对此案进行分析。根据西城两位承审官员的说法，太监

① 《大清会典（康熙朝）》卷一二九，载沈云龙主编《近代中国史料丛刊三编》第73辑，台北：文海出版社1993年版，第6439页。

② 在本书中，所有板责数都指的是实际执行数。责四十板是实数，与判罪时杖一百等同。清初笞杖数和板责数的转换屡有变迁，可参阅胡祥雨《清代法律的常规化：族群与等级》，社会科学文献出版社2016年版，第47—54页。

③ 慧中：《钦定台规》卷五，乾隆都察院刻补修本影印，《四库未收书辑刊》第二辑二六册，北京出版社2000年版，第226页。顺治帝在十八年初去世，且去世前身体状况欠佳，而且去世日期离春节很近，故这一条例应该是由鳌拜等四位辅政大臣颁布。

④ 胡祥雨：《清前期京师初级审判制度之变更》，《历史档案》2007年第2期。

⑤ Adam Yuen-chung Lui, *Two Rulers in One Reign: Dorgon and Shun-Chih, 1644 – 1660*, Canberra: Faculty of Asian Studies, Australian National University, 1989, p. 76.

陈国柱控诉张三偷了他的驴，兵部判决张三以银钱赔偿陈国柱。① 这至少表明，兵部可以审结无罪案件。

虽然史料有限，但是有理由推断兵部在顺治元年后可以审结一些细小案件。顺治十二年，刑部官员刘世杰曾对刑部审理轻罪案件表示反对，并建议京师轻罪案件应当交由牛录额真、五城或者兵部处理。换句话说，兵部与上述两个机构属于同级审判机构。当然，兵部与五城和牛录额真都不相同。明清时期，五城可以视作京师地方政府，其职权渗透到京师管理的各个方面。牛录额真是八旗组织下的基层机构，后来改名佐领，甚至被视作如同汉人之知县。"佐领秩四品，为管辖旗籍人丁亲切之官，凡户婚、田产、谱系、俸饷之考稽，咸有所责，如汉人之于牧令焉。"② 兵部则是一个军事管理机构。从现代意义上看，清廷没有设立任何现代意义上的警察机构，军事力量往往承担警察职能。明朝军事机构——锦衣卫就同时是一个司法和治安机构。而锦衣卫之声名狼藉也在于其司法和治安职能。入关后，因为所有重大案件都必须送往刑部审理，所以兵部从未拥有太多的审判权。兵部及其下属部门从来没有拥有过类似于明朝锦衣卫那样的权力。

前述顺治十二年例就规定，兵部巡捕营抓获罪犯后，必须将人犯通过督捕衙门送到五城。五城对轻罪案件可以审结，如果惩罚为徒刑及其以上，五城需审理录供后移交刑部。这一规定，一方面显示在这之前，兵部可能可以审结轻罪案件；另一方面也表明清廷在限制兵部的审判权，因为清廷显然不想再出现一个"锦衣卫"。

清朝"锦衣卫"通常是指步军统领衙门，这一衙门在顺治时期并未建立。据唐彦卫考证，步军统领衙门直到康熙十三年（1674）才建

---

① 《内阁题本（北大移交题本）》，顺治九年九月四日，中国第一历史档案馆藏，档案号：2－28－1857－3。

② 福格：《听雨丛谈》卷一，中华书局1984年版，第28页。

立。① 那思陆指出，康熙十三年，步军统领衙门对轻微案件有审结权，同时可以调查和审问徒罪以上案件，但不能对之拟律。②

综上所述，清廷在京师沿用满洲制度的同时，又继承和修订了明朝制度。五城和兵部虽然能够审结轻罪案件，但是仍需将重罪案件移交刑部。除了罪犯的罪行严重程度外，涉案人员的身份也在司法程序中起重要作用。顺治十年以前，京师初级审判制度反映了满汉分治政策，八旗不能判决涉及民人的案件，同时，五城不能判决涉及旗人的案件。这些案件都必须送交刑部处理。

然而，自顺治九年福临真正掌握权力以后，清廷在司法体制内进行了重大变革，逐步废弃满汉分治的司法体制，建立起满汉一元化的法律制度。本节证明，顺治帝变更了京师初级审判制度，京师旗人与民人，或者说满人与汉人，都可以在相同的衙门接受审判。

第四节 第二级审判：刑部审判权的变革

刑部是清代京师第二级审判机构，在所有审判机构中的地位最为重要，其原因有二：一，都察院不再是审理涉及京师官员案件的主要司法机构。所有重大案件，不论涉及平民还是官员，均由刑部审理。二，由刑部审判的一般重罪案件（涉及死刑的除外）不再送交大理寺复核，刑部可以直接拟结。这一刑部权重的审判体制与明代三法司分权的制度完全不同，反映出明、清两朝京师审判制度存在断裂。

许多现审案件可以佐证上述两点。③ 在此期间，刑部在非死罪案件的审判中独享审判权，全权负责审理相关案件。比如书办杨庆接收公文有误一案，刑部判决责十板。顺治九年五月三日，刑部将此事具

---

① 唐彦卫：《清初步军统领设立渊源考》，《历史档案》2015年第2期。
② 那思陆：《清代中央司法审判制度》，北京大学出版社2004年版，第95页。如前所述，步军统领衙门可以审结京师涉及旗人、民人或者两者兼有的轻微案件。
③ 现审案件指的是清朝统治时期，由刑部直接处理的案件。这些案件的处罚结果通常为徒刑或更为严重的刑罚。

题顺治帝，皇帝同意刑部判决。① 京师死罪案件的审理也由刑部垄断。例如，顺治八年五月初六日，刑部具题旗下人邵四打死民人高守纪一案，在没有引律的情况下将邵四拟斩立决。这一判决得到皇帝批准。② 其余无数案件都表明刑部在审判中的垄断地位。③

一些汉官对这一变化表示反对，并试图恢复明朝制度。顺治二年闰六月二十六日，大理寺卿房可壮等官员具奏，请求恢复大理寺原有职能。他们指出，大理寺对内（京师）外（各省）问拟案件有复核和驳斥之责。多尔衮表示，"大理寺职掌准照旧例举行"。④ 然而，档案表明，大理寺从未恢复其原有的复核权。顺治十年之前，它只与刑部、都察院一起复核各直省的死刑案件（详见第五章）；而在京师，不论是死罪案件还是非死罪案件，均由刑部审判后奏闻皇帝，无须大理寺复核。顺治十年开始，清廷才决定由三法司审理或者核拟京师死刑案件。⑤ 笔者将在第五章予以详述。对于非死罪案件，顺治十年之后依然由刑部审理，再依据具体情况决定是自行结案还是奏闻皇帝后结案，都察院和大理寺一般不得过问。

清朝的记录表明刑部可以审结京师轻罪案件以及普通徒流罪案件，这与明朝制度迥然有异。有两个证据可以支持这一论点。第一，保存在北京和台北的顺治时期的题本，内容主要包括重案以及经皇帝移交或涉及官员的案件。对于这一现象，一种可能解释就是刑部单独审理一些轻罪案件，且无须将案件题奏皇帝允准。第二，顺治十年五月十七日的一件题本表明，刑部可以审结普通笞、杖、徒、流案件，

① 《内阁题本（北大移交题本）》，中国第一历史档案馆藏，档案号：2－28－1851－6。

② 《内阁题本（北大移交题本）》，中国第一历史档案馆藏，档案号：2－28－1846－16。

③ 《内阁题本（北大移交题本）》，中国第一历史档案馆藏，档案号：2－28－1834－6、2－28－1834－9、2－28－1836－13、2－28－1837－2；《内阁大库档案》，台湾"中研院"历史语言研究所藏，登录号：119263、086972、085414、088731、085692。

④ 《世祖章皇帝实录》卷一八，顺治二年闰六月丙午，《清实录》第三册，中华书局1985年版，第165页。

⑤ 《内阁题本（北大移交题本）》，中国第一历史档案馆藏，档案号：2－28－1868－12；《世祖章皇帝实录》卷七八，顺治十年十月庚辰，《清实录》第三册，中华书局1985年版，第618页；《古今图书集成·经济汇编·祥刑典》卷五，第七六五册，第26页。

即"部结发落"。至于那些涉及官员、匪盗、人命和二次潜逃罪犯的案件则需要"题结发落"，由皇帝批准。[1] 如第三节所述，五城等初审衙门能够审结京师轻罪案件。对于皇帝来说，刑部和初审衙门可以审结轻罪案件是一个极好的变革，因为他不再需要如同明朝皇帝那样批准京师的每个有罪案件。

除上述断裂外，清代审判制度的另一显著特点是京师初审衙门在向刑部移送案件时，并没有拟律——依据律例或犯罪行为确定罪犯罪名并给出相应判罚。这一做法和明朝制度以及入关前的满洲司法实践都具有连续性。明朝五城御史或其他衙门的司法官员在将案件移交刑部或都察院时，也不会对相关案件拟律定罪。清入关之前，牛录额真等负责处理旗人案件的衙门直接将相关案件送交刑部，也不拟律定罪。与明朝不同，入关后，清廷赋予五城等初审衙门审结轻罪案件的权力，但这些衙门不需要对送往刑部的案件进行拟律定罪。因此，清朝京师初审衙门送刑部的案件，都不拟律。这一制度与明制和满洲制度一样，注重效率（非死罪的现审案件只由刑部拟律，避免烦琐的驳审程序）而忽视明、清两朝都在直省遵守的"逐级审转复核"的司法程序。[2] 当京师初审衙门无法判断一个案件是属于重罪还是轻罪案件的时候，会将其移交刑部处理。这是清代刑部处理大量京师细事案件的原因之一。[3]

与顺治十年以前以满汉分治为主的第一级审判衙门不同，清廷一直在第二级审判衙门强调满汉司法的统一性。不论罪犯是汉人、满人，还是两者兼有，所有重罪案件均由同一衙门审理：顺治十年之前

---

[1] 《内阁题本（北大移交题本）》，中国第一历史档案馆藏，档案号：2-28-1865-16。

[2] 清朝各省重罪案件，案发地州县官员需要详审案情，依据犯罪行为和律例确定罪名和相应的刑罚（拟律），并依照行政体制依次上报给府、道、按察使司、总督巡抚（早期还有巡按），如系普通徒罪案件，督抚批准后即可结案；如系流罪案件，刑部批准后结案；死罪案件，由三法司进行复审或复核后具奏或具题请旨。每一级官员都必须对罪犯拟律定罪，直至结案。郑秦称为"逐级审转复核制"。郑秦：《清代司法审判制度研究》，湖南教育出版社 1988 年版，第 153—155 页。

[3] 胡祥雨：《清代刑部与京师细事案件的审理》，《清史研究》2010 年第 3 期。

由刑部审判，顺治十年之后死罪案件由三法司，非死罪案件依然由刑部审理。对于普通旗人或民人而言，发生在京师的重罪案件在这一审级不存在属人管辖权——不存在不同群体由不同审判衙门管辖。

第五节　结语

清朝京师审判制度是满、汉两种制度融合的产物。多尔衮继承明制时，正式破除了明朝三法司对审判权的垄断，改变了五城和刑部的审判权。顺治变革使得这两个源自明朝的机构，都可以审理任何普通旗民案件。其中，五城可以审结轻罪案件，刑部主要审理重罪案件。此后，清代京师审判制度并没有刻意强调满汉分治。

对于清朝统治者而言，吸取明朝的经验与教训是如此重要，以至于他们的制度建设可以看到明朝制度的显著影响。顺治朝司法审判制度的变革清楚地表明了清廷是如何改进明朝制度的。首先，清朝统治者继承明朝的实践，并将之制度化。明朝皇帝通过授予锦衣卫审判权以打破三法司对京师案件审判权的垄断，虽然可以提高效率，但是造成了恐慌。清朝统治者则提升刑部的审判权（入关前就已如此）并赋予五城御史等初审衙门对轻罪案件的审结权（八旗牛录额真在入关前就有轻罪审结权）。其中，五城司法权的扩张，最能够说明明朝的相关实践是如何在清朝发展成正式制度的。其次，清朝皇帝重视正式的司法制度，从未建立类似明朝锦衣卫或者东厂那样的特务机构。再次，因为清朝京师初审衙门可以审结轻罪案件，刑部可以审结一般的非死刑案件，皇帝不再需要批准京师每一个有罪案件，避免了明朝皇帝面临的无数文牍。最后，为提高效率，除部分死刑案件外，清廷并未在京师实行"逐级审转复核"制。对于细事案件，刑部或初审衙门均可拟结。对于重罪案件，初审衙门并不拟律。这样可以避免明朝三法司审理案件时拖沓的弊端。

与入关前比，京师旗人审判制度在多尔衮时期更多地体现出对满洲制度的延续。在多尔衮死后，对清朝统治者来说，明朝的相关经验与教训比满洲制度的遗产更为重要。尽管多尔衮坚持在初级审判机构实行满汉分治，但是顺治帝及其后继者更强调明制和满洲制度的融合，在京师实现司法审判的统一管辖。这一改进版的清朝司法体制使得清朝皇帝既能独揽大权，又能避免明朝制度的弊端。顺治帝和他的继承者们在京师建立的这种满汉一统的司法审判制度，在满人作为清朝统治者的新王朝，具有非同一般的意义，因为京师是皇朝的心脏、旗人的新家、一半以上八旗将士的大本营。

第五章　清初死刑审判制度的变化[*]

第一节　引言

第四章论述了清初京师审判制度的变革。经过顺治变革，无论是初级审判衙门五城还是二级审判衙门刑部，都可以审理普通旗、民案件。本章讨论清初死刑案件的审判，并从中透视清朝三法司中"部权特重"现象的形成。

在明、清两代，刑部、都察院、大理寺的职掌各有不同。以明代三法司的职掌而言，"刑部受天下刑名，都察院纠察，大理寺驳正"①。《清史稿》载：

> 世祖入主中夏，仍明旧制，凡诉讼在外由州县层递至于督抚，在内归总于三法司。然明制三法司，刑部受天下刑名，都察院纠察，大理寺驳正。清则外省刑案，统由刑部核覆。不会法者，院寺无由过问；应会法者，亦由刑部主稿。在京讼狱，无论奏咨，俱由刑部审理，而部权特重。②

　＊　本章主体内容曾以《清承明制与清初三法司审判权格局的变迁》为题发表在《史林》2021 年第 6 期，收入本书时做了一定的修改。
　①　张廷玉等撰：《明史》卷九四《刑法二》，中华书局 1974 年点校版，第 2305 页。
　②　赵尔巽等撰：《清史稿》卷一四四，中华书局 1976 年版，第 4206 页。

这段话阐述了明、清两代三法司审判权力的变化：明代三法司分权（《清史稿》作者并未区分京师案件和外省案件；作为监察机构，清代都察院亦可纠察），而清代三法司中，刑部主导外省案件的复核并垄断京师现审案件的审判，故权力最大。《清史稿》对三法司权力变化的描述被学界接受。郑小悠指出，明、清两代中央法制体系的差别在于，"三法司之间权力的相对平衡被打破，刑部的权力特重"[①]。

然而，《清史稿》只是提及三法司审判（包括核拟）权力格局的变化，并未追究变化的具体过程和原因。学术界多援引《清史稿》指出清代刑部权重，但较少学者分析这一现象的成因和过程。[②] 郑小悠分析了清朝法制体系中"部权特重"现象的形成过程。她认为，清朝在顺治时期"全盘接受明制"。在康熙年间，清廷改变全盘学习明制的方针，开始形成新模式：都察院系统的司法权力被大大削弱，刑部成为"天下刑名总汇"。[③] 换言之，郑小悠认为，清朝"部权特重"的三法司权力格局形成在顺治朝之后。

刘景辉认为，至少在顺治年间，不存在"部权特重"的三法司权力格局。他引用个别"两议"案件指出，皇帝可能支持大理寺等衙门的意见，故在三法司会审时刑部并不存在"特重之权"。他还认为，顺治皇帝下旨三法司核拟，是因为刑部的判决有可商榷之处；同理，皇帝如果认为三法司的判决还有问题，会让议政王贝勒大臣会议。[④]

本章证明，清代三法司审判权力格局的变化主要发生在顺治年间，且这一变化与清廷对明制的学习和变通息息相关。清廷在入关前和顺治年间对明朝制度的继承，绝非简单照搬，而是依据形势对明制

---

① 郑小悠：《清代法制体系中"部权特重"现象的形成与强化》，《江汉学术》2015年第4期。

② 郑秦：《清代司法审判制度研究》，湖南教育出版社1988年版，第33—34页；张晋藩主编：《清朝法制史》，中华书局1998年版，第592—593页。

③ 郑小悠：《清代法制体系中"部权特重"现象的形成与强化》，《江汉学术》2015年第4期。

④ 刘景辉：《满洲法律及其制度之演变》，台北：台湾大学历史研究所1969年版，第65—66页。

加以改造。第四章已经论述清朝在入关之初，由刑部（第二级审判机构）垄断重罪案件的审判。本章拟据档案和官政书等文献，从死罪案件的审判和核拟程序出发，分析清朝在学习和继承明朝制度过程中如何重新确立三法司的审判权力，进而揭示"清承明制"这一术语的复杂性。

第二节　顺治元年到四年：刑部垄断审判权

第一章已述明，清朝入关之前并无三法司之名与实，刑部为主要审判机关。入关后，清廷虽然早在顺治元年六月十八日就宣布在直省延用明律，但没有提及京师案件应该适用何种法律。[①] 就三法司职掌而言，清廷在京师延续了入关前的制度，刑部垄断死刑和其他重罪案件的审判和复核。

这一时期的档案显示，不论是对在京师现审案件的审理，还是对直省死刑等重大案件的复核，都被刑部垄断。顺治元年，中书王三锡托病避免征战，由刑部拟杖一百（折责三十三板），革职为民。十月十五日，刑部具题，皇帝批准了刑部判决。这个案件属于职官犯罪，但是都察院和大理寺均没有参与审判。[②] 顺治二年六月之前，刑部甚至先口头上奏再补题本。比如，顺治元年，南城察院拿获杨二等抢劫罪犯后送交刑部。刑部将杨二等拟以斩罪，于十二月二十三日上奏，得到皇帝（摄政王多尔衮）钦允后即将罪犯正法。次日，刑部具题表示已经将罪犯处决完毕，皇帝批红"是，知道了"。[③] 这一案件和同一时期的其他案件一样，皆是由刑部审理后报告皇帝结案，没有经过大理寺的核拟。在顺治元年十二月和二年六月的《刑曹章奏》中，有

---

① 《世祖章皇帝实录》卷五，顺治元年六月甲戌，《清实录》第三册，中华书局1985年版，第62—63页。

② 《内阁题本（北大移交题本）》，中国第一历史档案馆藏，档案号：2-28-1834-2。

③ 《内阁大库档案》，台湾"中研院"历史语言研究所藏，登录号：088219。

二十九起为京师现审案件。这些案件都表明，不论旗人还是民人案件，甚至假太子案这种大案，都由刑部审判，不经大理寺复核就奏请皇帝决断。①

直省重案的复核一般也由刑部处理。顺治元年，顺天巡抚具题赵胡子等人聚众行劫拒捕一案，就由刑部复核。刑部将赵胡子等拟斩，要求顺天巡抚等官继续严拿未获之罪犯。十二月初八日，刑部复核后具题，得到皇帝批准。②直省官员犯罪案件的审判或复核，基本都由刑部处理。在所见资料中，笔者只在顺治元年十二月的《刑曹章奏》中找到一个官员犯罪的案件，有都察院参与审理。该案中，直隶保安知州不顾朝廷禁令，按照明末旧额征收地丁银，被宣府巡抚参劾。刑部和都察院一起复审后，建议按"违旨征收"将保安知州拟斩，得到皇帝批准。此案审判虽然有都察院参与，但由刑部主导。这一案件属于特例。在顺治二年六月的《刑曹章奏》中，刑部独自复核或者复审了八起直省官吏犯罪的案件，均没有都察院和大理寺的参与；京师一起官员贪污案件，也由刑部独自审理后奏明皇帝结案。此时清廷入关不久，很多地区还没有纳入版图，战事纷繁，由刑部垄断死刑和其他重要案件的审判与复核有利于提高效率。

刑部垄断审判的做法与明朝制度不同，所以很快就招致官员反对。顺治二年闰六月丙午，大理寺卿房可壮指出，清廷力图克服明代稽延的弊端，即便死罪案件也简化程序，不由大理寺覆拟，有时甚至面奏处死后再补招疏。房可壮批评这一做法，要求恢复明朝大理寺的职权，让其覆拟京师和直省案件，而恢复大理寺职权的关键在于早定律令。多尔衮同意房可壮的建议，表示"大理寺职掌准照旧例举行"，律令也将要颁发。③

<hr>

① 顺治元年十二月和二年六月的《刑曹章奏》分别见《内阁大库档案》，台湾"中研院"历史语言研究所藏，登录号：185037、185040。
② 《内阁大库档案》，台湾"中研院"历史语言研究所藏，登录号：185037。
③ 《世祖章皇帝实录》卷一八，顺治二年闰六月丙午，《清实录》第三册，中华书局1985年版，第165页。

然而，多尔衮的表态没有改变三法司中刑部垄断审判权的格局。顺治四年之前，刑部依然如同元年、二年那样核拟外省重案和官员犯罪的案件。例如，顺治三年，湖广巡抚审理署理县官李遇夏贪赃一案，将李遇夏拟绞罪。九月二十七日，湖广巡抚具题。十一月十六日，皇帝下旨由刑部核拟此案。刑部同意湖广巡抚的意见，将李遇夏拟绞监候，于十二月十九日具题。皇帝批准了刑部的判决。① 在京师，刑部依然独自审理现审案件。例如，顺治二年九月十一日，刑部具题朱二等打劫杀人一案，将朱二等拟斩，得到皇帝批准。②

概言之，就三法司审判权而言，清廷放弃了明代制度，继续沿用入关前的制度。此时满洲贵族忙于征战，在普通案件中较少出现满洲贵族干涉审判的现象。对清朝统治者来说，由刑部独掌审判权，有助于提升办案效率。故入关之初，尽管多尔衮宣称在外（直省）要沿用明律，但就死刑等重罪案件的审判和复核而言，则不分内（京师）外（直省），都延续了入关前的体制：由刑部垄断审判与复核，而将都察院和大理寺排除在外。

第三节　顺治四年起：三法司逐步核拟直省死罪案件

沿用清朝旧制让刑部垄断审判权，只是清廷一时的措施。随着统治区域的扩大，清廷逐步恢复都察院和大理寺的复核职责。然而，在清代三法司关系中，始终没有如同明代那样，刑部和都察院作为初次审判或者复核机构，大理寺作为二次审判或者复核机构。清廷最早恢复的，是明代制度中的一种：由三法司一起复核直省死刑等重罪案件，并在核拟后请旨发落。

清廷何时恢复三法司会同复核直省死刑等案件？在笔者所见资料

---

① 《内阁大库档案》，台湾"中研院"历史语言研究所藏，登录号：006303。
② 《内阁大库档案》，台湾"中研院"历史语言研究所藏，登录号：119263。

中，没有发现相关规定。在档案中，三法司共同核拟的案件最早具题日期为顺治四年四月二十四日。在此案中，安庆府通判何元瑞被指控在署理怀宁知县期间，挪用银六百两并索取陋规。吏部收到此案后于顺治四年正月二十八日具题（档案没有告知何元瑞被参劾的细节）。皇帝下旨"这贪酷各官在京的，著法司提问；在外的，著各该巡按御史提问"。此案人犯何元瑞刚好在京。吏部于是将何元瑞咨送到刑部。刑部随即咨都察院和大理寺派员前来会审。刑部浙江司郎中等司官会同都察院浙江道监察御史和大理寺左寺正一起审讯此案。三法司官员确认，何元瑞挪用银两是依据知府的公文办事，但是账目交代不清，何元瑞否认收取陋规。三法司司官们研审清楚案情后，三法司堂官复审确认，何元瑞只是账目不清。三法司未引用任何律例，拟将何元瑞革职。皇帝将判决改为"降一级用"。①

皇帝针对此案的圣旨表明，在京贪官由法司提问，② 外省贪官由巡按御史提问。这一圣旨可视作对贪官的特殊政策。何元瑞虽然系直省官员，人却在京师（档案没有告知他为何到了京师），故三法司对此案的审理，即是第一审也是终审。作为官员案件，此案既不如明代那样由都察院和大理寺来审理，也不如之前那样，由刑部单独审理。这种由三法司一起审判案件的做法，是明代三法司会审中的一种方式。

外省贪官案件经过巡按御史等官员处理后，可能由刑部核拟，也可能由三法司核拟。顺治四年，山东巡按审理邹平县典史韩学愈收取陋规一案时，引用了前述皇帝收到何元瑞案时的圣旨。山东地方官审得，韩学愈收受钱十二千文（折银六两），判韩学愈"依官受财有禄人枉法，赃者各主，通算全科，一两至五两律，杖八十。系犯官，照

---

① 《内阁大库档案》，台湾"中研院"历史语言研究所藏，登录号：088255。

② 需要说明的是，尽管皇帝圣旨要求在京的贪官由法司提问，但法司并不一定是三法司，有时也可以只是刑部。实际上，这一时期京官贪污都一般由刑部审理。如《内阁题本（北大移交题本）》，中国第一历史档案馆藏，档案号：2－28－1856－3；《内阁大库档案》，台湾"中研院"历史语言研究所藏，登录号：089088。

例的决"①，执行刑罚后，再发回原籍。山东巡按同意这一判决并照此具题。四年六月初四日，皇帝下旨"刑部核拟具奏"。刑部司官核议后呈送给堂官。刑部堂官同意山东巡按的处理，拟将韩学愈革职、责三十板。四年六月十三日，刑部具题。档案没有告知此案的最终结果。②

顺治四年，三法司还核拟直省贪污案件。直隶真顺广大等处巡按处理藁城县典史王允元收受陋规一案时，也提及前述皇帝的圣旨。真定府知府最先审理此案，拟将王允元"依有禄人不枉法赃钱合银三两律杖七十，系官，不准折赎"，并革职。知府拟定罪名后，经井陉道呈报给巡按御史。巡按御史按照地方官所拟罪名具题。顺治四年九月十七日，皇帝下旨由法司核拟。刑部接到案件后，先由司官核拟，司官核拟后呈送给堂官。刑部堂官再会同都察院和大理寺堂官复核。三法司维持了巡按御史的判决，将王允元革职、责二十板。十月二十二日，三法司由刑部主稿具题。皇帝下旨对王允元免议。③按照三法司的题本，刑部司官核拟，三法司堂官复核。在这一案件的复核中，都察院和大理寺并无司官参与第一阶段的核拟。如果从官员所拟判决来看，王允元和韩学愈二人都收受陋规，但是韩学愈收陋规还枉法，罪名更重。然而，皇帝让三法司核拟王允元案件，却只让刑部核拟韩学愈案。这说明，皇帝可以选择刑部或者三法司来核拟贪官案件。

顺治四年十一月之前，外省贪污官员以外的死罪案件都只由刑部核拟。例如，顺治三年，山东新城县知县李自振因为贼攻打县城，弃城逃走。山东地方官和巡按御史依照"守备不设为贼掩袭失城而逃者律斩"，拟斩监候。山东巡按具题后，皇帝于顺治四年六月初四日下旨"刑部核拟具奏"。六月十九日，刑部核拟无误后具题，皇帝下旨

---

① 引文中的律文来自档案。
② 《内阁大库档案》，台湾"中研院"历史语言研究所藏，登录号：119250。
③ 《内阁大库档案》，台湾"中研院"历史语言研究所藏，登录号：015130。

将李自振拟斩监候。① 顺治三年，于佑纠伙抢劫并杀死旗人。次年，顺天巡按审理此案，将于佑依照"强盗已行但得财者不分首从皆斩律"，拟斩并枭首示众。顺治四年三月初二日，巡按具题，初四日奉旨"著核拟"。四月十七日，刑部核拟无误后具题。皇帝下旨将于佑处斩。②

表 5 - 1　　顺治五年到九年刑部和三法司复核直省案件情况③

	死罪	官员非死罪	平民非死罪	总数
刑部	4	12	4	20
三法司	76	0	0	76
总数	80	12	4	96

不过，清廷逐步让三法司复核直省贪官案件之外的死罪案件。顺治四年十一月初八日，苏松巡按具题两个死罪案件。一案系奴仆毁弃家长死尸，罪犯依律拟斩，④ 另一起为沈二故意杀人依律拟斩。⑤ 皇帝都下旨由三法司核拟。虽然不知道案件最终结果，但档案明确显示由三法司核拟。自顺治五年起，三法司核拟直省的死罪案件已经成为

① 《内阁大库档案》，台湾"中研院"历史语言研究所藏，登录号：016330。顺治四年七月二十九日，淮阳总督具题两个武将的衣服服饰违制，皇帝于八月二十七日下旨"刑部核拟具奏"。九月初九日，刑部核拟后，依照淮阳总督具题的意见将这两个武将拟斩立决。皇帝批准了刑部这一判决。《内阁大库档案》，台湾"中研院"历史语言研究所藏，登录号：016844、030321。

② 《内阁大库档案》，台湾"中研院"历史语言研究所藏，登录号：005664。

③ 依据这一时期台北《内阁大库档案》和《内阁题本（北大移交题本）》统计。数据主要源自三法司和刑部具题的题本，也包括少量巡按、巡抚、总督具题的案件，批红明确要求由刑部或者三法司复核。有些巡按、总督、巡抚给刑部的揭帖或者给皇帝的题本，因为没有批红，不知道是刑部还是三法司复核，故没有统计在内。

④ 《内阁大库档案》，台湾"中研院"历史语言研究所藏，登录号：088397。

⑤ 《内阁题本（北大移交题本）》，中国第一历史档案馆藏，档案号：2 - 28 - 1835 - 2。在这之前，刑部独自复核了好几起直省死罪案件。见《内阁大库档案》，台湾"中研院"历史语言研究所藏，登录号：016330。

常态。据表 5 - 1，在笔者搜集的 80 个死罪案件中，由三法司核拟的有 76 个，由刑部核拟的只有 4 个。题本显示，在三法司核拟的死罪案件中，刑部占据优势。大量的题本都如前述王允元一案一样，只提及刑部司官参与案件核拟。在刑部司官核拟案情后，才呈送刑部堂官，再由刑部会同都察院和大理寺堂官一起共同复核。三法司堂官复核后，由刑部主稿具题。

由上可知，三法司从顺治四年开始核拟直省死罪或者官员犯罪的案件，但这些案件有时可能只由刑部核拟。顺治五年起，虽然三法司大量核拟死罪案件，但具题时由刑部主稿。对于非死罪案件，则依然以刑部核拟为主，都察院和大理寺极少参与。故《清史稿》所言外省刑案复核的格局——"外省刑案，统由刑部核覆。不会法者，院寺无由过问，应会法者，亦由刑部主稿"——在顺治五年多尔衮统治时期就已经奠定，而且此后变化不大。①

第四节　顺治十年：三法司核拟京师死罪案件

清廷在直省恢复三法司复核职能的举措，在顺治十年之前并未影响到京师。京师职官案件和死罪案件都由刑部审理。顺治十年是清代司法制度变革的关键一年。清廷在这一年恢复了秋（朝）审制度，在京师依据清律对罪犯拟以五刑。② 同年，清廷决定三法司核拟京师死罪案件。该年三月二十日，刑部审理郭二、小子两名土贼后具题，皇帝批准了这二人的死罪判决，同时下旨："以后凡犯罪至死的，尔部会都察院、大理寺同审。本内各备叙看语（引者按：指审判意见）具奏。"③ 这道圣旨成为三法司会审京师死罪案件的依

---

① 清代直省死刑案件的复核，可参阅郑秦《清代司法审判制度研究》，湖南教育出版社 1988 年版，第 151—153 页。

② 胡祥雨：《清代法律的常规化：族群与等级》，社会科学文献出版社 2016 年版，第43—45 页。

③ 《内阁题本（北大移交题本）》，中国第一历史档案馆藏，档案号：2 - 28 - 1868 - 12。

据。从此，京师死罪案件的审判程序发生改变，刑部不再垄断死罪案件的审判。按照圣旨，刑部只要认为"罪犯至死"，就要连同都察院和大理寺合审。这样一来，三法司会审死罪案件的发起权在刑部而不在皇帝。

在档案中，三法司最早会审京师死罪案件的具题日期为顺治十年四月二十三日。三法司在这一日具题数起死罪案件。在其中一个案件中，旗下投充人张学和涿州民人章应科相嚷殴打，结果张学殴打章应科身死。张学随即变卖家产出逃。张学的家长将此事报告给刑部后，刑部行文地方官捉拿张学并且将其解送到京师。刑部广东清吏司审问明白后，在没有出具"看语"的情况下，将案件呈送给刑部堂官。刑部连同都察院和大理寺"会看"得，张学殴打章应科情真，在没有引用任何法律条文的情况下，将张学拟以"绞抵"，并由刑部主稿具题。皇帝下旨："张学依拟应绞，著监候，秋后处决。余依议。"①

和前述三法司复核直省案件的题本相比，此案题本更为粗糙。作为死罪案件的第一审，三法司只字不提判决依据的法律条文。依据当时的清律，斗殴杀人应拟绞监候，而题本中只是笼统地提到"绞抵"，即用绞杀的方式抵命。② 皇帝的批红反倒明确张学应拟绞监候。刑部司官审问明白后，三法司合看时也未提及一起合看此案的官员有谁。从题本的署名来看，刑部署名的包括满汉尚书各一名、左右侍郎各一人、启心郎（翻译）、满洲理事官和广东司主事各一人，而都察院只有堂官和一名理事官，大理寺则只有一名堂官。可以确定大理寺没有司官参与，除去负责翻译的启心郎，都察院顶多有一名理事官（司官）参与。同一日具题的其他两个死罪案件，刑部都有相应的司官参与，大理寺只有一名堂官参与，都察院则除了启心郎外，并无其他司

---

① 《内阁题本（北大移交题本）》，中国第一历史档案馆藏，档案号：2 – 28 – 1863 – 11。

② 相关律文详见《大清律集解附例》卷一九，"斗殴及故杀人"条，顺治三年（四年）本，哥伦比亚大学图书馆藏。

官参与。① 从题本都提及刑部司官先行审问的格式来看，都察院、大理寺和刑部一起"会看"案件，只是依据刑部司官审问得出的案情来给罪犯定罪并确定刑罚。故这种三法司共同审理京师死罪案件的方式，依然可以体现出《清史稿》所载的清代"部权特重"。

很快，大理寺就对这种会审方式不满，建议恢复大理寺在明朝时的职权。五月，大理寺卿魏琯表示，依照明代《会典》，刑部和都察院都是问刑衙门，大理寺对这两个问刑衙门审过的案件进行"平反"。如果大理寺复核后，这两个衙门拟罪合律，则奏闻请旨执行；如果不合律，大理寺可以驳回。大理寺如此描述三法司的分工："持天下之平者，部也；执法纠正者，院也；辨理冤枉者，大理也。"而当时三法司合审后具题，虽然可以各具看语，但魏琯指出，刑部主稿会题时"但言会同都察院、大理寺看得"字样，这一处理方式违背了设立大理寺的初衷。为此魏琯恳请顺治帝下旨，至少在奉旨下三法司的案件和死罪案件的审判上，恢复明代旧制，让大理寺复审并且可以驳回刑部、都察院的意见。② 由于笔者看到的只是揭帖，不清楚皇帝是如何回复的。

与入关之初相比，顺治十年审判方式的变更，导致了刑部在京师死罪案件上审判权的下降。虽然在三法司会审时，刑部一直占据主导，但顺治十年的变革导致都察院和大理寺都参与死罪审理，且皇帝明确下令三法司如果意见不同，可以各自提出审判意见。这样，三法司之间对罪犯的判决意见不一致时，难免产生分歧甚至争执。

在顺治十年四月二十三日具题的另外一起案件中，三法司就对拟

---

① 《内阁题本（北大移交题本）》，中国第一历史档案馆藏，档案号：2－28－1863－12、2－28－1863－14。另外两起三法司审理的死罪案件，题本署名的官员中，大理寺有二人，一为右少卿，一位寺丞。故总的来说，都察院和大理寺主要由堂官参与京师死罪案件的审判。《内阁题本（北大移交题本）》，中国第一历史档案馆藏，档案号：2－28－1863－6、2－28－1863－13。

② 《内阁大库档案》，台湾"中研院"历史语言研究所藏，登录号：037200。这一档案是一个揭帖，首页注明"顺治十年五月廿七日到"。

罪产生不同意见。该案中，典史郦天成借何二银两，由成简公做担保。正月十八日，何二与成简公向郦天成讨要银两，结果郦天成被打，八日后死亡。南城察院接到坊官的报告后，提拿并审讯相关人犯，检验尸体后将案件送交刑部审理。在审讯中，成简公一直不承认自己动手殴打郦天成，强调是何二与郦天成相互殴打。然而，何二已经脱逃。有证人说是成简公打了郦天成，但证人也没有亲见，只是听死者被打后说的。刑部接到案件后交司官审理，审问明白后呈送给堂官。刑部司官和南城御史一样，都没有给出任何判决。刑部会同都察院和大理寺一起审理此案时，出现了两种意见。都察院和大理寺认为，尽管成简公不承认，但就是成简公殴打郦天成致死，死者系职官，成简公"应从绞抵"。刑部则认为，成简公不承认殴打郦天成，主犯何二又脱逃，成简公"应依共殴律，杖流不枉。遵奉上传，减等免流，仍责四十板"，同时赔偿银两给死者家属。刑部领衔会题时，同时将这两种意见并列。皇帝同意刑部的判决，下旨"成简公依刑部议，何二获日另结"。①

这一案件反映出三法司对罪犯定罪的不同意见。严格来说，三法司都没有依法判案。② 如果刑部一开始就做出流罪判决，则此案不是死罪案件，不需要三法司会审。然而，所谓"罪犯至死"只是京师预审衙门的判断。其他衙门呈送"罪犯至死"的案件给刑部，或是刑部通知都察院和大理寺会审，"罪犯至死"都只是一种可能。刑部和皇帝对成简公一案的判决意味着三法司会审的案件并不都是死罪案件。

都察院不满自己参与非死罪案件的审判，且这种不满引发了三个衙门之间关于如何审判死罪案件的争论。大约在顺治十年七月间，都察院成功建议皇帝改变了三法司会审死罪案件的程序。都察院认为，

---

① 《内阁题本（北大移交题本）》，中国第一历史档案馆藏，档案号：2-28-1863-13。

② 这种连案情都没有确切结论的题本，和清中期严格规范的刑科题本迥然有异。清代中后期题本格式可参见胡祥雨《清代法律的常规化：族群与等级》，社会科学文献出版社2016年版，第26—28页；王志强《论清代刑案诸证一致的证据标准——以同治四年郑庆年案为例》，《法学研究》2019年第6期。

三法司会审的在京人犯，有罪不至死者。三法司会审非死罪人犯，不符合皇帝确立的定例（即前面提及的由三法司合审京师死罪案件的圣旨）。都察院认为，直省总督、巡抚、巡按具题的死罪案件，全部都有死罪判决。故此，都察院建议只有刑部审理罪犯至死的案件，在刑部定罪后才请旨下三法司共同复核。① 档案没有告知都察院具题和皇帝批准的时间。顺治十年八月、九月具题的京师死罪案件显示，都察院的建议在实践中得到执行。例如，顺治十年八月初六日，刑部具题李廷秀等抢劫案，对李廷秀等依照"强盗但得财者不分首从皆斩律，拟斩"，奉旨"三法司核拟具奏"。② 这样一来，京师死罪案件的审判程序变为：刑部审理后具题请旨由三法司复核，三法司复核后再请旨定夺。

刑部很快就反对这一审判程序。刑部认为，死罪人犯"必经三法司核拟具奏，此定例也"。何况，皇帝还专门下旨由三法司会审死罪案件。刑部进而否定都察院的指控，表示从未会同都察院和大理寺审理过非死罪案件，只有死罪案件才会同核议。如果罪犯"情有可矜疑"，则会减等处理——刑部认为，三法司核议的价值恰恰在于发现情有可矜疑的死罪人犯，并将这些人犯的刑罚减等。刑部进而指出，刑部为三法司之首，死罪案件先由刑部拟定罪名后，再请旨下三法司核议，则刑部在死罪审判上与各省督抚的地位没有差别。刑部还否决了另外一种可能，即刑部审理死罪案件后，请旨由都察院和大理寺核拟。刑部否决这一方式的原因是明代《会典》中并无这样先例。刑部建议回到顺治十年三月皇帝确定的办法，由三法司合审死罪案件。

面对刑部、都察院之间的分歧，皇帝明显不悦，下旨三法司"通

---

① 《内阁题本（北大移交题本）》，中国第一历史档案馆藏，档案号：2－28－1868－12。
② 《内阁大库档案》，台湾"中研院"历史语言研究所藏，登录号：005567。类似的案件可参阅《内阁大库档案》，台湾"中研院"历史语言研究所藏，登录号：089422、087547、089422、119834。

查旧例，开写详明，确实具奏"。三法司从不同立场出发解释了"旧例"。刑部和都察院都认为，按照"旧例"，外省重犯由督抚具题后送三法司，在京由各衙门具题后送三法司。然而，清朝面临地方官不能审理旗人案件这一特殊情况，故"旗下人有犯与满汉牵连犯事者"，必须送刑部审理，并由刑部具题发落。顺治十年，皇帝先是下旨三法司会审死罪案件（之前刑部同意这种方法），后又下旨刑部审理案件，确定是死罪案件后方请旨由三法司核拟（之前都察院主张此方法）。刑部和都察院一起表示，这两种方法都与"旧例"不符，不过他们尊重皇帝的意见，表示皇帝可以从中任选一种，他们都永远遵守。①

刑部和都察院解释的"旧例"指明末的实践。明代京师各衙门具题案件后，皇帝有时会下旨三法司会审。② 他们提及清朝地方官无权处理旗人和满汉冲突案件，此类案件必须送刑部审理。这证实此时清廷针对旗人继续沿用入关前的审判制度，由刑部审理相关案件。皇帝两道圣旨规定的京师死罪审判程序，与明末实践和入关前的清朝审判制度都不相同。作为臣子，刑部和都察院都表示皇帝的第一道圣旨反映了"圣主钦恤之仁"。毕竟，由三法司而不是刑部审理死罪案件，对人命更加重视。

大理寺却从明朝《会典》中找出不一样的"旧例"。大理寺指出，洪武二十六年（1393）定例规定，京师各衙门收到状词后应送刑部。刑部应该录供拟罪，如果系徒、流、死罪，刑部等衙门应该写奏本，然后将案犯送寺；"系笞杖罪名，止具公文"连同案犯一起送"大理寺候平允"。③ 大理寺又指出，依据明代《会典》，大理寺对京

---

① 《内阁题本（北大移交题本）》，中国第一历史档案馆藏，档案号：2-28-1868-12。

② 那思陆：《明代中央司法审判制度研究》，北京大学出版社2004年版，第193页。

③ 大理寺的描述和《明会典》的规定大体一致，但有一个差别，《明会典》提到的京师问刑衙门不只有刑部，还有都察院和五军都督府。申时行等修：《明会典》（万历朝重修本），卷二一四《大理寺》，第1072页。据那思陆考证，正德年间开始，大理寺复审京师案件时，人犯不再到寺审理，故所谓复审称为复核更为合适。那思陆：《明代中央司法审判制度研究》，北京大学出版社2004年版，第150、173页。

师案件"止有核拟而无审问之旧例"，即京师案件经问刑衙门审理后，"非由本寺平允，不许发落"。大理寺结合明代"旧例"和顺治十年皇帝让三法司合审死罪案件的圣旨，建议奉旨三法司堪议的案件，刑部必须审清案情，"成招定罪，注定看语"，再送都察院参核；都察院参核无误，即送大理寺平反。不论三法司的意见是否相同，都各出"看语"，会稿具题。大理寺认为，这种办法，既符合"旧例"也不违背皇帝的圣旨。顺治十年十月十八日，三法司将上述意见具题。皇帝同意大理寺的意见，批红："依大理寺议。三衙门议同的合具看语，不同的各出看语具奏。以后永著为例。"①

大理寺既平衡了皇帝圣旨和明代"旧例"，也平衡了刑部和都察院的争执。大理寺恢复明代旧制的请求已经在五月被皇帝否决，所以它没有继续用明朝制度去否定皇帝，而是刻意维护皇帝的尊严。刑部和都察院争议的核心在于刑部是否先拟律再送三法司。对此，大理寺没有直接表示死罪案件在奉旨之前刑部是否拟律定罪，却大谈依据明代"旧例"，刑部等问刑衙门应先具奏。言下之意，刑部应该先给京师死罪案件定罪后奏请皇帝下旨三法司核拟。这样一来，刑部应该先对京师死罪案件拟罪，再请旨送三法司。只不过，大理寺把三法司合同核拟变成各自核拟，且大理寺位居三法司核拟的最后一环。稍有不同的是，明代大理寺核拟后自己具题，清代则是三法司合同具题。皇帝最后采用大理寺提出的方法，兼顾了明朝旧例和自己的圣旨。这些争论及其结果表明，清朝统治者在用自己理解的方式学习明朝制度。

案例表明，刑部将京师死罪案件定罪后再请旨送三法司核拟。例如，顺治十一年，户部宝泉局管理的工匠王三打死工匠朱六。刑部山

① 《内阁题本（北大移交题本）》，中国第一历史档案馆藏，档案号：2-28-1868-12。这一规定亦可见于《实录》"三法司凡审拟死罪，议同者合具看语、不同者各具看语奏闻，永著为例"。《世祖章皇帝实录》卷七八，顺治十年十月庚辰，《清实录》第三册，中华书局1985年版，第618页。

东清吏司将案情审理清楚后呈报堂官。堂官复审无异后具题，案犯王三照故杀律拟斩监候。顺治十一年七月十五日，皇帝下旨"三法司核拟"。三法司会看后，同意刑部判决。八月二十日，三法司具题，皇帝下旨："王三依拟应斩，著监候，秋后处决。"①

从题本无法看出三法司是一起核拟还是各自核拟，不过《实录》记载显示三法司各自核拟。顺治十二年十月十九日，皇帝认为三法司效率低下，"皆由文移往来，虚费月日"，且"事不同审，稿不面议，岂能得平？"② 这表明大理寺的建议在实践中得到贯彻，三法司各自核拟死罪案件。三法司如果对案件处理意见不一致，往往将各自的意见以"两议"甚至"三议"（法司给出两种或三种处理意见）的方式一起具题。这一时期出现了不少"两议"案件，将在第七章详细分析。

总之，自顺治十年起，刑部不再垄断京师死罪案件的审判，都察院和大理寺也参与审判。尽管刑部的审判权有所削弱，但依然是三法司中最大的。在这一波复兴明制的运动中，都察院和大理寺都没有恢复它们在明朝的审判权。二者的审判权主要局限在死罪案件（包括秋审、朝审）上。在明代，即便京师笞杖案件也由刑部或者都察院审理，再送大理寺复核；直省徒、流、死罪案件，在刑部或都察院复核后，送大理寺复核。在清代，刑部成为徒、流、充军、发遣等案件的审判（京师）与复核（直省）机构，都察院和大理寺极少参与此类案件的审判与复核。与明代相比，清代都察院和大理寺的职权大大下降，刑部的职权则大大提升。

---

① 《内阁题本（北大移交题本）》，中国第一历史档案馆藏，档案号：2-28-1875-9。类似案件可参阅《内阁题本（北大移交题本）》，中国第一历史档案馆藏，档案号：2-28-1873-3；《内阁大库档案》，台湾"中研院"历史语言研究所藏，登录号：088745、006436、087547。

② 《世祖章皇帝实录》卷九四，顺治十二年十月己巳，《清实录》第三册，中华书局1985年版，第741页。

第五节　顺治十一年到十二年：满洲 贵族参与死刑核拟

　　顺治十年开始的以明朝制度为基调的法制变革引发了满洲贵族的不满。就三法司内部权力关系而言，刑部垄断京师案件重罪审判的格局被打破。涉及旗人（满人）的死罪案件，不再同入关前那样，由刑部单独审理。三法司审理案件，某种程度上是对明朝制度的继承。皇帝从顺治十年开始逐步将满洲人置于清律管辖之下（第六章将论述）。第三章述及，顺治十一年满汉官员围绕"逃人法"激烈斗争。顺治十一年九月初六日，在满洲贵族的坚持下，热衷汉人文化的顺治帝在逃人问题上做出妥协，颁布了非常严酷的"逃人法"以保护满人利益。①

　　在此背景下，顺治十一年十月二十一日，顺治帝下谕：

　　　　朕思重囚犯罪，法固难宥，但其中万一冤枉，死者不可复生，人命至重，恐违上天好生之心。自今以后，三法司照常核拟进奏，复批议政王贝勒大臣详确拟议，以凭定夺施行。②

皇帝将死罪案件的处理程序改为：一，京师死罪案件由刑部拟律定罪，具题请旨；直省死罪案件由总督、巡抚等拟律定罪后具题。二，皇帝下旨三法司核拟，三法司各自核拟，具题时意见相同合具看语，意见不同各具看语。三，皇帝下旨议政王贝勒大臣核拟具奏，议政王贝勒大臣核拟后具题请旨。

---

　　① 《世祖章皇帝实录》卷八六，顺治十一年九月壬辰，《清实录》第三册，中华书局1985年版，第676—678页。
　　② 《世祖章皇帝实录》卷八六，顺治十一年十月丁丑，《清实录》第三册，中华书局1985年版，第681页。

顺治帝的举措表面看来旨在遵从重视人命的传统，以展示自己的仁君形象，实际上赋予满洲贵族死刑的核拟权。议政王贝勒大臣基本都是满洲贵族，由他们组成的议政王大臣会议是清初重要的决策机构。议政王贝勒大臣会议由此成为皇帝之下死罪案件的最高核拟机构，地位在三法司之上。

此后，议政王贝勒大臣核拟死罪案件成为常态。顺治十一年九月十三日晚，旗下家人二小子酒醉后与同一主子下的旗下家人二孙殴打，并用刀戳死二孙。刑部广东清吏司审理清楚后，呈送给堂官。刑部堂官按照"斗殴杀人者不问手足他物金刃并绞"律，将二小子拟绞监候。十月十五日，刑部具题。十七日，顺治帝下旨"三法司核拟具奏"。十二月十一日，三法司复核无误后具题。十三日，皇帝下旨："二小子著议政王贝勒大臣详确拟议具奏。"十二年正月二十一日，以济尔哈朗为首的议政王贝勒大臣核拟无误后具题，得旨："二小子依拟应绞，著监候，秋后处决。"① 在顺治十一年十月至十二年三月由三法司具题且有皇帝圣旨的十二起京师死罪案件中，皇帝都下旨由议政王贝勒大臣复核。这些案件的审判和核拟程序基本与此案相同。②

然而，清廷很快就再一次改变了死罪案件的核拟机制，议政王贝勒大臣不再参与常规死罪的核拟。顺治十二年三月十三日，三法司具题一旗人逃走三次的案件，对罪犯拟绞监候。顺治帝直接批准了判决。③ 这不是特例，而是转折点。在此之前，逃人死罪案件经过三法司核拟后，必须再由议政王贝勒大臣会议。④ 在顺治十二年三月十二日，三法司具题一个奴仆殴打主人的案件，皇帝还下旨议政王贝勒大

---

① 《内阁题本（北大移交题本）》，中国第一历史档案馆藏，档案号：2－28－1883－8、2－28－1884－16。

② 在随机看到的三个直省死罪案件中，皇帝收到地方官的题本后下旨三法司核拟，三法司核拟后，皇帝下旨议政王贝勒大臣核拟。《内阁题本（北大移交题本）》，中国第一历史档案馆藏，档案号：2－28－1878－5、2－28－1879－1、2－28－1882－12。

③ 《内阁大库档案》，台湾"中研院"历史语言研究所藏，登录号：161190。

④ 《内阁大库档案》，台湾"中研院"历史语言研究所藏，登录号：089701。

臣核拟。① 在顺治十二年三月十三日之后，皇帝接到三法司核拟死罪的题本之后，很少下旨再由议政王贝勒大臣核拟。②

　　清廷为何再次改变死罪案件的复核程序，笔者没有找到直接答案。结合当时的政治背景，这一改变的原因可能有二。第一个原因是顺治帝不愿意向以济尔哈朗为首的满洲贵族继续妥协。顺治十年开始的死罪审判的变革，虽然不是明制的复原，却是在复兴明制的旗帜下展开的。不管三法司如何分配审判权，都属于皇帝和大臣（主要是汉人官员）对明制如何理解、改造的范畴。让议政王贝勒大臣核拟每一个死罪案件，则更多地体现了满洲贵族的权势。到了十二年三月，顺治帝虽然尊重郑亲王济尔哈朗，但政治上不再过多妥协。③ 而最有权势的满洲贵族济尔哈朗，此时已经步入生命的尽头，死于一个多月之后的五月初八日。④

　　第二个原因在于，普通死罪的复核属于常规性的工作。对于普通死罪犯人，皇帝可以批准执行，也可以示恩减刑，但对于复核的官僚机构来说，不管是刑部、三法司还是议政王贝勒大臣，依照律例追求情（犯罪事实）罪（罪名以及相应的刑罚）平衡都是最主要的目标。由于议政王贝勒大臣也要依法核拟，而他们对律例的了解不如三法司官员。故在笔者所见由议政王贝勒大臣核拟的九起案件中，议政王贝勒大臣都只是简单地批准了三法司的判决。这些案件都是普通旗人或者民人犯罪，作为个案缺少政治敏锐性。从皇帝的角度来看，让议政王贝勒大臣在三法司核拟之后再次核拟普通死罪案件，除了耽误时间

---

① 《内阁大库档案》，台湾"中研院"历史语言研究所藏，登记号：120278、086743。

② 当然，在这日之前皇帝下旨议政王贝勒大臣核拟的案件，继续由议政王贝勒大臣核拟。他们核拟后的其题日期自然在三月十三日之后，比如前述奴仆殴打主人的案件。其他相关案件可见，《内阁大库档案》，台湾"中研院"历史语言研究所藏，登记号：089430；《内阁题本（北大移交题本）》，中国第一历史档案馆藏，档案号：2-28-1889-1。

③ 一个例子是，顺治十一年九月，顺治帝在逃人问题上向济尔哈朗为首的满洲贵族妥协；但到了十二年，顺治帝用尽心机化解逃人法对汉人的伤害。详见第三章。

④ 《世祖章皇帝实录》卷九一，顺治十二年五月辛卯，《清实录》第三册，中华书局1985年版，第717页。

增加文牍外，既没有必要，也没有太多作用。

这样，京师死罪的审判和核拟又回到了顺治十一年九月之前的状态：刑部拟律定罪后，请旨由三法司核拟具奏；三法司核拟后题请皇帝定夺。例如，顺治十二年，旗下家人罗木匠勒死妻子。刑部山东清吏司审清案情后，呈送给堂官。刑部堂官复审无异，依照"夫殴妻，故杀者律"将罗木匠拟绞监候。八月二十日刑部具题，二十一日奉旨三法司核拟。刑部司官再次核拟后呈送给堂官。刑部再和都察院、大理寺复核无异后于九月二十四日具题。皇帝批准了三法司的判决。①

由此可知，顺治十年到十二年，京师死罪案件的审判和核拟出现了非常曲折的变化。由三法司或者议政王贝勒大臣核拟死罪案件，是清廷的规定；并不是刘景辉认为的那样，皇帝对拟律尚有疑虑才让三法司或者议政王贝勒大臣核拟。如果光从个别案例出发，不难找到支持刘氏观点的材料。但是，刘景辉没有考虑到顺治十年之前刑部独自掌握京师重罪案件审判权，也没有考虑到顺治十年开始，三法司常态化地会审京师死罪案件。更没有考虑到，他提及的"议政王贝勒大臣"会议死罪案件，在顺治十一年九月之后的一段时间里，是死罪案件核拟的常态，与三法司核拟的结果没有关系。

第六节　顺治十二年死罪案件审判程序的确立

顺治十二年十月十九日，皇帝再次改变了三法司审理（核拟）死罪案件的程序。他认为，三法司"事不同审，稿不面议"，严重影响效率，下旨"以后核拟死罪，在京者，尔等各堂官面同研审。在外题

---

① 《内阁大库档案》，台湾"中研院"历史语言研究所藏，登录号：089434。需要注意的是，档案中也存在特例。有些案件，刑部直接同都察院和大理寺审理后具题。顺治十二年七月初十日，三法司就一起直接审理了一个旗人打死人的案件。因为恰好在热审期间，三法司提出两种意见，一为照律拟绞监候，一为情有可矜，免死鞭一百。皇帝批准了后一种意见。《内阁题本（北大移交题本）》，中国第一历史档案馆藏，档案号：2-28-1896-4。

奏者，各将原招详察明白，面同议覆。俱当虚心商酌，务期情罪适当，律例允协”。① 至此，清廷废除了大理寺在顺治十年十月十八日提出的按照刑部、都察院、大理寺的顺序核拟死罪的程序。

死罪案件的审判和复核，再次回到顺治十年十月之前的方式：京师死罪案件由刑部拟律定罪后具题，皇帝下旨三法司核拟具奏，三法司一起核拟后再请旨由皇帝定夺。例如，顺治十二年八月和尚海玉等打死民人童三和旗下家人王八，被北城御史衙门送到刑部。刑部仔细审理了案情后，依照故杀律将海玉拟斩监候。刑部具题后，十一月初四日奉旨"三法司核拟具奏"。三法司核拟无异，于十二月十五日具题，皇帝批准了判决。② 在这个案件的具题官员名单中，刑部堂官五人，启心郎一人，司官两人，都察院堂官两人，启心郎一人，大理寺堂官和司官各一人。而且这一时期的题本也和从前一样，刑部司官负责先将案情审理明白，三法司具题时，也由刑部主稿。刑部在案件审判和核拟上一直占据主导。

此后，顺治帝对三法司会审或者会核的程序略有微调。顺治十三年六月十六日，皇帝认为"大理寺衙门，所管事务无多，不过三法司会议时，少有事耳。此等事，堂官三员办理足矣"。③ 十五年五月二十二日，因为"凡奉旨三法司核议事理，堂官已经遵行"，而"寺属无职掌可尽，应如该寺所请，副理事、评事等官亦与刑部司官会议"。④ 同年，清廷以"御史理刑，是其职掌"为由，规定"凡人命重情，奉旨三法司核拟者，御史会同刑部、大理寺司官审议"。⑤ 在审理流程

---

① 《世祖章皇帝实录》卷九四，顺治十二年十月己巳，《清实录》第三册，中华书局1985年版，第741页。

② 《内阁题本（北大移交题本）》，中国第一历史档案馆藏，档案号：2-28-1906-2。

③ 《世祖章皇帝实录》卷一○二，顺治十三年六月癸巳，《清实录》第三册，中华书局1985年版，第790页。

④ 《世祖章皇帝实录》卷一一七，顺治十五年五月戊午，《清实录》第三册，中华书局1985年版，第915页。

⑤ 《大清会典（康熙朝）》卷一四六，载沈云龙主编《近代中国史料丛刊三编》第73辑，台北：文海出版社1993年版，第7153页。

上，十五年还再次确认京师死罪案件由刑部先行拟罪。"凡事关三法司核拟者，刑部官俱备全招看语，与院寺官面相商议；在外抚按题准事件，各具册揭详核。"①

表 5 - 2　　　　　　　　　顺治年间常规死罪审判与复核的变化

时间	京师	直省（从督抚巡按具题后开始）
元年至四年	刑部审理后请旨	刑部核拟后请旨
四年至十年三月	刑部审理后请旨	三法司核拟后请旨
十年三月至八月	三法司合审后请旨	三法司核拟后请旨
十年八月至十月	刑部审理后具题，皇帝下旨三法司核拟，三法司核拟后具题请旨	三法司核拟后请旨
十年十月至十一年九月	刑部审理后具题，皇帝下旨三法司核拟，刑部、都察院、大理寺分别核拟后一起请旨	刑部、都察院、大理寺分别核拟后一起请旨
十一年九月至十二年三月	刑部审理后具题，皇帝下旨三法司核拟，刑部、都察院、大理寺分别核拟后一起具题，皇帝下旨议政王贝勒大臣核拟，议政王贝勒大臣核拟后请旨	刑部、都察院、大理寺分别核拟后一起具题，皇帝下旨议政王贝勒大臣核拟，议政王贝勒大臣核拟后请旨
十二年三月至十二年十月	刑部审理后具题，皇帝下旨三法司核拟，刑部、都察院、大理寺分别核拟后一起请旨	刑部、都察院、大理寺分别核拟后一起请旨
十二年十月后	刑部审理后具题，皇帝下旨三法司核拟，三法司共同核拟后请旨	三法司共同核拟后请旨

顺治十二年后，三法司审判职能的职掌及其分工基本定型。此后

---

① 《大清会典（康熙朝）》卷一四八，载沈云龙主编《近代中国史料丛刊三编》第 73 辑，台北：文海出版社 1993 年版，第 7223 页。

的变化主要是细节性的，不影响三法司中"部权特重"的格局。① 到乾隆年间，清廷进一步简化程序，京师普通死罪案件不再分为刑部初审和三法司复核两个阶段，而由三法司会同审理。② 此后，京师普通死罪案件，皇帝一般下旨三法司核拟；外省普通死罪案件，也一般由三法司核拟。然而，上述程序只是一般的常规程序。有时候，皇帝不让三法司核拟刑部审理的死罪案件，而是直接批准判决。③ 遇到重大案件，皇帝时常让议政王贝勒大臣参与审判，④ 有时让九卿、科道等在京官员一起共同审理。⑤

第七节　结语

清朝三法司审判权的格局变化，与清廷对明朝制度的扬弃息息相关。三法司中"部权特重"是明朝就已出现的现象，但明朝都察院和大理寺都在重罪案件的审判和复核中起到重要作用。入关前，满洲统治者并未设立三法司，只是赋予刑部审理重罪案件的权力。入关之初，由于清朝统治者忙于战事，故在顺治元年到三年，清朝虽然继承

---

① 郑小悠提到，乾隆年间清廷将律例馆划归刑部管理并完善刑部的秋审职能。笔者认为，这些变化强化了刑部的权力，但从三法司的权力格局来看，重要性不如《清史稿》中述及的审判职能的分工。郑小悠：《清代法制体系中"部权特重"现象的形成与强化》，《江汉学术》2015 年第 4 期。

② 那思陆：《清代中央司法审判制度》，北京大学出版社 2004 年版，第 186 页。

③ 例如，顺治十年十二月十二日刑部具题一个京师旗下家人打死另外一旗下家人的案件，对罪犯拟绞监候。皇帝直接批准了判决，没有将案件送三法司核拟。《内阁题本（北大移交题本）》，中国第一历史档案馆藏，档案号：2 - 28 - 1869 - 5。那思陆指出，乾隆以后，清廷赋予刑部单独审理（不经三法司核拟）一些重大死罪案件的权力。那思陆：《清代中央司法审判制度》，北京大学出版社 2004 年版，第 186—187 页。

④ 例如，顺治十四年，皇帝令议政王贝勒大臣会议郑芝龙一案。《世祖章皇帝实录》卷一一一，顺治十四年八月乙亥，《清实录》第三册，中华书局 1985 年版，第 867—868 页。

⑤ 例如，顺治十六年，皇帝下旨由议政王贝勒大臣、九卿、科道会同从重审理重臣图海案。《世祖章皇帝实录》卷一二五，顺治十六年闰三月壬午，《清实录》第三册，中华书局 1985 年版，第 967—968 页。关于九卿、科道等官参与会审，参阅那思陆《清代中央司法审判制度》，北京大学出版社 2004 年版，第 103—105 页。

了明代的三法司，但刑部垄断了京师和直省重罪案件的审判与复核。这样，清廷将刑部审判权推到一个无以复加的高度。这一体制是入关前满洲审判制度的延续，与明代三法司分权的制度截然不同。自顺治四年起，清廷逐步让三法司核拟直省死刑案件和一些涉及官员的案件，刑部极端权重的格局开始改变。即便如此，三法司对直省案件的复核也没有恢复明代制度。在京师，直到顺治十年，三法司才取得死罪审判或复核权。经过近两年的反复，顺治十二年清廷基本确定三法司复核死罪案件的程序，清代刑部"部权特重"的三法司审判权力的分配格局也基本定型。和顺治元年到三年相比，刑部的审判权力是下降的。当然，《清史稿》所载"部权特重"，其参照对象是明代三法司的权力关系。从清代三法司职掌来看，都察院和大理寺基本丧失了对非死罪案件的审理与复核，而死罪案件的审判与复核，也由刑部主导，况且有些死罪案件只由刑部审理或核拟，院、寺无由过问，故清朝"部权特重"，可谓确论。

三法司审判权在顺治年间的变迁表明了多尔衮和顺治帝对明朝制度的不同态度。多尔衮施行司法二元制度。顺治元年到三年，清廷延续入关前的旧制，集审判权于刑部；自顺治四年起，多尔衮在直省和京师适用不同的死刑审判与复核制度：京师依然由刑部垄断，直省则由三法司复核。清廷在直省虽然不是完全复制明制，却让三法司变得有名有实。顺治帝掌权之后，清廷很快就做到了内外一致，从顺治十年起在京师也让三法司审判或核拟死罪案件。

不管是多尔衮还是顺治帝，他们在学习、继承明代制度时都没有机械地复制，而是依据实际情况选择并加以变通，以确保审案效率。清朝三法司名义上承自明代，且"部权特重"在明代就有所体现，但在明、清两朝三法司权力关系中，断裂的一面才是主流。顺治帝仰慕汉文化，在顺治九年到十二年，掀起了复兴明制的第二波。虽然有汉臣提出恢复明代三法司的职能，但顺治帝一直主导变革方向。不管是多尔衮还是顺治帝，如此设置三法司权责的重要原因就在于提高效率，避免审案拖延。清廷废除了明代京师普通笞杖案件也必须皇帝批准的制度。清代普通徒、流案件，都不再需要三法司核拟，刑部或者督抚（直省徒罪案件）批准即可执行。顺治帝虽然曾经批准大理寺提出的三法司各自核拟死罪案件的方案，但他发现这一方案效率低下后很快就做了改变。就三法司审判权的分工而言，清朝对明朝审判制度的改造与变通胜过继承，其结果是，清代审判程序远比明代便捷。这一切均表明，清廷在学习和改造明朝制度的过程中，展示出高超的政治操控和驾驭能力。

第六章　清朝满汉法律一元化的确立

第一节　引言

清朝入关前虽然没有成文的刑事法典，却有自己独特的法律体系。① 入关后，清廷于顺治四年（1647）颁行《大清律集解附例》（即顺治律）。这一版本的清律很大程度上继承明律，② 与满人自有的法律体系并不相容。学界一般认为清代满人和汉人都适用清律。那么，清廷在何时、为何要放弃满洲法律，将基本源于明律的清律应用于满人？

这一问题涉及清初统治者在法律制度建设上的根本转变，但没有得到学界的重视。中国法制史研究的旗帜性人物瞿同祖只是将满洲适用清律看成一个既定事实。③ "新清史"代表人物欧立德（Mark C. Elliott）也认为满人和汉人一样，必须遵从清律。④ 吕元聰则认为，在顺治时期，满人和汉人各有自己的法典和审判机构，而且清朝统治者明智地实行"种族隔离"（segregation）政策，所以不存在满、汉冲突

---

① 参阅张晋藩、郭成康《清入关前国家法律制度史》，辽宁人民出版社1988年版，第五章，尤其是第440—444页。

② 顺治四年颁行的清律与明律的不同之处，详见王宏治、李建渝著《〈顺治律〉补述》，林乾主编《法律史学研究》，第一辑，中国法制出版社2004年版，第132—143页。

③ 瞿同祖：《中国法律与中国社会》，中华书局1981年版，第248—249页。

④ Mark C. Elliott, *The Manchu Way: The Eight Banners and Ethnic Identity in Late Imperial China*, Stanford: Stanford University Press, 2001, pp. 197, 450.

的案件。① 吕元骢与瞿同祖的观点尖锐对立，但均未应用具体案例予以论证。瞿同祖的叙述针对的是清朝的一般情况，吕元骢关注的则是顺治时期的法律应用。满、汉法律分治何时过渡到统一应用清律，依然不得而知。

周远廉和赵世瑜援引具体案件认为，清律颁行后，法司基本按清律断案。清律颁行之前则依照明律断案。② 郑秦援引案件认为顺治四年颁行的清律在实践中得到应用。③ 不过，上述学者所列举的例子全部是直省汉人犯罪案件。至于满人犯罪后，按照何种法律进行处置，则没有涉及。

苏亦工敏锐地注意到清初满洲法律的权威和满人在刑部审案时的支配地位。他认为，清军入关之初刑部满官因为语言因素（汉官不谙满语）垄断了刑部的审判权。④ 苏亦工强调，顺治四年清律颁行后，虽然在一定程度上得到实施，但当清律与满洲习惯法冲突时，满人并不尊重清律。他以赔人、籍没刑罚以及"逃人法"等为例论证了满洲法如何妨碍清律的实施，指出满洲统治者接受以清律为代表的汉人法律经历了一番曲折。⑤ 跟其他学者不同，苏氏的研究细致地考察了满洲法与清律的冲突，极大地推进了满人接受清律过程的研究。不过，他的研究并未考察满洲统治者何时将清律应用于满人这一问题。

本章依据档案等相关文献论述清初法律一元化的过程，并回答清廷何时、为何承认清律在满人中的权威这一问题。由于顺治朝刑部等

---

① Adam Yuen-chung Lui, *Two Rulers in One Reign: Dorgon and Shun-Chih, 1644-1660*, Canberra: Faculty of Asian Studies, Australian National University, 1989, p. 76.

② 周远廉、赵世瑜:《皇父摄政王多尔衮》，吉林文史出版社1993年版，第327—328页。

③ 郑秦:《顺治三年律考》，《法学研究》1996年第1期。

④ 苏亦工:《官制、语言与司法——清代刑部满汉官权力之消长》，《法学家》2013年第2期。

⑤ 苏亦工:《明清律典与条例》（修订版），商务印书馆2020年版，第146—174页;《因革与依违——清初法制上的满汉分歧一瞥》，《清华法学》2014年第1期。

衙门档案缺失，本章主要依据顺治年间的内阁题本（也包括启本和相应的揭帖），通过考察案件的拟律，分析顺治年间的法律应用和清律一元化地位的确立。由于《实录》等史料中记载的案件往往缺少拟律细节，本章不将这些史料中的案件纳入统计，只在必要时引用。本章将题本中的案件按照发生的地域分为京师案件和直省案件。清军入关之后，京师成为旗人大本营，内地旗人案件一般送往京师审理，不先由地方官审理。① 此类案件往往视作京师现审案件，由刑部直接审理。故本章涉及旗人的案件均视为京师案件。

需要赘述的是，清朝初年，满、汉两种不同法律并存。清廷在顺治元年（1644）就表示"问刑准依明律"②。随后，作为采用明律的一个举措，清廷在顺治二年颁布了《大清律附》。③ 四年，清廷颁布以明律为底本的《大清律集解附例》。尽管清廷在立法上采用明律较为迅速，但在实际断案中，清廷对满人依然大量适用满洲法。清军入关之后，满洲法律与汉人法典并存，二者不只是相互冲突，也相互融合。一方面，清廷将"逃人法"、剃发令等满洲法律强加给汉人；另一方面，清廷入关前就直接采用汉人法律，入关后延续这一政策。尽管清律主要继承明律，但也有一些条款来自满洲法（如"逃人法"），还有一些条款来自清朝的创新。这种创新可能是满洲因素导致的，也可能是汉人社会变化导致的。当然，整体而言，与汉人的明律或者清律相比，满洲自己的法律体系较为简陋。顺治三年五月完成的顺治律御制序直言满洲社会"民淳法简"，无法用满洲法律去统治"人民既众，情伪多端"的中原地区。④

---

① 这里讨论的是发生在直省的旗人案件。发生在东北等地的旗人案件，可能会先由地方官审理。参阅王天驰《顺治朝旗人的法与刑罚》，《国学学刊》2018 年第 3 期。

② 《世祖章皇帝实录》卷五，顺治元年六月甲戌，《清实录》第三册，中华书局 1985 年版，第 63 页。

③ 郑秦：《顺治三年律考》，《法学研究》1996 年第 1 期。

④ 《御制大清律序》，载杨一凡、田涛主编《中国珍稀法律典籍续编》第五册《顺治三年奏定律》，王宏治、李建渝点校，黑龙江人民出版社 2002 年版，第 71 页。

第二节　顺治二年六月之前法律应用的混乱

顺治二年六月以前，清朝统治者在战乱的环境下，对于应用何种法律并无一致性的政策，法律应用较为复杂。顺治元年六月初九日，多尔衮谕"各衙门应责人犯，悉遵本朝鞭责旧制，不许用杖"。① 这说明清廷至少决定将满洲鞭责之刑应用到汉人，但是多尔衮不久就改变了政策。六月十八日，顺天巡按柳寅东反对使用鞭责。多尔衮表示鞭责太宽，"自后问刑准依明律"。② 据此，清廷应该依据明律来断案。不过，满洲司法体系的存在以及明清鼎革时的战乱，都不可避免地影响到明律的执行。

顺治元年十月二十一日，刑部左侍郎党崇雅在建议清廷恢复死刑监候制度时提到："在外官吏，乘兹新制未定，不无凭臆舞文之弊。并乞暂用明律，候国制画一，永垂令甲。"清廷下旨，在京死罪依然审判后奏请正法，"在外仍照明律以行，如有恣意轻重等弊，指参重处"。③ 这一记载说明：直省官吏可能以个人意志舞弄法律，而且就死刑执行而言，明律并未得到贯彻，清廷不打算在京师依照明律恢复死刑监候制度。

档案显示，清廷并未严格应用明律。顺治二年六月之前，笔者一共找到十五起案件，其中只有五起案件引用了律例（如无特别说明，本章律例指明清二朝《大明律》《大清律集解附例》的律文和例文，而非满洲法律中的内容）。在这五起案件中，有三起案件为强盗案件，官员引用律例较为严格。在顺治二年二月初五日具题的一起案件中，

---

① 《世祖章皇帝实录》卷五，顺治元年六月乙丑，《清实录》第三册，中华书局1985年版，第61页。

② 《世祖章皇帝实录》卷五，顺治元年六月甲戌，《清实录》第三册，中华书局1985年版，第62—63页。

③ 《世祖章皇帝实录》卷一〇，顺治元年十月乙亥，《清实录》第三册，中华书局1985年版，第102页。

张九等抢劫得财。刑部"依强盗已行而但得财者律",将张九等拟斩罪。① 查明律"强盗"律规定:"凡强盗已行,而不得财者,皆杖一百,流三千里。但得财者,不分首从,皆斩。"② 由此可知,刑部所引律文基本和明律规定一致。另外两起强盗案件也引用此律断案。③

在其余两起案件中,官员虽然引用了律例,但引用并不严格。顺治元年,内院中书王三锡随军出征,行至宣府时假装生病告假回家。但王三锡并未回家,而是前往沧州看望亲戚,结果被内院官员撞见后押送至北京。此案由刑部四川清吏司审理,主审官员是满洲郎中根太。刑部将王三锡依据"官当征讨诈病避征者加一等律,杖一百,折责三十三板,革职为民"。十一月十五日,刑部具题,皇帝批准了判决。④ 熟悉清代刑科题本的读者都会对题本中的严格引用律例留下深刻印象。此案之拟律虽然遵照明律,但是引用并不非常严格。据明律"从征违期"律:"凡军官、军人,临当征讨,已有启程日期,而稽留不进者,一日杖七十,每三日加一等。若故自伤残及诈为疾患之类以避征役者,各加一等,并罪止杖一百,仍发出征。"⑤ 此案王三锡并非军人,但随军出征,故刑部按照"从征违期"律定罪。刑部的杖一百判决与律意相合。革职为民的处罚则没有将王三锡视作军人(视作军人应该继续出征)。若不将王三锡视作军人,严格说来,刑部应该在律无正条的情况下,用"比拟"方式引律定罪。此案审判,刑部并未"比拟",而是直接引用。这种拟律方式并不严谨。

顺治元年十一月十六日,刑部具题长节等八旗兵抢劫一案,也引用了明律,但引用得非常粗糙。案中东兵以长节为首,伙同耳节兔等

---

① 《内阁大库档案》,台湾"中研院"历史语言研究所藏,登录号:087528。
② 《大明律》卷一八《刑律一·盗贼》,怀效锋点校,法律出版社1999年版,第140页。
③ 《内阁大库档案》,台湾"中研院"历史语言研究所藏,登录号:121261、086565。
④ 《内阁题本(北大移交题本)》,中国第一历史档案馆藏,档案号:2-28-1834-2。
⑤ 《大明律》卷一四《兵律二·军政》,怀效锋点校,法律出版社1999年版,第109页。

五人强买猪肉十三斤，合钱一百八十文，但长节等不但不付钱，反而殴打卖主王大并抢去六百五十文钱。王大将此事报给正黄旗牛录。该牛录将此事送交刑部。刑部审理明白后，将长节"依抢夺财物伤人者律斩"，"耳节兔等五名俱依抢夺计赃加等律，各杖一百，鞭挞三箭肉"。题本末尾称罪犯刑罚已经在具题前一日奉旨执行完毕。① 同上一案件一样，此案的拟律与清中期的题本大不相同，对律例的引用非常不严格。查明律"白昼抢夺"律文载："凡白昼抢夺人财物者，杖一百，徒三年。计赃重者，加盗窃罪二等。伤人者，斩。为从，各减一等。"② 刑部对长节所拟罪名以及斩罪判决，符合明律规定，不难看出判决依据来自明律。不过，刑部并未将耳节兔等按照从犯处以流刑，而是"依抢夺计赃加等律"。这个拟律让人无比困惑，按照明律，只有记赃重者，方依照窃盗加二等治罪。从刑罚来看，耳节兔等五人的判决，"鞭挞三箭肉"，明显不是依据明律，而是按照满洲刑罚判决的。刑部官员可能依据明律定罪，然后按照满洲刑罚处罚。由于满洲成文法的缺失，不清楚满洲法律中是否有相关依据为耳节兔等确定刑罚。

表 6-1　　　　　　　　　顺治二年六月之前的法律应用

	不提律例	提到依律但无律名	依律	总数
直省	4	4	1	9
京师民人	1	1	3	5
京师旗人	0	0	1	1
总数	5	5	5	15

---

① 《内阁题本（北大移交题本）》，中国第一历史档案馆藏，档案号：2-28-1834-3。

② 《大明律》卷一八《刑律一·盗贼》，怀效锋点校，法律出版社 1999 年版，第 141 页。

上述五起案件属于引用明律较为清楚的。在另外五起案件中，尽管法司有时会提及依律（或者"清法""三尺"等意思类似的词语），但未见对律文的引用。例如，在顺治元年十二月，刑部具题一起强奸满洲妇女的案件。该案中，王忠、罗二两人拐带、隐匿满洲妇女两名，将她们强奸并"拐骗为妻"。刑部将两犯"依强奸律斩"。十二月初七日，皇帝批准了死罪判决。① 这里的题本有对罪犯罪行的描述，但是非常简略。刑部的拟律也非常粗糙。依据明律"犯奸"律，强奸是绞罪。② 此案刑部依照所谓强奸律，却并未援引律文，就对罪犯拟斩立决。刑部的这种判决，有可能是按照明律定罪，执行刑罚时却按照满洲刑罚体制，将绞罪执行为斩立决。除此案外，在另外一个案件中，有罪犯依照"强盗律"定罪。③ 其余三起案件提及依律，却连具体律名都没有。④

官员完全不提及律例，只叙述罪犯的罪行和刑罚的案件也有五起。官员只在一起案件中明确说明了断案依据。该案系贪官案件。署理官员张惺铭和书役康玉等擅自加征火耗。保定巡抚以下官吏均依照明律拟罪，给出的刑罚从徒刑到流刑不等。然而顺治元年六月十八日，清廷下旨，官吏犯赃审实，立行处斩。⑤ 这一惩罚方式远较明律规定的要重。保定巡抚复审后认为罪犯"正合官吏犯赃审实立行处斩之旨"，同时在题本里批评各级官吏"犹据前朝律例"拟罪。顺治二年三月初七日，保定巡抚请旨由刑部议处这一案件。⑥ 由于档案不全，不知道这个案件的最终结果，但现存题本表明地方官继续沿用明律，而巡抚已经按照新的圣旨定罪。

---

① 《内阁大库档案》，台湾"中研院"历史语言研究所藏，登录号：015377。
② 《大明律》卷二五《刑律八》，怀效锋点校，法律出版社1999年版，第197页。
③ 《内阁大库档案》，台湾"中研院"历史语言研究所藏，登录号：007553。
④ 如《内阁大库档案》，台湾"中研院"历史语言研究所藏，登录号：087912。
⑤ 《世祖章皇帝实录》卷五，顺治元年六月戊戌，《清实录》第三册，中华书局1985年版，第62—63页；卷六，顺治元年七月甲午，《清实录》第三册，中华书局1985年版，第67页。
⑥ 《内阁大库档案》，台湾"中研院"历史语言研究所藏，登录号：121527。

其余四起未曾提及律例的案件，丝毫不提审判的依据。对于今日研究者来说，无法知道官员到底是应用了满洲法律，还是明律，或是依据个人意志违法判决的。这一时期，正值大量官员上疏要求清廷采用五刑（笞、杖、徒、流、死）体制并制定新的律典，从侧面反映出明律并未得到严格遵守。[①] 总的来看，在这十五起案件中，严格引律的案件只是少数。如果加上提到依律但是不严格引律的案件，数量则占据多数。

档案中有顺治元年十二月和顺治二年六月这两个月的《刑曹章奏》。这些奏章按照日期列出皇帝（摄政王）收到的有关司法方面的题、奏本，其中大多数是案件简介或者案件处理情况，拟律环节多被省去，并不是完整的案件档案。不过，罪犯的犯罪事实和量刑却很清晰，而且有部分案件提到依律，个别案件甚至提及律例。依据这两份《刑曹章奏》，可以在一定程度上推断出当时的法律适用情况。笔者将这两个月处理的案件依据发生地点、罪犯身份和应用法律情况制成表 6-2 和表 6-3。

表 6-2　　顺治元年十二月《刑曹章奏》案件应用法律情况

	不提律例	提到依律	总数
直省	0	2	2
京师民人	7	15	22
京师旗人	3	1	4
总数	10	18	26

注：这里只统计了有处理结果或建议的案件，不是案件的奏章以及没有案件处理结果或者量刑建议的奏章并不在统计之列。京师有两起案件罪犯既包括民人也包括旗人，故总数比各部分相加少两起。

资料来源：依据为《刑曹章奏（元年十二月分）》，见《内阁大库档案》，台湾"中研院"历史语言研究所藏，登录号：185037。

---

① 胡祥雨：《清代法律的常规化：族群与等级》，社会科学文献出版社 2016 年版，第 30—35 页。

　　表6-2表明，民人犯罪时，多数会提到"依律"。顺治元年，由于清朝尚未在全国大部分地区建立秩序，故汇报到皇帝的案件多以京师为主，直省案件只有两起。这两起都是近京地区的民人犯罪，而且都提到"依律"断案。京师二十二起民人案件有十五起提到"依律"。当然，因为是案件概略，章奏中也只是提及"依律"而不说明具体律例名称。其中，假太子案至关重要，文字很多。多尔衮非常重视，强调审判要明明白白，但刑部也只是提到罪犯被"依法"处决，未给出任何法律条文。有两起案件提到罪名，也非常简略，只是说罪犯"故杀人"或者"造言惑众"。案件中民人所犯多为抢劫、杀人等罪行，案件节略多半没有受害方的信息。

　　京师民人案件中只有七起没有提到律例。其中只有两起案件没有明确涉及旗人，其余五起案件均与旗人相关。逃人案件有两起，窝隐逃人的罪犯都被拟死罪。其中山东举人隐匿旗人二孩子一案，可能因为举人的特殊身份，案件节略字数比另一起逃人案件要多。举人坐以隐匿之罪拟死，逃走之旗人照逃罪拟鞭五十、割二脚筋。这种判决应该都遵照"逃人法"。还有三起案件均和旗人有关。一起为民人薛豹杀死旗人，一起为民人朱梁弼利用兄弟旗下人的地位强买东西。另外一起为前述王忠、罗二拐带旗下妇人案件。在原题本中，王忠、罗二均依据强奸律被处死，但《刑曹章奏》并未提及任何罪名或者律例。这表明，如果从原题本出发，应该有更多的案件提及或者引用了律例。

　　与多数民人犯罪的案件提及"依律"不同，旗人犯罪的四起案件中有三起案件节略中没有提及"依律"，唯一提到依律的是旗人和民人共同犯罪。三起未曾提到"依律"的案件，从案情和刑罚来看，官员没有依据明律断案。如果官员不是毫无根据地随意断案的话，这些案件的定罪依据可能是满洲法律。其中，前述旗下人二孩子逃走被山东举人隐匿一案，二孩子根据"逃人法"惩罚，审判依据属于满洲法律。顺治元年两起旗人通奸案件的断案依据也应该是满洲法律。刑部没有引用任何律例，将通奸男女均拟斩罪，都得到皇帝的批准。按照明律，通奸只是轻罪。只有近亲亲属相奸，通奸者才是死罪。这两个通奸案件，罪犯均系普通旗人，他们的通奸行为按照明律都属于轻罪。刑部未引任何法律条文断案（这种做法和满洲传统一致），其量刑也明显不是依据明律做出的。

表6-3 顺治二年六月《刑曹章奏》案件应用法律情况

	不提律例	提到依律	总数
直省	10	12	22
京师民人	2	2	4
京师旗人	0	1	1
总数	12	15	27

资料来源：依据为《刑曹章奏（顺治二年六月分)》，见《内阁大库档案》，台湾"中研院"历史语言研究所藏，登录号：185040。直省案件中，有一起为旗下人在乡下强买东西并且杀人的案件。该案件先由顺天巡按审理后交刑部。最后罪犯"按律应斩"，被执行斩立决。

表6-3显示，顺治二年六月同顺治元年十二月的案件情况已经大不相同。一是直省案件大大增加（都来自顺天、山东、陕西、河南等北方地区，与清朝此时关内统治区域一致），而京师案件数量则大幅度减少。二是不提到律例的案件比例比表6-1要大。尤其是直省案件，二十二起案件中有十起不曾提到"依律"。需要指出的是，在这十起未曾提及"依律"的案件中，也能看到明代法律制度的影响。这些案件均为死罪案件，在其中一半案件中，有罪犯被拟死刑监候。这表明清廷在直省应用明代的刑罚。

官吏犯赃的案件可进一步证明官员审案有法律依据。前述针对官吏犯赃拟斩的圣旨，此时也继续有效。奏章中有十二起为官吏犯赃案件，其中五起没有提到任何律例，七起提到"依律"或者"依法"。在五起没有提及任何律例的案件中，刑部均将罪犯拟以死罪，全部得到皇帝批准：其中三起案件罪犯的刑罚明确为"斩监候"，一起为"监候再审"，一起为斩（不清楚是立决还是监候）。在提到"依法"或者"依律"的七起案件中，有三起案件提到"新法"。其中，山东巡按审理邹县署县令俞时御隐匿贼赃一案，山东地方官认为俞时御所犯罪名，"按旧律止应徒惩，按新法宜置重典"。在另一起案件中，商河县县令董应昌失察衙役勒索百姓，事发后反而贿赂上司。山东巡按认为董应昌"合依有事以财行求得枉法者，计所与财坐赃之律，允宜徒治。今奉有从重究拟之旨，应改重典，以彰新法"。顺治二年六月二十四日，多尔衮收到这两起案件的题本后下旨由"刑部确拟具奏"。档案没有告知这两起案件的终审结果，但同月刑部复核曲阳县衙役受财案件时指出，遵照"新法，衙役受财者皆斩"，将八名衙役全部拟以斩罪。皇帝在六月二十六日批准了判决，将这八名衙役拟斩监候。这三个案件中提到的新法，指顺治元年颁布的将犯赃官吏处斩的圣旨；山东巡按提到的"旧律"，当指明律的规定。所有官员都遵照"新法"给罪犯定罪。另外四起案件虽然未引任何具体律例，但审案官员都提到犯赃官吏均"按律"或者"依法"应拟死罪。①

　　由此可知，顺治二年六月官员审理官吏犯赃案件，哪怕不提任何律例，其定罪背后也有法律依据。特别是其中五起未曾提到任何律例的案件，刑罚也同清朝的"新法"一致。此时由于恢复明代五刑的缘故，犯赃官吏基本拟斩监候，并没有按照圣旨拟斩立决。这说明清朝的"新法"在执行时也受到沿自明朝的刑罚体制的制约。当然，对犯赃官吏拟以死罪的惩罚，哪怕是斩监候，也远比明律的规定要严厉。地方官员在题本中虽然表示要遵照"新法"，但同时故意提到旧律（明律）的规定，并特别强调刑罚的差异，多少有提醒皇帝"新法"与明律不一致的意味。

---

　　① 这四起案件中罪犯的最终结果却各不相同。一起案件中，罪犯已经在监狱自缢身死；一起案件因为犯罪时间在赦前，由皇帝批准赦免罪犯；一京师官吏（其余十一起均为直省官吏犯赃）因为皇帝特旨，被免死革职、责五十板；一起由皇帝下旨由刑部核拟具奏。

从全国局势来看，顺治元年、二年是极端动荡的年代。不管是刑部还是地方官，都不可能如和平时期那样依法办事。从上面的分析可以看出，在顺治二年六月（含）之前，清朝官员断案时有时应用明律（旗人、民人均有），有时应用满洲法律（基本为旗人），有时应用清廷入关后新的法律（如将犯赃官吏拟以死罪、剃发令等）。还有些案件，因为没有提及任何法律依据，故无从判断适用何种法律。

第三节　满汉分治：直省和京师法律应用的二元格局

从顺治二年七月至顺治十年之前，京师和直省在应用法律上呈现出一种二元格局：直省应用明律或者清律，而京师则深受满洲法制的影响。

一　在直省恢复明律和清律权威

顺治二年六月以后，清廷逐步在直省恢复明律中的五刑体制。因为五刑本身即是明律规定的一部分，清廷恢复五刑反映出其对明律的态度。不幸的是，这一时期档案保存很不完整，但现存档案显示，自顺治二年六月以后，官员一般均引用明律或者清律（在顺治四年清律颁布之后）审理直省案件。除去逃人案件和剃发案件外，[①] 笔者搜集了顺治二年七月到九年底由各省审拟的一百六十九起案件，[②] 在一百五十九起案件中，地方官员引用了明律、清律或者入关后针对贪官的新法。

在笔者所见引律断案的一百五十九起案件中，最早具题日期为顺

---

① 这两类案件一般都依据当时的"逃人法"和剃发令断案，但一般都不引用相关法律条文。剃发案件可见方裕谨选编《顺治朝薙发案》，《历史档案》1982 年第 1 期。逃人案件可见中国第一历史档案馆《顺治年间的逃人问题》，载中国第一历史档案馆编《清代档案史料丛编》第 10 辑，中华书局 1984 年版，第 64—130 页。

② 由于直省官员基本都严格引律审理案件，故没有对顺治十年之后直省案件做统计。笔者随机抄录的二十起顺治十年到十三年的直省案件中，官员全部严格应用了清律。

治二年七月十四日。顺治元年正月邢虞建投降李闯王，二年二月才向清廷投降。山西按察使审理此案后建议：邢虞建所犯"合依逃叛者虽不自首能还归本所者，于谋叛斩罪上减二等律，杖一百徒三年。有大诰减等，杖九十徒二年半"。① 邢虞建系举人，可以纳赎。山西巡按具题后，皇帝因为邢虞建已经归顺，将其免罪。② 该案中，官员甚至提及"大诰减等"这一出自明朝的法律现象。③ 再如，顺治六年湖北巡抚复核李公甫、李申甫二人抢劫杀人一案，二人均按照"强盗得财者律斩"拟斩。该年四月二十四日，摄政王多尔衮收到题本后下旨由三法司复核。三法司同意湖北巡抚的意见，于六月十七日具题。摄政王同意三法司的判决，下旨将二人处斩。④

让人注目的是，至晚自顺治三年（1646）三月起，清廷对犯赃之官吏按照明律治罪。在顺治三年十一月山西巡按具题的一起案件中，太原府清原县户房书手王璋、苏州选二人贪赃枉法。二人均依照明律"官吏受财"律定罪："依受财枉法，计赃各主，通算全科，无禄人减有禄人一等，八十贯，律绞。系杂犯，准徒五年。"⑤ 由于这些人均无力收赎，故均发驿站充徒。⑥

---

① 明律原文可参见"犯罪自首"条和"谋叛"条。《大明律》卷一《名例律》，怀效锋点校，法律出版社 1999 年版，第 14—15 页；卷一八《刑律一·盗贼》，第 135 页。

② 《内阁大库档案》，台湾"中研院"历史语言研究所藏，登录号：146501。

③ 周远廉和赵世瑜指出，《大清律》颁布之前，清初官员审理有些案件时甚至引用"大诰减等"等明朝法律中的字句。周远廉、赵世瑜：《皇父摄政王多尔衮》，吉林文史出版社 1993 年版，第 327 页。

④ 《内阁题本（北大移交题本）》，中国第一历史档案馆藏，档案号：2 - 28 - 1840 - 6。

⑤ 《大明律》卷二三《刑律六·受赃》，怀效锋点校，法律出版社 1999 年版，第 183—184 页。此处绞罪为杂犯死罪，见《真犯杂犯死罪（弘治十年奏定）》之《杂犯死罪》，载《大明律》之《附录》，怀效锋点校，法律出版社 1999 年版，第 290—291 页。

⑥ 《内阁大库档案》，台湾"中研院"历史语言研究所藏，登录号：087888。在这之前的顺治二年九月初十日，登莱巡抚具启一个衙役贪赃的案件，主犯虽然按照"新法"拟斩，但地方官严格引用了明律的相关规定，且除主犯外，其余从犯均照明律定罪。《内阁大库档案》，台湾"中研院"历史语言研究所藏，登录号：036486。其余引用明律断案的相关案件，亦可参阅张伟仁主编《明清档案》，台湾"中研院"历史语言研究所，1986 年，第四册，A4 - 51、A4 - 147。《内阁大库档案》，台湾"中研院"历史语言研究所藏，登录号：117645。

　　顺治四年清律颁布之后，官吏犯赃案件按照清律定罪。前书论及，山东巡按审理邹平县典史韩学愈收取陋规一案，就依照清律拟罪。顺治三年，山东邹平县典史韩学愈克扣牙斗人支付的科举柴水钱十二千文（折银六两）。顺治四年正月，韩学愈因为大察被吏部纠参，皇帝下旨由山东巡按御史审理。山东巡按令济南府审理。济南府审理后认为此案查无实据。这一结论被山东按察使驳回。济南府再次审理，认定韩学愈贪财，建议"杖惩"。山东按察使复审后同意济南的审理，并认为韩学愈"踵蹈明弊"，应该照律拟罪，"韩学愈所犯合依官受财有禄人枉法，赃者各主，通算全科，一两至五两律，杖八十。系犯官，照例的决"。① 同时，追缴韩学愈克扣的牙斗人钱十二千文。山东巡按同意了这一判决并具题。皇帝在四年六月初四日下旨由刑部核拟具奏。刑部同意山东巡按的判决并在同月十三日具题。② 清廷在顺治四年三月二十四日才颁行清律，而山东巡按当在该年五月（日期不详，皇帝批复题本的时间为六月初四日）具题这一案件时就引用清律而不是明律，说明山东官员推广清律极为迅速。

　　在明清鼎革的动乱时期，也确实存在司法官员不提及律例（四起）或者提及律例却不引用（六起）的现象；不过，这些案件的数量和严格引用律例的案件相比，属于少数。这些案件都发生在顺治五年及以前。在没有提及律例的四起案件中，三起发生在顺治三年，均为土寇巨盗等恶性案件。③ 在提及依律但是并未引用律例条文的六起案

---

① 引文来自档案，与清律"官吏受财"律有个别文字差异。清律原文为"有禄人枉法，赃各主者，通算全科，……一两至五两，杖八十"。《大清律集解附例》卷二三《刑律·受赃》，顺治三年（四年）本，哥伦比亚大学图书馆藏。明律律文原文为："有禄人枉法，赃各主者，通算全科，……一贯之上至五贯，杖八十。"可参阅《大明律》卷二三《刑律六·受赃》，怀效锋点校，法律出版社1999年版，第183—184页。就"官吏受财"律而言，清律和明律的最大区别为，清律贪污的价值用银两表示，而明律用钱的贯数表示。

② 《内阁大库档案》，台湾"中研院"历史语言研究所藏，登录号：119250。另外，顺治六年一起贪污案件也依据清律断案。《内阁大库档案》，登录号：006350。

③ 《内阁大库档案》，台湾"中研院"历史语言研究所藏，登录号：086789、007657、007623。另外一个则是发生在顺治五年的职官犯罪案件。《内阁大库档案》，台湾"中研院"历史语言研究所藏，登录号：006589。

件中，顺治二年到三年有四起，顺治四年和五年各一起。这表明，少量直省案件没有严格引律只是顺治早期的暂时现象。

在明清交替的混乱时刻，刑部和地方官员均确实存在错误判案的现象，但由于顺治二年起清廷在各省实施死刑监候制度，一定程度上纠正了误判。顺治二年正月，商南县廪生王焕儒趁乱奸占从李自成军中散落的六名妇女，同时转卖妇女八十二人和马匹等。商南县知县王志彦未能阻止，也因此涉案。陕西地方官将王焕儒拟徒罪，但未引律文。刑部因为王志彦"故纵"，将其革职，将王焕儒改拟绞监候，档案中也没有见官员引用律例。尽管刑部可能没有依法断案，但由于清廷实施死刑监候制度，王焕儒直到顺治十一年（1654）尚未执行绞刑。顺治三年到十一年，历任巡按御史都将王焕儒用"再审"的方式搁置，且有好几任巡按都强调律例的规定。顺治三年到四年的陕西巡按御史直言："查旧例，略卖三犯，始应永戍。"[1] 顺治十一年，陕西巡按马之先再审后，一方面不敢说刑部错判；另一方面强调，奉有恩赦（免罪），且"律例开载，罪止流戍"[2]，请求皇帝减等发落。皇帝按照常规下旨由三法司核议。[3] 在这起死刑案件中，地方官员成功地利用监候制度，强调律例规定，将刑部的错误判决搁置九年之久。

苏亦工认为，虽然顺治元年清廷就宣布依明律治罪，且汉官积极要求清朝恢复明朝法制，但是在清律颁布之前，"国家处于法律真空状态，断罪毫无准衡"。清律颁布之后，清廷也没有完全放弃入关前的满洲旧俗，以致出现清律久颁但未见遵行的状况。[4] 他的研究并未区分直省和京师，与顺治二年之后直省案件的法律应用并不相符。不

---

① 此处"旧例"指明代的"略人略卖人条例"。该例规定略买良人三次者永远充军。见《问刑条例（万历十三年舒化等辑）》，《大明律》，怀效锋点校，法律出版社1999年版，第414页。

② 相关规定见《大清律集解附例》卷一八，"略人略卖人"条，顺治三年（四年）本，哥伦比亚大学图书馆藏。

③ 《内阁题本（北大移交题本）》，中国第一历史档案馆藏，档案号：2-28-1876-18。

④ 苏亦工：《明清律典与条例》（修订版），商务印书馆2020年版，第113—124、151页。

过，就顺治十年（1653）之前京师的法律应用而言，清律确实不受满人尊重。

二　京师的法律适用

顺治十年之前，清廷在京师的法律应用与直省迥然有别。顺治二年七月到九年底的七十一起案件中，有六十一起案件的题本或者揭帖只有案情叙述和刑罚，丝毫没有提及律例。明确引用了律例的案件只有两起（都是民人犯罪的案件，具题日期分别在顺治二年和三年），提到依律拟罪或者所犯罪名但是没有援引具体律例条文的案件也只有八起（时间从顺治二年到九年）。虽然清廷在顺治四年颁布了《大清律集解附例》，但是刑部等衙门审理京师案件时也一如从前，既不引律例，也很少提及罪犯的罪名。这种审判方式，与明代以及同时期直省案件的审判截然不同，却与入关前满洲审判方式类似。[①] 这在一定程度上表明，清廷入关之初满洲势力的强势。

表 6 - 4　　　　顺治二年七月至九年京师案件应用律例情况

	不提律例	提到依律	依律	总数
民人	44	5	2	51
旗人	7	1	0	8
旗人和民人	8	2	0	10
身份不详	2	0	0	2
总数	61	8	2	71

[①]　现存入关前的史料显示，刑部等衙门断案时，往往只提及犯罪行为以及惩罚，一般没有引律部分。详见中国人民大学清史研究所、中国第一历史档案馆译《盛京刑部原档（清太宗崇德三年至崇德四年）》，群众出版社 1985 年版；中国第一历史档案馆编《清初内国史院满文档案译编》（上），光明日报出版社 1989 年版；中国第一历史档案馆、中国社会科学院历史研究所译注《满文老档》，中华书局 1990 年版。清朝入关前的断狱制度，可参阅张晋藩、郭成康《清入关前国家法律制度史》，辽宁人民出版社 1988 年版，第 581—598 页，尤其是第 589—591 页。

虽然在多数情况下，我们很难判断京师案件是否应用了满洲法律或者明律（清律），但现存文献表明，清廷没有毫无根据地判案。顺治二年十二月，陕西道御史罗国士奏言，"近有奸宄之徒托名满洲者"犯下种种罪行，请求皇帝严饬。皇帝下旨严禁奸民滋扰，如有故违，由地方官按律惩治。如果事涉满洲，地方官会同满洲官审问后，解送刑部处理。① 皇帝同时要求罗国士解释他审理的三起满汉冲突的案件。十二日，罗国士向皇帝解释，他同满官一起审理这三个案件时，"均衡量满、汉之例，参酌情理之平"，并表示有案卷可以查核。② 罗国士的题本表明，满、汉官员审理满汉牵连之事，会同时参考满洲法律和汉人法律（当时应该是明律或者《大清律附》）。

结合当时满、汉两种法律并存的事实，我们可以推断京师案件的法律适用：一，运用明律或者清律；二，运用满洲法律；三，官员不顾满、汉法律规定随意断案。这一时期，刑部等衙门的满、汉官员尚在磨合期。一般而言，汉官对明律和清律比较了解，满洲官员对满洲法律比较熟悉。断案时，往往需要经过翻译之口。在这样的情况下，刑部等衙门可能误用法律。③ 而且由于满官权大，④ 满官可能按照满洲法律审判汉人。再加之满洲法律并无成文法典，我们对其内容知之甚少，故很难知道官员是任意断案还是依据满洲法律断案。因此，对许多案件而言，官员是否运用满洲法律，今人已无从得知。尽管如此，我们至少可以依据现存文献探讨明/清律和满洲法律应用的情况。

---

① 《世祖章皇帝实录》卷二二，顺治二年十二月甲申，《清实录》第三册，中华书局1985年版，第192页。

② 《内阁大库档案》：台湾"中研院"历史语言研究所藏，登录号：087581。

③ 顺治二年十二月，云南道监察御史朱鼎延称由于律令未颁，审案只听通事（指翻译）之口，以致无辜者罹罪，有罪者漏诛。在朱鼎延看来，"刑曹已不堪问矣"。说明刑部的翻译已经影响到断案的公正。《内阁大库档案》，台湾"中研院"历史语言研究所藏，登录号：153302。

④ 苏亦工认为，顺治时期刑部满官垄断审判权力。苏亦工：《官制、语言与司法——刑部满汉官权力》，《法学家》2013年第2期。

官员在八起案件提及"依律"或者罪名。仔细考察案件的情节和判决，我们可以确定司法官员们依照明律或者清律断案。顺治五年（1648）刑部审理旗下家人刘二抢夺一案，就提及罪名。原兵部职方司主事宋璜因犯事革职，准备带妾周氏一起回原籍。周氏父亲周一龙得知后，告知其侄周守仁（旗下人，投在刘二的主人名下），周守仁同刘二商量留下周氏。刘二出主意，挑唆周守仁："只说你一家俱投满洲，今主子查问家口多少，我替你要回妹子。"周守仁同意。顺治五年七月二十二日，刘二纠集喇叭、秃子太监、李太监（均为旗下人）和南城民人王四伙同周一龙、周守仁将宋璜拿住，称"刑部叫你"，并将周氏从宋璜家里抢走，同时抢得金银财物若干。他们将宋璜拉至前门，要送到刘二主子家去。宋璜情急之下撞头，被扭送到刑部。周守仁在刑部告称周氏系满洲人。刘二在同一日将周氏送至她伯父家中住了一晚，第二天又送至刘二家。刑部审理后，断定周氏为宋璜之妾，并非满洲人。刑部认为，刘二听信周守仁之言，纠众夺宋璜之妾，抢宋璜之财，"律以抢夺之条拟斩"。喇叭、秃子太监、李太监、周守仁各鞭一百，周一龙、周氏、王四各责四十板。周氏和被抢赃物还给宋璜。皇帝批准了刑部判决。①

刑部对此案的判决非常粗糙。题本没有引用任何律例原文，只是提到"律以抢夺之条拟斩"，表示刘二犯了抢夺之罪。查清律"白昼抢夺"律载："凡白昼抢夺人财物者，杖一百，徒三年。计赃重者，加盗窃罪二等（罪止杖一百、流三千里）。伤人者，斩（监候）。为从，各减（为首）一等。"律文小字（括号内文字）注明伤人者为斩监候。②刑部只提到宋璜被拿住后在前门撞头，并未说明宋璜是否受伤。如果宋璜受伤，刑部判决无误。考虑到京师此时实施二等刑罚体制，刘二拟斩立决，其余罪犯系旗人鞭一百、系民

① 《内阁题本（北大移交题本）》，中国第一历史档案馆藏，档案号：2-28-1837-2。
② 《大清律集解附例》卷一八，顺治三年（四年）本，哥伦比亚大学图书馆藏。括号里的字为小字。

人责四十板，属于正常判决。① 当然，如果宋璜没有受伤，刑部可能误判此案。

有些案件，虽然没有提到罪名，但所拟判决和犯罪情节符合清律规定。顺治五年，吏部考功司火房成之俊伙同刻字人张之盛雕刻假印，查应良从成之俊处购得假吏单。后来他们被举报。刑部审理后，认定成之俊用假印填假单，张之盛雕刻假印，二人"依律各斩"，查应良买假单责四十板。皇帝批准了刑部的判决。② 刑部叙述案件情节时，连作案日期都没有记载。刑部虽然提及"依律"，却没有引用任何律文，也没有提及罪名。刑部所言"依律"当指清律中的"伪造印信历日等"律："凡伪造诸衙门印信及历日、符验、夜巡铜牌、茶盐引者，（为首雕刻）斩（监候）……为从，及知情行用者，各减一等。""伪造印信历日等"后小字注明"此伪造以雕刻之人为首"。③ 据此，若严格依照清律，张之盛应该拟斩监候，成之俊、查应良应该减一等杖一百、流三千里。刑部对成之俊和查应良实施完全不一样的判决，可能是因为成之俊为案件主谋，且京师实施二等刑罚体制，故将成之俊刑罚加重拟斩，而查应良则拟板责。因为满洲成文法律的缺失，我们不知道哪些内容会同清律一致。如果清律规定和满洲法律规定一致的话，将上述案件视作依据清律断案，恐怕难以成立。

可以肯定的是，虽然这一时期刑部断案可能会参照明律、清律，但如果用明律、清律或者当时直省司法制度作对比的话，京师案件的审理严重背离明律或清律的规定。首先，官员基本不引律定罪。

---

① 二等刑罚主要指死罪、鞭责（针对旗人，针对民人用板责）。受满洲刑罚体制影响，这时期京师死罪主要是斩立决，很多应该拟绞罪的犯人也被斩决。关于这一时期京师的刑罚体制，可参阅胡祥雨《清代法律的常规化：族群与等级》，社会科学文献出版社2016年版，第40—47页。

② 《内阁题本（北大移交题本）》，中国第一历史档案馆藏，档案号：2-28-1836-13。

③ 《大清律集解附例》卷二四《刑律·诈伪》，载杨一凡、田涛主编《中国珍稀法律典籍续编》第五册《顺治三年奏定律》，王宏治、李建渝点校，黑龙江人民出版社2002年版，第376页。

清律"断罪引律令"条规定，官员断罪"皆须具引律例"，违者笞三十。① 其次，由于京师实施二等刑罚体制，而非清律中的五刑体制，京师大量依据清律应该拟徒、流刑罚的罪犯被拟死罪或者鞭责（或者板责）。死刑案件中，大量应该拟绞监候或者斩监候的罪犯被执行斩决。② 最后，官员对案情的叙述极为粗糙。上文所述成之俊一案，刑部居然连犯罪年月都没有提及。刑部有时在没有罪犯认罪口供的情况下将罪犯拟斩。③

更有甚者，刑部官员因为文字隔阂将未经上奏人犯正法。顺治八年（1651），刑部福建司审理土贼邓二一案，将邓二拟斩立决。该案尚未启奏，福建司书办施仁、理事官孙应聘、郎中王孙章发应该处决的土贼名单时，将尚未启奏的邓二也包括在内，导致邓二被杀。刑部山东司审理此案。承审官员特别强调孙应聘作为理事官，没有细心将汉字与清字（满文）核对，致使邓二被一起正法。刑部没有引用任何律例，判决孙应聘罚土黑勒威勒，郎中王孙章罚俸三个月，书办施仁责十板。皇帝批准了刑部判决。④ 在笔者所见材料中，未见到刑部堂官受何惩罚，而孙应聘等也只是受到较轻的惩罚。邓二的遭遇表明，此时刑部处理案件存在程序上的缺陷。尤其是理事官孙应聘的疏忽，导致满、汉两种文字核对以避免出错的机制失效。而司官的错误，居然没有相应堂官来纠正，且无堂官为此事承担责任。京师审判机制存在严重的程序问题。

反之，如果从满洲法律的标准出发，这一时期京师的审判笼

---

① 《大清律集解附例》卷二八《刑律·断狱》，顺治三年（四年）本，哥伦比亚大学图书馆藏。明律"断罪引律令"条规定"凡断罪皆须具引律令。违者，笞三十"。《大明律》卷二八《刑律十一·断狱》，怀效锋点校，法律出版社 1999 年版，第 221 页。

② 胡祥雨：《清代法律的常规化：族群与等级》，社会科学文献出版社 2016 年版，第 40—44 页。

③ 如《内阁题本（北大移交题本）》，中国第一历史档案馆藏，档案号：2－28－1849－1。参阅胡祥雨《顺治朝题本中所见"两议"案件研究》，《北大法律评论》（2017），第 18 卷第 1 辑，第 125—126 页。

④ 《内阁大库档案》，台湾"中研院"历史语言研究所藏，登录号：085691。

罩在满洲司法传统之下。首先，文书格式本身就反映了满洲司法传统的影响。京师的题本绝大多数只有案情和刑罚，直省的题本则绝大多数严格引用律例，二者格式完全不同。京师题本的格式却同清朝入关前的司法档案格式一致。[①]　其次，京师实施二等刑罚体制，反映出满洲法律在刑罚上的权威。最后，在特定情况下，我们可以断定法司运用了满洲法律。如果旗人被判处满洲刑罚，那么刑罚背后应该有满洲法律的依据。如前所述，刑部理事官孙应聘被拟罚土黑勒威勒，这一刑罚并非来自清律，而是满洲法律。从现存的资料来看，这一时期满洲人犯罪，被施加满洲刑罚十分常见。[②]

　　总之，顺治十年之前，京师案件依照明律/清律或者满洲法律审判，但整体来看，满洲制度占据优势。由此观之，清朝在这一时期的法律制度是二元体制：直省基本遵照明律或者清律，而京师则不分旗民人等，均受到满洲法律制度的制约。在此二元体制下，京师司法制度带有浓厚的满洲色彩。[③]　对旗人来说，他们只是沿用自己的法律和司法制度；对民人而言，他们被迥然有异的法律统治。

第四节　顺治十年到十三年满汉
法律一元化的确立

　　自顺治七年（1650）多尔衮去世后，少年天子福临逐步掌握

---

　　①　谷井阳子对这一现象进行了分析。[日] 谷井阳子：《从做招到叙供——明清时代的审理记录形式》，魏敏译，载中国政法大学法律史学研究院编《日本学者中国法论著选译》（下册），中国政法大学出版社 2012 年版，第 494—498 页。

　　②　中国第一历史档案馆编：《清初内国史院满文档案编译》（中），光明日报出版社1989 年版，第 167—169、362—363、393 页。王天驰也指出，顺治八年之前，用满洲法断罪的案件大量存在。王天驰：《顺治朝旗人的法与刑罚》，《国学学刊》2018 年第 3 期。

　　③　王天驰认为，顺治十年之前，如果从法律应用来看，只有北京及周边才称得上真正的"大清国"，对于统治无法有效深入的直省汉人平民，只能用汉人法律进行管理。王天驰：《顺治朝旗人的法与刑罚》，《国学学刊》2018 年第 3 期。

实权，成为一位名副其实的君主。顺治九年到十二年，清廷掀起了第二轮大规模的制度变革。① 确立清律权威是司法制度变革的重要一环。

一 清律的应用

顺治十年是清廷在京师地区确立清律权威的关键一年。该年的案例和皇帝的谕旨都表明了清廷建立清律权威的决心。约在该年初，刑科都给事中袁懋功具疏建议"律例贵于画一"。由于未能看到原疏，不知具体内容如何，但是皇帝针对此疏的圣旨中有"凡简刑宜照现在律例"之语。东城理事官王光宗和广西道试监察御史白尚登见到袁懋功疏的邸报后不久就具题（时间为十年二月初七日），建议将清律翻译为满文，因为满臣多不认识汉字。同时，因为汉官不了解满洲靠例，二人建议将满洲靠例编纂成书后刊行。两天后，皇帝下旨由刑部处理。② 王光宗和白尚登的题本表明当时满汉官员需要了解并应用满、汉两种法律。这说明满汉法律都被清朝承认并应用。

顺治十年二月，官员在一个案件中严格引用了清律。正月十三日，中城御史等具题宋十二恐吓官吏得银八十两，皇帝于十八日下旨五城满汉御史一起究拟此案，其原因可能在于宋十二在刑部涉案多起。五城御史严格依照清律对宋十二定罪。"宋十二合依恐吓取财计赃准盗窃论加一等免刺（指刺字）律，杖一百、徒三年"，发驿站充徒。二月初八日，五城满汉御史具题请旨。皇帝下旨由三法司核拟。③ 不知道此案最终结果如何，但五城满汉御史在审理此案时严格引用了

---

① Frederic E. Wakeman, Jr., *The Great Enterprise: The Manchu Reconstruction of Imperial Order in Seventeenth-Century China*, Berkeley: Univ. of California Press, 1985, p. 907. 中文版见魏斐德《洪业：清朝开国史》，陈苏镇、薄小莹译，江苏人民出版社 2008 年版，第 600 页。亦可参阅赵志强《清代中央决策机制研究》，科学出版社 2007 年版，第 96—97 页。
② 《内阁题本（北大移交题本）》，中国第一历史档案馆藏，档案号：2-31-2136-4。
③ 《内阁大库档案》，台湾"中研院"历史语言研究所藏，登录号：119274；"恐吓取财"律文可见《大清律集解附例》卷一八《刑律·贼盗》，哥伦比亚大学图书馆藏。

清律。这是一个特殊案件。毕竟，皇帝下旨由五城十多名御史一起审理案件的情况非常少见。

从顺治十年上半年起，清廷逐步确立清律权威，其中最显著的表现是清廷逐步在京师民人中恢复徒、流等刑罚，而不是如之前那样只有死刑和板责两种。同时，京师旗人的死罪也不再只有斩立决一种，绞监候也在这一时期出现。[①] 有些旗人甚至被拟以流刑，只是因为旗人身份才免以流放。[②] 徒刑、流刑和绞刑以及针对死刑的监候制度，都是清律中的规定，与满洲法律中的两等刑罚体制不同。

然而，就援引清律而言，此时的题本与顺治十年之前的情况并未发生明显变化。顺治十年一月到五月，笔者一共搜集到十九起京师案件，其中有两起为"两议"（即提出两种甚至两种以上审判意见）案件，旗人案件和民人案件各一起。在民人案件中，官员在一议中未提及任何律例将罪犯拟死罪，另一议中则提到罪犯依据"共殴律"拟杖责和流刑，因为有减刑圣旨，建议责打四十板（杖一百实际执行数字）。皇帝支持后一种判决。[③] 旗人犯罪的"两议"案件，一议严格引用律例，另外一议则没有提及任何律例，档案没有告知皇帝的意见。[④] 在其余十七起案件中（表6-5），有十四起未提及任何律例，有两起案件提及依律但没有援引律例条文。只有在一起案件（即前文提到的宋十二恐吓取财案）中，官员援引律例断案。即便加上"两议"案件中引用律例的情况，不提及任何律例的案件也占据绝对多数。这同之前京师大部分案件不提及清律的状况基本一致。

① 胡祥雨：《清代法律的常规化：族群与等级》，社会科学文献出版社2016年版，第43—45页。

② 《内阁题本（北大移交题本）》，中国第一历史档案馆藏，档案号：2-28-1864-4。此档案为三法司具题的题本。题本提到，中城兵马司指挥送交案件给中城御史时提及此案罪犯俱依据"斗殴致死律"究拟，但中城御史、刑部和三法司处理此案时均未提及任何律例规定。

③ 《内阁题本（北大移交题本）》，中国第一历史档案馆藏，档案号：2-28-1863-13。

④ 《内阁题本（北大移交题本）》，中国第一历史档案馆藏，档案号：2-28-1865-14。

表6-5　顺治十年一月到五月京师案件拟律情况（不含"两议"案件）

	不提律例	提到依律	依律	总数
民人	3	0	1	4
旗人	7	1	0	8
旗人和民人	4	1	0	5
总数	14	2	1	17

　　汉官和皇帝对此并不满意。顺治十年五月，刑部右侍郎龚鼎孳严厉批评刑部等衙门在审案和刑罚执行等方面的七条弊端并提出相应建议。其中第一条就是定罪没有按律，要求皇帝申饬诸司审案时必须"依本等律文"，不要舍弃律例，单坐罪名。龚鼎孳的这一建议是对满洲司法体制下断案不引法律条文只坐罪名的猛烈抨击。第二条建议审案时务必求得实情，特别是不要受到皇帝意见影响而不探求实际案情。第三条指出刑部审案司官多用满文，特别是满洲司官"独劳"而汉司官则无所事事，建议满、汉司官共同质讯，各自注明口供后呈送堂官；如果有因事关重大从满文翻译过来的案件，也必须引用律例，再由堂官复加看语后具题。这三条意见直指当时刑部满官势大且不引清律断案的事实。皇帝接到此疏后表示："这所奏按律治刑诸款切当详明"，要求相关衙门迅速议奏。顺治帝还特意指出刑部司官审案多用满文呈送堂官，且满洲司官独劳而汉司官独逸，这"殊非满汉一体之意"，要求以后满汉司官公同审讯。[①]

　　顺治十年六月初三日，顺治帝再次颁发上谕回应龚鼎孳。首先，

---

　　① 第六条批评畿辅涉及满汉关联之案不分罪之轻重，一律送刑部审理，建议除人命强盗等重案外，其余小事案件应由州县等地方官审理。龚鼎孳撰，龚士稚编：《龚端毅公（鼎孳）奏疏》卷二，载沈云龙主编《近代中国史料丛刊续编》第三十三辑第三二一册，台北：文海出版社1976年版，第106—110、118—119页。

他自己不以喜怒为轻重，随意断案；即便有意见，也必下刑部讨论，如果刑部私自猜度圣意，进而影响对案情的断定，则大不合理。其次，皇帝表示政事中，他对刑狱最为重视，但是如果官员审案不准确，他一时未能细察批复依议的话，会导致冤案。所以，顺治帝要求问刑衙门和议事大臣拟罪时"务要详审真情，引用本律"，要求刑部等衙门一体遵行，并特意强调要"刊刻告示，俾王以下及各旗官民，悉知朕意"。最后，皇帝要求一应奏章案牍兼用满、汉两种文字。①

从龚鼎孳的奏疏和顺治帝的上谕可以看出，当时刑部等衙门不严格按照清律断案且满洲官员掌握权力，汉官地位较低。顺治帝的上谕明确要求刑部等衙门务必照律定罪，同时告诫八旗官民需要遵守理解并执行他用清律治罪的政策。这一谕旨直接影响了京师案件的拟律。档案显示，京师案件也如直省案件一样，如果照清律定罪，就会严格引用相应的律例。在顺治十年七月到顺治十三年底（1656）二百一十起京师案件中，有一百六十七起案件严格应用了清律。

在现存档案中，笔者找到的最早严格引用清律的案件具题日期为顺治十年七月三十日。该案中，刘平汉诈冒选官，依"知情受假官者律杖一百、流三千里"。郭三和朱三等从刘平汉假冒官员一事中骗财，"依局骗人财物者，准窃盗并赃论"，郭三为首，杖六十、徒一年；朱三等为从，减一等，杖一百。汪三从中牵线也依照"局骗人财物者准窃盗论"，杖七十。因为汪三系投充旗下之人，应鞭七十。②刑部审理此案，不论罪犯是民人还是旗人，都严格引用清律断案。

---

① 《世祖章皇帝实录》卷七六，顺治十年六月丁酉，《清实录》第三册，中华书局1985年版，第597—598页。

② 《内阁题本（北大移交题本）》，中国第一历史档案馆藏，档案号：2-28-1866-13。

表6-6　　　　　　顺治十年七月到十三年底京师案件拟律情况

	不提律例	提到依律	依律	特殊①	总数
民人	4	1	56	1	62
旗人	26	0	90	6	122
旗人和民人	0	0	14	5	19
身份不明	0	0	7	0	7
总数	30	1	167	12	210

　　再如，顺治十一年九月十三日晚间，正黄旗俞自德家人二小子和二孙喝醉酒后，二小子用刀戳伤二孙。二孙五日后死亡。俞自德在刑部审理时表示，这完全是一个意外，而且他是穷人，如果二奴俱死，他将无法生活。刑部审理后表示，虽然俞自德家贫请求宽免，但是真正人命案件，不能宽宥。刑部"查律凡斗殴杀人者不问手足他物金刃并绞"，将二小子依律拟绞监候。十月十五日刑部具题，十七日奉旨三法司核拟具奏。十二月十一日三法司核拟无异，按照刑部判决具题。皇帝下旨由议政王贝勒大臣核拟（当时常规死罪案件不分京师还是直省都必须由三法司和议政王贝勒大臣复核）。顺治十二年正月二十一日，议政王贝勒大臣核拟后依照刑部原拟意见具题，皇帝批准了判决。② 这是一个纯旗人的案件，罪犯和受害者都是旗人。刑部严格引用清律断案。从三法司到议政王贝勒大臣，都维护了基于清律的判决。

　　当然，旗人和民人在清律适用程度上存在一定差距。在六十二起

---

　　① 特殊情况有两种：第一，同一个案件中，有的罪犯严格应用了清律，有的则没有。第二，对同一罪犯，因为官员在拟律上产生不同意见导致"两议"，存在没有依照清律的判决，且现存档案没有告知案件的最终处理结果。这十二起特殊案件中，十一起案件都有罪犯严格依照清律定罪，另外一起案件提到依律但未严格引用。

　　② 《内阁题本（北大移交题本）》，中国第一历史档案馆藏，档案号：2-28-1883-8、2-28-1884-16。

民人犯罪的案件中，五十六起（占 90.3%）严格依照清律定罪。在一百二十二起旗人犯罪的案件中，九十起（占 73.8%）依照清律定罪，占比较民人要低。反之，旗人案件中不提及律例的案件不论从数量还是比例上都超过民人案件。旗人案件中有二十六起（21.3%）案件不提及清律，民人则只有四起（6.5%）案件。不提及律例的四起民人案件有三起是官员犯罪后被惩罚，有一起系私自卖投充旗人妇女（投充妇女系罪犯孀居弟媳），均属于例外。而旗人拟罪时不提及律例，则多与满洲法律相关。

二　满洲法律的应用

与顺治十年之前京师审判一样，法司在顺治十年六月之后应用满洲法律时一般不引用任何法律条文，所以我们只能根据犯罪事实、刑罚和相关知识（如《会典》中的相关例文）来判断法律来源。与顺治十年之前不同的是，自该年六月起，法司如果引用清律断案，会严格引用律例条文。在这种情况下，我们可以更加清楚地判断哪些案件可能依据满洲法律审判。一般而言，官员应用满洲法律断案主要有两种情况。一是某些涉及旗人的犯罪，清律中并无相关规定，但满洲法律则有相应的规定。在这种情况下，官员会运用满洲法律，但极少引用相应条文。二是某些犯罪行为可以在清律和满洲法律中都找到相应规定。官员一般会用"两议"的方式将清律和满洲法律的判决同时上呈皇帝处理。

在二十六起没有引用清律的旗人犯罪案件中，官员只在一起案件中提及满洲法律的具体内容。此案中，正黄旗包衣乌尔虎未经牛录章京许可，擅自将女儿许配给吏部官员木清格（隶正红旗）为妻。刑部审理时认为，"包衣牛录下之女不许擅配与外牛录下，向有定例，尔虎故违定例"，又不禀明牛录章京，应鞭一百。"木清格身系职官，岂不知例？"刑部断木清格与妻子离婚并罚银三十两，其罚银的处罚应由吏部处理。顺治十一年三月二十二日，刑部具题。皇帝下旨："木清格，妻已经断离，姑免议。余俱依议。"① 此案中，刑部提到的定例，是满洲社会的产物，与清律无关。据康熙朝《大清会典》："国初定，凡家仆将女子私嫁与人，不问本主者，鞭一百。不论年分远近，生子与未生子，俱离异，给与本主。"② 刑部断案所依据的定例，与入关前的规定基本一致。由于木清格系吏部官员，所以刑部在题本中提及这一满洲法律的具体内容，甚至还批评木清格作为职官应该了解这一定例。

其余二十五起没有引用清律的旗人犯罪案件，案情多与旗人社会相关，官员断案的依据应该是满洲法律。例如，顺治十一年，旗妇李氏未经牛录章京同意擅自将儿媳张氏外嫁民人。在未提及任何法律规定的情况下，刑部将李氏拟鞭八十，张氏离异归旗。该年六月初三日刑部具题时，因逢热审，刑部建议张氏免鞭。皇帝批准了这一判决。③类似的，刑部审理旗下家人宋五私自娶包衣牛录下人杜二之女（杜二许可，但未经牛录章京许可）一案时，也只在题本里陈述犯罪事实，未提及任何法律规定就将宋五拟以鞭八十。皇帝批准了这一判决。④从上面木清格私自娶妻一案和入关前的规定可以推知，李氏、宋五违反了当时的满洲法律。在顺治十一年九月初三日具题的一起案件中，旗人木占等私自下屯，刑部未提及任何律例，将这些旗人各鞭责七十。皇帝批准了刑部的判决。⑤ 旗人私自下屯属于旗人社会的现象。刑部在题本中只告知案情和刑罚的判案方式，同顺治十年之前（含入关前）的断案方式一致。本案判决依据不可能是源自汉人的《大清律》。如果刑部和皇帝不是无根据地乱判的话，此案判决依据应为满洲法律。

---

① 《内阁题本（北大移交题本）》，中国第一历史档案馆藏，档案号：2-28-1871-9。
② 《大清会典（康熙朝）》卷一一三，载沈云龙主编《近代中国史料丛刊三编》第73辑，台北：文海出版社1993年版，第5662页。
③ 《内阁大库档案》，台湾"中研院"历史语言研究所藏，登录号：088725。
④ 《内阁题本（北大移交题本）》，中国第一历史档案馆藏，档案号：2-28-1877-15。
⑤ 《内阁题本（北大移交题本）》，中国第一历史档案馆藏，档案号：2-28-1875-14。

　　这一时期有些"两议"案件展示了满洲法律和清律之间的矛盾。当某一行为按照清律和满洲法律均被认定为犯罪时，审案衙门依据两种法律给出两种或者两种以上判决建议，上交皇帝裁决。由于法司依据满洲法律断案时，经常不引用具体条文，所以大部分"两议"案件的拟律，一议按照清律拟罪，另外一议经常不提供任何拟罪根据。

　　幸运的是，在三起案件中，官员明确引用了满洲法律的条文——"盛京旧例"或"盛京定例"的相关规定。顺治十二年，刑部审理户部银库官员泥堂阿盗取银库金银一案，认定泥堂阿盗取银库金五两、银七百四十三两。刑部"查得盛京旧例，监守财物如有偷盗者，治以死罪。又查律，凡监临主守自盗仓库钱粮四十两，律斩，系杂犯，准徒五年"。[①] 刑部表示："泥堂阿合依盛京旧例，拟绞监候，秋后处决。"三法司表示刑部依据"盛京旧例"的判决无误。由于泥堂阿叔父阵亡，依照皇帝"凡祖、父、叔、伯、兄、弟有阵亡者免死一次之旨"，三法司建议泥堂阿免绞，革职永不叙用，并鞭一百（可折赎）。档案没有告知皇帝的意见。[②] 在这个案件的审判中，"盛京旧例"拥有比清律更高的权威，但清律不是可有可无——否则刑部无须提及。而且，刑部给出的绞监候判决虽然也是死刑的一种，但这一死刑属于清律中的刑罚。

　　刘景辉在《内阁大库档案》中找到两起援引"盛京定例"的案件。顺治十一年，刑部审理镶黄旗阿叔虎朵同本旗阿哩呢的妻子通奸一案时，就同时引用了清律和"盛京定例"。刑部"查律，和奸者各杖八十"；又查"盛京定例"，"凡本夫出兵，妇人犯奸，男、妇各处死"。由于此时恰逢热审，刑部在六月十四日具题时，列出三种处理意见：照律鞭责（清律杖八十适用到旗人为鞭责八十），照"盛京定

---

　　① 相关律文可见《大清律集解附例》卷一八《刑律·贼盗》，"监守自盗仓库钱粮"条，顺治三年（四年）本，哥伦比亚大学图书馆藏。
　　② 《内阁大库档案》，台湾"中研院"历史语言研究所藏，登录号：087628。

例”处死，或等到阿哩呢回来后再处理此案。皇帝下旨二人“姑免死，著各鞭一百”。①

此案的意义在于，尽管“盛京定例”虽然被参考，但失去了那种不言自明的权威。此案罪犯与另外一起类似案件②一样，没有按照"盛京定例"被处死。罪犯遭受的实际刑罚（鞭一百）比较接近清律的规定（杖八十，系旗人鞭八十）。刑部官员处理这一案件时并没有出现分歧，所有官员均列名提出三种解决办法。③满、汉官员审判这种只涉及旗人且满洲法律也有相应规定的案件，也将清律的规定列出，反映出清律权威的提升。

上述两起案件中，满洲法律的地位不一。第七章将会论述"两议"案件的情况。从顺治十年六月以后的"两议"案件来看，一议引用了清律，另外一议没有引用任何法律的案件只有九起，占整个案件总数的比例非常低。在九起案件中，有五起案件知道最后定罪意见，但只有一起是依据满洲法律断案的，说明满洲法律不再拥有不言而喻的权威。在顺治朝其他的旗人"两议"案件中，运用清律断案是主流。

如果从这一时期一百二十二起旗人案件有九十起依据清律断案这一事实出发，可知旗人适用清律断案是主流。满文档案中旗人案件的拟律情况和汉文档案的情况类似。王天驰依据满文档案的研究显示，顺治十一年到康熙元年（1662）的旗人平民案件主要适用《大清律》。④对于盛京等地旗人罪犯，京师刑部等机构也同样应用清律断案。王天驰运用满文档案中的三宗盛京地区旗人案件指出，盛京对重

---

① 《内阁大库档案》，台湾"中研院"历史语言研究所藏，登录号：117478。
② 刘景辉还找到了另外一起此"盛京定例"被引用的案例。此案也是一旗人男子同另一旗人之妻通奸，三法司的处理也是列出三种方法，由皇帝决断。皇帝下旨将奸夫、奸妇墩门，待到本夫回京后结案。后因遇上恩赦，刑部请旨等本夫回京后直接将奸夫、奸妇免罪。刘景辉：《满洲法律及其制度之演变》，台北：台湾大学历史研究所1969年版，第50页。
③ 这一时期的"两议"案件中，有一些是因为不同官员对同一案件的拟罪有不同意见，最后将各自意见均呈送皇帝，详见第七章。
④ 王天驰：《顺治朝旗人的法与刑罚》，《国学学刊》2018年第3期。

罪案件初审时并无引律，应该是按照满洲法律审理的；但是这三宗案件送到京师复核时，刑部均按照清律定罪。①

由此观之，清廷在顺治十年到十三年的一系列举措，包括十年要求法司审理旗人案件必须引用清律，顺治十二年颁行满文大清律，十三年清廷制定针对旗人犯徒、流、军、遣罪行的换刑规定，② 以及这一时期编撰满洲法典的迟缓，在清朝法制史上具有划时代的意义。在此之前，清廷的司法体制可以称为满、汉并重的二元结构：在直省应用明律或清律，在京师满洲法律占优。在顺治十年之后，清廷逐步实现满汉法律应用的一元化。虽然满洲法律尚未完全退出舞台，但即便针对旗人，用清律断案也已经成为主流。在随后的康熙、雍正朝，虽然有些满洲法律甚至被融入清律，成为清律的一部分，但这恰好反映出清律的权威地位和满洲法律地位的下降。

清廷为何要将汉人和满人都置于清律权威之下？苏亦工强调汉官的强烈建言对清廷的影响。清廷在"满人耽于入关前的旧俗"而汉官要求法制划一的情况下，采取折中的办法，一方面承认清律的普遍效力；另一方面赋予旗人换刑特权。③ 的确，不少汉官要求清廷遵守清律，这无疑是清廷承认清律权威的重要原因。前文论及的袁懋功和龚鼎孳的建议和批评，也都证明了这一点。除了汉官的要求外，满洲法律本身的简陋和顺治帝本人对汉制的态度也是清廷确立清律权威的重要因素。在顺治帝之前的实际统治者多尔衮自知，

---

① 王天驰：《顺治朝旗人的法与刑罚》，《国学学刊》2018 年第 3 期。第七章将会分析一起发生在盛京的旗人案件，盛京官员"两议"都没有引用清律，但是京师刑部复核时，按照清律拟罪。

② 由于满洲刑罚主要只有死刑和鞭责两种，顺治十年清廷要求法司引用律例断案后，旗人如果犯徒、流、军、遣等罪行，只执行鞭一百刑罚。由此导致旗人犯徒、流、军罪行同犯杖一百（旗人折鞭一百）罪行受到的刑罚并无区别。顺治十三年，清廷规定旗人犯徒、流、军等罪除了鞭责以外，还需戴枷号。这样，针对旗人依据清律给出的徒、流、军刑罚不再是一纸空文。胡祥雨：《清代法律的常规化：族群与等级》，社会科学文献出版社 2016 年版，第一章第六节。

③ 苏亦工：《明清律典与条例》（修订版），商务印书馆 2020 年版，第 158—159 页。

满洲人自己的法律过于简陋，无法适应中原地区，故在直省实行明律和清律。在京师，法司延续满洲制度，断案只说明犯罪情由和惩罚。这一做法与清律要求严格引用律例的规定格格不入。顺治十年龚鼎孳所言刑部断案不引律文，正是满洲法律制度不符合汉人制度的反映。

顺治帝对汉人制度的态度也可以解释，清廷为何从顺治十年起在京师逐步确立清律权威。顺治十年正月，顺治帝对内院大学士们表示，从汉朝到明朝的列位帝王中，明太祖朱元璋是贤君之最，因为朱元璋创立了周详的制度。[1] 正如过去学者指出的那样，顺治帝在清算多尔衮之后，一方面进一步压制满洲贵族的权势；另一方面掀起了复兴明朝制度的运动，更多地采纳汉官的意见，将自己变成一个儒家式的君主。[2] 而袁懋功和龚鼎孳等汉官也正是在这一背景下建议确立清律权威，且他们的建议被皇帝接受。同年六月初三，顺治帝要求"王以下及各旗官民"明白他确立清律地位的意志，表明汉官要求尊重清律的建议遭到满官甚至普通旗人的反对，而顺治帝发布此谕旨后，法司审案严格引用律例，表明皇帝利用自己的权势压制住了满洲贵族，并最终确立了清律的权威。将旗人纳入清律管辖之下，有利于皇帝利用汉人传统政治控制旗人。[3] 这也能解释为何顺治帝之后的统治者，都继续顺治帝的政策，用清律统治满人。

---

[1] 《世祖章皇帝实录》卷七一，顺治十年正月丙申，《清实录》第三册，中华书局1985年版，第567页。

[2] Adam Lui, *Two Rulers in One Reign: Dorgon and Shun-Chih, 1644 – 1660*, chapter IV and V.

[3] 从皇帝与八旗的关系来看，将旗人纳入清律管辖之下，是孟森所言皇帝将八旗纳入国家官僚体制下——利用汉人政治传统控制八旗的重要一步。孟森详细考证了入关后历代君主利用汉人思想与制度控制八旗的过程，指出在雍正时期，皇帝彻底将八旗置于君主之下。孟森：《八旗制度考实》，《明清史论著集刊》（上册），中华书局1959年版，第218—310页，尤其是第255—300页。杜家骥指出，汉人官员和传统的汉制机构也参与旗人事务的管理。杜家骥：《清代八旗官制与行政》，中国社会科学出版社2015年版，第280—286页。

第五节 结语

清初的法律应用经历了三个阶段：顺治元年到二年，法律应用较为混乱；二年到十年，满汉法律并用；顺治十年之后，清廷逐步确立清律在满人中的权威。清初的法律应用反映出不同的统治者对待明朝和满洲制度的不同态度。多尔衮在准许应用明律的同时，又保留了满洲法律制度。前者主要在直省实施，后者主要在京师实施。京师虽有汉人，但法律应用上多从满制。简言之，多尔衮实施的是满汉法律并存的二元体制。与多尔衮不同，顺治帝更多地聆听汉官意见并对复兴明制抱有兴趣。故顺治帝在掌握权力后逐步确立清律在京师满汉人等中的权威。而满洲法律中的大多数条文消失在历史长河中，只有少数被载入清律。

长期以来，学界对清初法律和司法制度转变的重要性认识不够。有的学者强调清代旗人司法特权，甚至用"法律多元主义"来形容清代的司法和法律制度。[①] 美国"新清史"学者更是将满、汉在法律上的不平等视作其立论根基之一。[②] 固然，顺治十年之后，满、汉人等在法律和司法体系依然存在不平等，但我们不应忽视旗人司法特权之前的状态，更不能忽视顺治十年之前的二元体制。"法律多元"或许可以描述多尔衮时期的法律制度，但在顺治十年到十三年，清廷破除了满汉法律上的二元体制并建立满汉法律一元化的司法体制。清廷承认清律权威并建立满汉一元化的法律体系，表明清朝的司法体制以中原王朝的传统为底色。顺治变革奠定了清末新政之前清朝法律制度的

---

① Par Kristoffer Cassel, *Grounds of Judgment: Extraterritoriality and Imperial Power in Nine-teenth-Century China and Japan*, Oxford: Oxford University Press, 2012, pp. 18 – 21.

② Mark C. Elliott, *The Manchu Way: The Eight Banners and Ethnic Identity in Late Imperial China*, pp. 199 – 200; Edward J. M. Rhoads, *Manchus and Han: Ethnic Relations and Political Power in Late Qing and Early Republican China*, *1861 – 1928*, Seattle and London: University of Washington Press, 2000, pp. 42 – 43.

根基。顺治朝之后直至清末司法改革，清律的权威地位没有动摇过。

　　将清律应用于满人并不是自然而然的历史进程，而是同顺治帝的政权构建有着密切关系。清廷将清律应用于满人是顺治帝和汉臣共同努力的结果。多尔衮时期，尽管有汉官反对内（京师）外（直省）制度的不一致性，但在顺治十年之前，这一法律和司法二元体制并未有大的改变。顺治帝推行满汉法律一体化，既正面回应了汉官主张的律例贵在划一的追求，也展示了他作为儒家君主的形象。尽管与汉人相比，满洲在这个统一的法律体系中享有一定特权，但享有这个特权的前提是承认清律的正统地位并放弃满洲法律的权威。因此，与学界尤其是"新清史"的视角不同，清朝满人的司法特权从一开始就让位于满汉法律的一元化。就整个清代而言，满汉或者说旗民之间的法律地位，至少就拟律定罪而言，平等的一面才是主流。①

---

　　① 最新的研究可以参阅刘小萌《清代旗人民人法律地位的异同——以命案量刑为中心的考察》，《清史研究》2019 年第 4 期。

第七章 从"两议"案件看顺治变革与满汉关系*

第一节 引言

第六章指出，清朝在顺治十年到十三年在满人中建立起清律权威，且这一过程并不顺利。"两议"案件就是官员矛盾或者见解分歧的产物。清代法司在审理案件时，因为案情认定、法律应用、量刑等原因提出两种甚至多种意见，上呈皇帝处理。① 这些案件就是本章的"两议"案件。本章从顺治帝亲政时期二十八起"两议"案件（见附表2）出发，分析产生这些案件的背景和原因，并从这些案件出发透视司法领域的满汉关系以及相关的司法面向。

学界论及顺治朝司法变革以及满汉关系时，要么强调满洲的统治地位，要么强调满汉隔离。谷井俊仁在论述《督捕则例》的成立时，认为顺治时期依然是"古老美好的满人时代"，但是面对并统治复杂的汉人世界时，满人会不知不觉地改变自己的思想和社会。② 苏亦工

---

　* 本章内容曾以《顺治朝题本中所见"两议"案件研究》为题发表在《北大法律评论》第18辑第1卷（2018年出版），收入本书时做了一定修改。

　① 林乾分析了清朝三法司的"两议"制度及其实践，但没有论及顺治朝"两议"案件。林乾：《传统中国的权与法》，法律出版社2013年版，第284—291页。

　② ［日］谷井俊仁：《督捕则例的出现——清初的官僚制与社会》，载杨一凡总主编《中国法制史考证》丙编第四卷《日本学者考证中国法制史重要成果选译·明清卷》，中国社会科学出版社2003年版，第85—119页。

认为，清廷入关之初，刑部审案时录供只用满字（直省复核案件除外），直到康熙四十三年（1704）才满、汉字兼用。苏氏由此推断，康熙四十三年之前满官借助语言优势一直把持刑部，垄断审判权力。[①]苏亦工还详细论述了清初司法领域的满汉斗争，分析了汉官对汉人律典的坚持和对满人法律制度的反对，指出清廷对明律和清律的接受经历了一番曲折反复的斗争。[②]

吕元骢强调满汉之间的隔离。他指出顺治年间："满洲、蒙古和其他非汉人种有自己的法典和审判机构。……满洲当局在政治上精明地采取了种族隔离政策，这样，不同种族之间就不再互相冲突。"[③] 郑小悠在修正苏亦工观点时指出，顺治、康熙年间刑部采取满汉分治的管理方式。她认为，顺治年间由于最高统治者的袒护，刑部满洲堂官在审理现审大案时占据绝对强势地位，但对于外省案件，由于与满官关系不大，其复核往往由汉官主宰。针对旗人案件，她敏锐地注意到满官对清律的掌握不如汉官，故常常需要同汉官商量。[④]

上述学者从各自研究领域出发，得出一些值得重视的观点，但都没有仔细利用顺治朝档案。众所周知的是，清代满人和汉人一样，必须遵守《大清律》。[⑤]《大清律》颁行于顺治四年，但满洲法律并未立即失去效力。那么，当满洲法律与《大清律》冲突时，审判官员又将如何断案？[⑥]顺治年间刑部满、汉官的关系在实践中到底如何？对这

---

① 苏亦工：《官制、语言与司法——清代刑部满汉官权力之消长》，《法学家》2013年第2期。

② 苏亦工：《因革与依违——清初法制史上的满汉分歧一瞥》，《清华法学》2014年第1期。

③ Adam Lui, *Two Rulers in One Reign: Dorgon and Shun-Chih, 1644–1660*, Canberra: Faculty of Asian Studies, Australian National University, 1989, p. 76.

④ 郑小悠：《清代刑部满汉官关系研究》，《民族研究》2015年第6期。

⑤ 瞿同祖：《中国法律与中国社会》，中华书局1981年版，第249页；Mark C. Elliott, *The Manchu Way: The Eight Banners and Ethnic Identity in Late Imperial China*, Stanford University Press, 2001, p. 197.

⑥ 苏亦工在《因革与依违——清初法制史上的满汉分歧一瞥》（《清华法学》2014年第1期）一文中并未清晰回答这些问题。他强调的是顺治朝旗人用"国制"（指满洲制度）而忽视汉人的清律或者明律。

些问题的回答，不仅可以帮助我们审视这一时期司法制度的诸多面向，还可以了解清初满汉关系。在前人研究基础上，本章利用"两议"案件对这一时期的法制变革和满汉关系提供更具说服力的考察。

第二节　二十八起"两议"案件总览

在清代，当刑名事务复杂时，官员将不同意见上交皇帝裁决并不罕见。所以，"两议"案件随时可能出现。然而，笔者发现的二十八起题本中，除一起系顺治九年，其余均出自顺治十年（1653）到十二年（1655）。顺治朝其他时期也有"两议"案件（比如本章将要论及的王秉衡案），但限于精力、眼力和档案保存的客观条件，笔者所搜集的顺治朝题本里"两议"案件集中在这一时期，应当与这一时期的背景有关。①

首先是满、汉两种不同法律制度并存。顺治九年到十三年，顺治帝抑制满洲贵族并进行大规模的制度变革。法制变革是这一时期清廷制度变革的重要一环。第六章指出，顺治十年到十三年，顺治帝逐步建立以明律为底本的清律在满人中的权威，而确立清律权威就不可避免地要和某些满洲法律发生冲突。其次，顺治九年到十三年清廷法制变革多以恢复明制为目标，而对明代制度的继承和变化，也会产生"两议"案件。第五章提到，入关后，清廷逐步采用明朝制度并恢复三法司的建制。顺治十年，清廷规定："三法司凡审拟死罪，议同者合具看语，不同者各具看语奏闻，永著为例。"② 当三法司对某些死罪

---

① 其他文献中也有"两议"案件。比如顺治二年，一旗人指使一男仆打死一女仆。法司给出两种意见，一为鞭一百，一为免罪。中国第一历史档案馆编：《清初内国史院满文档案译编》（中），光明日报出版社1989年版，第150页。再如，顺治十七年有一起受贿案，法司给出两种处理意见。见《世祖章皇帝实录》卷一三二，顺治十七年二月甲寅，《清实录》第三册，中华书局1985年版，第1024页。

② 《世祖章皇帝实录》卷七八，顺治十年十月庚辰，《清实录》第三册，中华书局1985年版，第618页。

案件出现分歧时，即便不涉及满、汉冲突，也会产生"两议"案件。

在这二十八起案件中，有二十一起"两议"案件来自京师，六起来自直省，一起来自盛京。就罪犯而言，有十九起涉及旗人犯罪，十一起涉及民人犯罪（均含两起旗人、民人共同犯罪的案件）。十七起案件只有旗人犯罪，当中又有十五起发生在京师。从案件性质来看，第12起案不涉及犯罪，有十一起案件涉及人命，其余则非常零散，涉及盗窃、抢劫、通奸、窝留逃人等罪名。

表 7－1   "两议"案件的地域分类

位置	旗人	民人	旗、民	总数
京师	第 2、4、6、10、11、15、17、18、20、21、22、23、24、25、27 案	第 3、7、12、14 案	第 1、19 案	21
直省	第 13 案	第 5、8、16、26、28 案		6
盛京	第 9 案			1

从审判程序上看，京师"两议"案件一般由刑部或三法司审理，刑部一般为初审衙门。这一时期，涉及旗人的案件即便发生在直省，一般也送京师审理。比如，发生在湖广的言布案，因为言布系旗人，被直接送交刑部审理，与发生在京师的案件在审判程序上没有两样。其他不涉及旗人的直省案件，审判程序上也多没有经过层层转审，与京师案件一致而同普通直省案件有别。① 除了盛京总兵提出过"两议"外，其余"两议"均由刑部或者三法司作出。这说明，清代直省的审判人员较少（如果存在的话）对案件作出两种拟律意见。案件的

---

① 此时普通直省案件如系重罪案件，一般会经过层层转审。第 8 案因为档案不全，不知是否在地方经过了转审。其余案件为何没有经过地方的层层转审，情形不一。其中第 5、16 案为职官犯罪案件，第 28 案为逃人案件，这三起案均按照制度交刑部（或三法司）审理。第 26 案因为涉及刑部所办之案，所以地方官直接转交刑部审理。

地域分布符合学界看法:各直省官员比较严格地执行清律,刑部则因为满人势力之影响,清律尚未完全支配审判。[①] 一般而言,"两议"主要出现在对案情的确认、对罪犯的定罪和量刑三个阶段,而且对案情的确定必定影响对罪犯的定罪和量刑(同理,对罪犯的定罪也将影响量刑)。

表 7 - 2   "两议"发生阶段

案情认定	定罪	量刑*
第 3、8、11、15、17、26、27、28 案	第 2、5、6、9、13、14、16、18、19、22、23 案	第 1、4、7、10、12**、20、21、24、25 案

注:*   由于有些案件并未引律,某些量刑不同的案件可能是由定罪不同造成的。

   **   第 12 案不涉及犯罪,但刑部给予两种处理意见。

第三节 从"两议"案件透视满汉关系

一 案情认定与"两议"案件

二十八起"两议"案件中居然有八起是由于承审官员没有弄清案情或者对案情理解不同造成的。它们包括三起人命案件(第 3、8、17案),两起投毒案(第 15、27 案),一起抢劫(第 26 案),一起窝逃(第 28 案)和一起持刀(第 11 案)案。尤其有意思的是,第 15 和17 案虽然有两种处理意见,但居然未见到三法司不同衙门或者官员之间的分歧。出现这种现象,要么是因为"两议"的意见是官员共同做出的;要么是官员之间有分歧但由于某种原因而不愿意公开。在后一种情况中,官员们可以借此保护自己。在这两个案件的审判中,官员(整体或者分别)对于两案中的罪犯是否杀人或者是否试图杀人有着

---

① 苏亦工指出,满洲因为语言等因素限制,把持政权只在中央一级,地方则"以汉治汉"。苏亦工:《官制、语言与司法——清代刑部满汉官权力之消长》,《清华法学》2014年第 1 期。

两种完全不同的理解，所以相应的判决也大相径庭。如果不考虑赦免，第 15 案刑罚分别为绞监候和杖八十，第 17 案分别为斩监候和鞭一百。即便此时"两议"案件频发，皇帝对这两个案件的拟律也极为不满，指出第 15 案两议轻重悬殊，第 17 案则两议俱属游移。

官员对证据的不同采纳标准会直接导致对案情的认定不同，从而产生"两议"案件。这八起"两议"案件均有官员在罪犯不承招的情况下定罪。比如，第 3 案属于三法司不同衙门之间的分歧。此案中典史郦天成因借银纠纷被殴身死，都察院和大理寺均认为郦天成系被在借钱中作保的成简公殴打致死，拟将成简公"绞抵"。刑部因为殴打之事由成简公作保借银引起，且重视成简公本人不承认殴打的口供，所以将他按"共殴律杖、流"。依据皇帝恩诏，刑部建议将其刑罚折责为四十板。皇帝接受了刑部的意见。此案中，都察院和大理寺居然在缺少罪犯口供的情况下拟律，按照清律标准亦属匪夷所思。第 15、17、27 等案均系对证据采纳标准不一而导致拟律不同。其中第 27 案说明三法司满、汉官员对立严重，且汉官更注重罪犯口供。

还有案件源自官员对证据的不同理解。比如第 11 案，五人抢走一名旗人的银子，被抢者遇上三名旗人后求助。三旗人在追贼过程中抓到杨海（亦系旗人）。杨海供，他不是贼，并且误认为三个追他的人是贼，所以才拿刀自戳，他身上的白褂是自己外头得的。刑部审理此案时，以尚书交罗（觉罗）① 巴哈纳为首的满官不顾杨海的供词，认定杨海为抢劫之贼，理由是捉拿之时杨海走入高粱地，取刀戳身，又搜出白褂一件。他们主张杨海"合依强盗已行但得财者不分首从皆斩律应斩"。汉官则认为经过夹审，杨海不承认为贼，而且白褂不是失主之赃，又没有同伙，所以杨海不是强盗，应按照持刀之律，将杨海鞭一百。刑部满官不注重口供，对物证的理解也和汉官不同，最后得出的意见也与汉官大不相同。刑部将二种意见具题，皇帝下旨由三

---

① 巴哈纳身份为觉罗，档案中多写作"交罗巴哈纳"，应为"觉罗巴哈纳"。

法司核拟具奏。三法司核拟时支持刑部的第二种意见，最后皇帝决定将杨海鞭一百。

刑部和三法司为何在缺少口供的情况下定罪？甚至将这些连案情都不确切的案件呈送到皇帝面前？难道这些都是超级疑难案件，以致无从得知案情真相？本章所引案件的案情并没有疑难到这种程度。那么，到底是何原因导致这些"两议"案件被呈送到皇帝面前？笔者认为，其原因主要是满洲法制传统不像汉人那样重视罪犯承招的口供。

汪辉祖言："罪从供定。"①滋贺秀三指出，帝制中国定罪的方式可以称为口供主义："任何人都不能被以自己没有供认的犯罪事实而问罪。"②汉人司法传统中，确实存在没有认罪口供即可定罪的情况，但一般仅限特定人群或特殊情况。清律继承明律，对贵族和高官等"八议"人士，七十岁以上老人和十五岁以下幼童，以及废疾者犯罪，可以依据众证定罪，无须认罪口供，也不能动用刑讯。③但这八起"两议"中，并无老幼或"八议"人犯。④

与汉人法律的传统不同，满洲司法制度则对罪犯认罪口供没有严格要求。对于这一点，我们只能从其他案件的审判中推断。尽管张晋藩和郭成康认为清入关前在审讯中非常重视口供，但他们并未言明满洲体制下，对罪犯的定罪是否一定需要罪犯认罪的口供。⑤入关后某些案件的审判如同本章所引的案件一样，在罪犯没有认罪的情况下定

① 汪辉祖：《论盗案》，载贺长龄、魏源等编《清经世文编》卷九四《刑政五》，中华书局1992年版，第2316—2317页。
② ［日］滋贺秀三：《中国法文化的考察——以诉讼的形态为素材》，载［日］滋贺秀三等《明清时期的民事审判与民间契约》，王亚新等编译，法律出版社1998年版，第11页。
③ 见《大清律集解附例》卷二八，载杨一凡、田涛主编《中国珍稀法律典籍续编》第五册《顺治三年奏定律》，王宏治、李建渝点校，黑龙江人民出版社2002年版，第405页。
④ 涉及造反时，清廷也会不顾口供定罪。清廷镇压太平天国运动时，就对有些没有认罪口供的罪犯拟以死罪。胡祥雨：《变与不变：太平天国运动与京师司法审判》，《中山大学学报》（社会科学版）2011年第2期。
⑤ 张晋藩、郭成康：《清入关前国家法律制度史》，辽宁人民出版社1988年版，第584—585页。

罪。比如，顺治九年六月二十四日，刑部上题黄三因为细事争嚷一案，就在缺少罪犯招认口供的情况下定罪。此案白丫兔在斗殴中被打死，但黄三不承认是他打死的。刑部官员在黄三不招认的情况下，依然按照旁人证词断定黄三故意用锅和砖头丢打白丫兔致死。刑部没有引用任何律例直接将黄三拟斩，且判决被皇帝批准。① 按照清律，斗殴杀人应拟议绞监候；如果黄三故意杀死人，也罪止斩监候。② 对于这一人命重案，刑部居然在没有承招口供的情况下不引用律例直接判处嫌疑人死罪。这种定罪方式和汉人必须让罪犯承招并且法司严格引用律例定罪的方式格格不入。这类案件说明满官在刑部审判时的强势地位。这也表明满洲不像汉人社会那样，在审判中必须要求罪犯认罪方可结案。

因为缺少直接证据，我们无法断定这些案情不清的案件有多少是由满洲法制传统不重视认罪口供引起的（比如第 28 案引发"两议"的主因是皇帝介入），但这种缺少罪犯承招口供的拟律与汉人司法传统格格不入，由此引发一些"两议"案件也属自然。

二 从法律应用看"两议"与满汉关系

二十八起"两议"案件中，除第 12 案不涉及犯罪外，其余案件均有对罪犯的不同定罪或量刑。从表 7 - 3 可知，此时清律已经是法司拟律的主要法律。这些有罪案件中，除第 28 案涉及"逃人法"③外，只有三起案件没有引用清律，而两议均引用清律的情况则有十一起。一议引用了清律，而另一议则没有引用清律的案件有十二起。

---

① 《内阁大库档案》，台湾"中研院"历史语言研究所藏，登录号：085711。

② 《大清律集解附例》卷一九，载杨一凡、田涛主编《中国珍稀法律典籍续编》第五册《顺治三年奏定律》，王宏治、李建渝点校，黑龙江人民出版社 2002 年版，第 327 页。

③ 胡祥雨指出，顺治五年以后，清廷不断修改逃人法，所以实践中的逃人法和清律中的逃人法逐渐相去甚远。诸多逃人案件按照修改后的规定定罪，而清律中的"逃人法"则变化甚少。胡祥雨：《"逃人法"入"顺治律"考——兼谈"逃人法"的应用》，《清史研究》2012 年第 3 期。

表 7 - 3　　　　　　　　　　"两议"案件对清律的援引

两议均未引清律	两议均引用清律	只有一议引清律
第 1、2、9（盛京总兵）、28（窝逃案）案	第 5、6、7、8、10、14、15、16、19、23、26 案	第 3、4、11、13、17、18、20、21、22、24、25、27 案

　　某些未引用清律的拟律，其法律依据有可能是满洲法律。第28 案为窝逃案，判案依据为"逃人法"。此外，第 1、2、9 三起案件"两议"均未引用清律。从刑罚入手，我们不难发现这三起案件拟律背后的满洲法。第 1 案刑部第一议提供的处罚有罚土黑勒威勒，这是一种满洲刑罚。另外，第一议中，刑部判脑木七身为仓役盗仓粮五十石，拟斩不枉；外郎鲍奎盗发仓米五十石并且商量分赃，也被拟斩；书办沈宗焕隐匿盗米帖子，也应拟斩。清律中的"监守自盗仓库钱粮"律规定所盗价值达到七两五钱就拟徒罪，至四十两者为杂犯斩罪，实际执行徒五年。只有三犯者方可问真犯死罪，但罪也只是绞。[1] 如果严格依照清律定罪，这三名罪犯皆罪不至死。刑部第二议未引用任何律例对脑木七、鲍奎拟鞭一百，沈宗焕责四十板。责四十板和鞭打一百是"相等"的刑罚，只是前者应用于民人，后者应用于旗人。从斩罪到鞭一百（或者民人杖一百，实际责打四十），按照清律中的五等刑罚，中间相去甚远。但此案发生在顺治九年，其时京师实行两等刑罚体制，死罪减一等即为鞭一百。[2] 总之，此案两议虽然均未引用任何法律，但其定罪与清律不同，而且刑罚与满洲刑罚一致，所以审判的依据应当是满洲法律而非清律。

————————

　　① 《大清律集解附例》卷一八，载杨一凡、田涛主编《中国珍稀法律典籍续编》第五册《顺治三年奏定律》，王宏治、李建渝点校，黑龙江人民出版社 2002 年版，第 303—304 页。

　　② Hu Xiangyu, "Reinstating the Authority of the Five Punishments: A New Perspective on Legal Privilege for Bannermen", *Late Imperial China*, Vol. 34, Is. 2, Jan. 2014, pp. 38 - 43.

入关前的史料和顺治朝其他案件表明，满洲司法传统下，断案不严格引用法条是常态。在《满文老档》、《盛京刑部原档》和《清初内国史院满文档案译编》等档案中的案件，往往只记载罪行和处罚。与汉人司法传统下产生的题本相比，缺少对法律条文的引用。顺治十年之前的旗人案件也一般只有犯罪情形的描述和对罪犯的处罚。前文所引之黄三案就是如此。此处再举一例。顺治六年，刑部具题朱庆同林化龙抢劫旗下村庄一案，没有引用任何律例就将朱庆拟斩，得到摄政王多尔衮的批准。① 还需指出的是，依据明代司法制度，呈送皇帝的判决因为经过层层拟律和审转，也往往没有严格引用律例。清初发生在直省的诸多民人案件，因为经过从县到省（总督、巡抚、巡按）的层层拟律和转审，刑部或者三法司最后呈给皇帝时也确实没有再引用律文。② 这种情况与顺治十年之前刑部审拟京师案件（现审案件）完全不同，因为对于现审案件，刑部系第一次拟律的衙门，此前并未经过层层拟律。且正如第六章所述，顺治十年以后，刑部严格引用清律审理大多数京师现审案件。此后没有引用清律的拟律，一般也没有援引任何其他法律。这样有两种可能，一是法司罔顾满、汉法律擅自断案；二是依据以前的满洲司法传统，按照满洲法定罪但不引用法律条文（或是满洲法不存在相应条款，法司根据相关满洲法条款进行类推，但不说明类推过程以及类推所据的法律）。不管是何种可能，不引法律条文的拟律与汉人司法制度相悖，却与满洲制度相符。

与第1案类似，第2案虽然没有引用任何法条，但根据刑罚可以发现背后的满洲因素。此案包衣旗人韩守富打死亲弟之子韩宗科。刑部第一议以韩守富私自打死为由，拟其绞抵；第二议则考虑到死者本人凶恶而且是韩守富亲弟之子，拟"鞭一百、赔人"。查清律之"殴期亲尊长"律，伯父殴杀侄子杖一百、徒三年，故杀者，杖一百、流

① 《内阁大库档案》，台湾"中研院"历史语言研究所藏，登录号：087524。
② 《内阁大库档案》，台湾"中研院"历史语言研究所藏，登录号：117645。

二千里。① 刑部之第一议在清律中找不到依据，第二议之赔人则明显来自满洲法律。② 此案具题在顺治十年三月，但清律依然没有受到尊重。第 9 案具题在顺治十年十二月，此案中道士沙正奎与傅朝庚因赌钱争嚷，傅朝庚将正奎母踢伤身死。该案之"两议"由盛京总兵作出。两议均与清律不符，其中第二议的处罚"鞭一百、赔一人"当依据满洲法律作出。③ 在清代京城盛京，清廷此时继续沿用满洲法律。不过，京师刑部官员复核时严格按照清律将罪犯拟以绞监候。皇帝批准了刑部判决。此案的最终结果表明，清律权威胜过满洲法律。

　　在一议依据清律的案件中，另一议有可能依据满洲法律。比如，在第 18 案中，刑部就分别引用了满、汉两种不同的法律。旗人阿叔虎朵同阿哩呢之妻通奸。照清律和奸系轻罪，但"盛京定例"规定："本夫出兵而妇人犯奸，男、妇各处死。"刑部第一拟按照清律杖八十，第二拟则提到"盛京定例"的规定并给出三种处理方式，处死，按照热审时的规则减等鞭责，④ 或者等阿哩呢回来再作处理。皇帝决定将奸妇、奸夫免死鞭一百。皇帝的意见同时体现了"盛京定例"和汉人热审制度的影响；而清律与"盛京定例"并列，说明即便旗人案件也不一定唯"盛京定例"是依。

　　第 18 案是"两议"案件中唯一明确引用了满洲法律具体条文的案件。另外第 22 案中，旗下家人招儿丙酒醉打戴天锡身死。刑部第

① 《大清律集解附例》卷二〇，载杨一凡、田涛主编《中国珍稀法律典籍续编》第五册《顺治三年奏定律》，王宏治、李建渝点校，黑龙江人民出版社 2002 年版，第 344 页。

② 张晋藩、郭成康：《清入关前国家法律制度史》，辽宁人民出版社 1988 年版，第 534 页；刘小萌：《满族习惯法初探》，载王钟翰主编《满族历史与文化》，中央民族大学出版社 1996 年版，第 77—78 页；苏亦工：《因革与依违——清初法制史上的满汉分歧一瞥》，《清华法学》2014 年第 1 期。

③ 第一议拟斩立决。案中傅朝庚因为赌钱争嚷踢死一人。按照清律，斗殴致死应拟绞监候。见《大清律集解附例》卷一九，载杨一凡、田涛主编《中国珍稀法律典籍续编》第五册《顺治三年奏定律》，王宏治、李建渝点校，黑龙江人民出版社 2002 年版，第 327 页。

④ 顺治八年和十年，清廷两次决定热审中死罪罪情有可矜疑者，奏请定夺。《世祖章皇帝实录》卷五五，顺治八年三月乙酉，《清实录》第三册，中华书局 1985 年版，第 436 页；卷七五，顺治十年五月庚辰，《清实录》第三册，中华书局 1985 年版，第 594 页。

一议按律"凡斗殴杀人者，不问手足、他物、金刃，并绞"，将招儿
丙应拟绞监候。第二议认为，虽然招儿丙"按律应绞，但查凡强贼行
劫自行投首者免死鞭一百"，所以将其拟鞭一百。刑部第二议的法律
"凡强贼行劫自行投首者免死鞭一百"不见诸清律。作为初审衙门的
刑部在清律有明确规定的情况下又作第二议，所引用的法律应当不是
凭空捏造。这极有可能是满洲法律之一款，皇帝下旨三法司核拟；但
笔者未能找到此案的最终判决。

其余十起案件中的另一议往往没有引用任何法律条文。这十起案
件中，除了第3案罪犯为民人外，其余案件罪犯均为旗人。其中，第
20、21、24、25案的"两议"实际上发生在量刑阶段，下文将进行
详述。

有些案件中没有引用清律的拟律，其依据可能是满洲法。① 第4、
13案引用清律的判决比没有引清律的判决要轻。案件主犯均系旗人。
第4案中旗人妇女大姐、小二姐偷内用盘子。三法司第一议未引任何
法律将她们拟斩。另一议则依据清律"凡偷内用财物者皆斩，准
赎"。② 档案没有见到最后处理结果。第13案中旗人打赖的家人言布
在打赖兄病故的情况下同刘三（打赖兄的家人）一起嫖娼，并且将妓
女带到骨尸房后楼上弹唱。言布还有赌博等恶行。作为初审衙门，刑
部第一议没有引用任何法律判言布斩罪，第二议则严格按照清律拟
律。言布身为奴仆，在仆主丧期宿娼赌博。刑部以律无正条，比照子
居父母丧犯奸者加凡奸二等，拟鞭一百。③ 刑部在顺治十一年正月十

---

① 如前所述，因为满洲法并非成文法，所以除了个别条文外，我们今天无从得知其具
体内容。由于清初满、汉两种司法制度共存，而满洲司法传统定罪不引用法律条文属于常
态，所以没有引用法律条文且所拟罪名与清律不符的拟律，极有可能是根据满洲法律作出
的——如果法司不是随意定罪的话。

② 查"盗内府财物"律记载"凡盗内府财物者，皆斩。（杂。）"杂犯死罪可以收赎。
《大清律集解附例》卷一八，载杨一凡、田涛主编《中国珍稀法律典籍续编》第五册《顺
治三年奏定律》，王宏治、李建渝点校，黑龙江人民出版社2002年版，第301页。

③ 《大清律集解附例》卷二五，载杨一凡、田涛主编《中国珍稀法律典籍续编》第五
册《顺治三年奏定律》，王宏治、李建渝点校，黑龙江人民出版社2002年版，第385页。

一日具题时列出两议,次日奉旨三法司核拟。三法司依然有两种意见。刑部和都察院同意第一议;同时,刑部、都察院和大理寺同意第二议。档案中没有说明刑部和都察院官员是否对此案审拟有分歧。大理寺则只同意按照清律定罪。皇帝同意依据清律做出的判决,宣布被处以鞭一百。

余下四案则涉及对案情的认定。第 3 案系民人犯罪,都察院和大理寺均认定成简公打死郦天成,对其定罪时没有严格引用清律,只是笼统提到"应从绞抵"。但案件最终以刑部依清律定罪结案。第 11 案杨海以持刀之罪被拟鞭一百,也未见引用确切律条。[①] 再如第 17 案,三法司提供的第二议确认何罗偷米情真,拟鞭一百但没有引用任何律例。[②] 第 27 案逃人杨大夫畏法服毒,其同伴也服毒,刑部满官按照谋杀已伤者律[③]判杨大夫绞监候;刑部汉官断定他没有毒害其他人的意图,在没有引用任何律例的情况下对其拟以鞭一百。档案中未见到此案的最终结果。

如果刑部和三法司定罪不是毫无根据的话,这些案件中没有引律的判决有可能是根据满洲法律做出的。同时,官员们将依据清律拟定的惩罚一同上题,说明满洲法律不再拥有不证自明的权威。

三 官员拟律分歧与满汉关系

从官员拟律分歧来看,刑部和三法司满汉官员之间的冲突呈现错综复杂的局面(表 7-4、表 7-5)。所有案件中,共有十二起在拟律

---

① "私藏应禁军器"律明确提到刀不在禁限之列。见《大清律集解附例》卷十四,载杨一凡、田涛主编《中国珍稀法律典籍续编》第五册《顺治三年奏定律》,王宏治、李建渝点校,黑龙江人民出版社 2002 年版,第 271 页。

② 按照清律中的"窃盗"律,窃盗价值达到四十两并不到五十两者方拟杖一百(相当于旗人鞭一百)。见《大清律集解附例》卷一八,载杨一凡、田涛主编《中国珍稀法律典籍续编》第五册《顺治三年奏定律》王宏治、李建渝点校,黑龙江人民出版社 2002 年版,第 309—310 页。

③ 《大清律集解附例》卷一九,载杨一凡、田涛主编《中国珍稀法律典籍续编》第五册《顺治三年奏定律》,王宏治、李建渝点校,黑龙江人民出版社 2002 年版,第 322 页。

时提到持不同意见之官员名字。其中第 8 案只可以看到三法司堂官名字（刑部堂官意见不一致），但未给出其他级别官员的名字。余下的十一起全部发生在顺治十一年到十二年。有七起（见表 7 - 4）显示，刑部不同官员审案时发生分歧。其中第 25 案两议中均有满、汉官员①。第 21 和 22 案满官持一议，持另一议者则既有满官也有汉官。第 11（持刀）、20（人命）、23（奴殴主）、27（投毒）案的拟律存在明显的满汉对立，均为满官持一议，汉官持一议。这四起案件罪犯均为旗人。第 23 案满、汉官员均依照清律定罪，但是满官拟死罪，汉官则拟以杖一百，流三千里，实际执行鞭一百（因为"旗下人无流徙之例"）。有意思的是，第 11、20、27 案满洲官员严格按照清律对罪犯拟以死罪，而汉官则没有严格引律，直接对罪犯拟以鞭一百。第 11、20 案最终按照汉官的意见结案。

表 7 - 4　　　　　　刑部所审案件中满汉官员在拟律中的表现

满、汉官各持一议	汉官持一议；满、汉官持另一议	满官持一议；满、汉官持另一议	两议中均有满、汉官
第 11、20、23、27 案	无	第 21、22 案	第 25 案

所以，在最能体现刑部满汉官对立的四起案件中，满官都严格按清律拟死罪，汉官（引律或不引律）反而主张免死。在三法司审理第 19 案时，刑部满汉官员也各执一议。此案罪犯旗、民皆有而且满汉官员均引用清律定罪。满官主张重惩，汉官则拟以轻罪。我们或许可以推测，刑部汉官通过减轻对这些旗人的处罚以取悦满洲统治者或是迎合满人，而且以汉官名义主张轻判旗人罪犯更容易让皇帝顺水推舟批准处罚轻的拟律。刑部审理的案件中，没有一起是汉官持一议，满汉官员持另一议的。相对的，却有第 21、22 案是

---

① 本章满官指的是旗人出身的官，故刑部和三法司中的汉军旗人官员亦算作满官。

满官持一议,满汉官持另一议。第21案拟律中,严格按照清律主张对罪犯(均为旗人)拟以死罪的全是满官,主张对罪犯免死的则满、汉官皆有。第22案拟以死罪的则满、汉官均有,主张免死的则全为满官。

如果扩展到三法司审理或者复核的案件,刑部官员中只有第26案系汉官持一议,满、汉官持另一议。此案罪犯为民人,两议均引用清律,拟以重罪的满汉官均有,而拟以轻罪的则均为汉官。刑部满官持一议,满、汉官持另一议则有第24、28案。两案中拟以重罪的刑部官员全为满官,而拟以轻罪的刑部官员则满汉官均有(第24案罪犯为旗人,两议均依照清律;第28案为民人窝隐逃人案件,三法司官员中"两议"俱有满汉官员)。总的来看,在三法司审理或者核拟的六起案件中,有三起案件的两议均有满、汉官员(第20、21、28案)参与。在承审官员人数增加的情况下,只在第19案出现满官与汉官的对立。

表7-5　　　　　　　　　　三法司满汉官员在拟律中的表现

满、汉官各持一议	汉官持一议;满、汉官持另一议	满官持一议;满、汉官持另一议	两议中均有满汉官
第19案	第26案	第24案	第20、21、28案

罪犯族群身份方面,以上所述由刑部或三法司满、汉官员对立造成的"两议"案件中,除了第19案系民人和旗人共同犯罪外,其余案件均为旗人犯罪。除第18案罪犯为正身旗人外,其余罪犯都是旗下家人或奴仆。一议为清律,另一议有可能为满洲法律的案件包括第3(人命)、4(盗窃)、11(持刀)、13(居丧宿娼)、17(人命)、22(人命)、27(投毒,此案满、汉官员拟律时相互对立)案。这些案件中除了第3案罪犯为民人外,其余案件罪犯均为旗人。除了第4、11案中罪犯为包衣旗人外,其余均为旗下家人。满汉官员对立导致的

"两议"主要出现在旗人尤其是下层旗人犯罪的案件中。[①]

苏亦工、郑小悠等学者将满官和汉官都视作整体，然而，刑部和三法司官员在拟律中的表现表明，满官和汉官均非统一的整体。在本节分析的十一起提到持不同意见的官员名字的"两议"案件中，只有五起存在明显的满汉对立（满官和汉官各持一议）。满官在六起案件（第20、21、22、24、25、28案）中有不同的拟律意见，说明满官自身在审判拟律时也会有分歧。苏亦工所言清初满官凭借满语之语言优势垄断刑部审判权力的论点在"两议"案件中得不到支持。第一，本章所引案件的审判大多依照清律，而清律满文本在顺治十二年十二月方才颁布。[②] 在此之前，由于语言因素，汉官引用清律比满官更具有优势，满官更需要听取汉官意见。满官自然不可能因为语言优势垄断刑部审判权。第二，满汉官员对案件拟律意见不一致的时候，汉官的意见也和满官的意见一道送给皇帝，说明满官无力阻止汉人行使审判权。在满汉对立的第11、19、20、23、27案中，所见只有第11、20案有最终审判结果，皇帝均同意汉官的拟律意见。第28案系窝逃案件，在皇帝圣意已明的情况下，刑部汉官全部主张对窝逃者不处以死刑，而刑部满官则两种意见均有。这说明有时刑部汉官更能与皇帝达成一致意见。这样的情况下，刑部满官不可能垄断审判权力。

这里无意否认清初满官权势可能会压倒汉官。从顺治帝的角度来看，一个满汉激烈对峙的官僚阶层并不理想，[③] 而且他并非始终和汉官站在一起。顺治帝对一起死罪案件的批复可以看出他有时非常反感满汉官员的对峙：

[①] 正身旗人此时可能忙于战事，犯罪较为少见。档案中这一时期旗人罪犯主要是旗下家人，"两议"案中的旗人罪犯自然多为旗下家人。

[②] 《世祖章皇帝实录》卷九六，顺治十二年十二月乙丑，《清实录》第三册，中华书局1985年版，第752页。

[③] 《实录》中顺治帝对满汉官议事互异表示反感。《世祖章皇帝实录》卷一四三，顺治十七年十二月庚子，《清实录》第三册，中华书局1985年版，第1102页。

王秉衡、吴永芳、白霡着即处斩，余依前议。这两议满官自为一议，汉官自为一议。是何法例？凡贪官情罪，自应执法审拟，宽典当听朕裁，何得遽议请宽。后议各官著明白回奏。[1]

除对满汉官员在拟律中对峙不满外，皇帝还申明审判必须依照律例，如果需要宽免罪犯，必须出自圣裁。但此案审判中，为何有官员主张轻拟？此题本残缺，不知具题时间，也不知道具体情节。不过案中主犯王秉衡曾任苏松巡按。查《实录》，其被审判定罪发生在顺治十六年。王秉衡因为贪赃被拟死罪，三法司汉官另议主张从轻处罚王秉衡家产妻子等。又据时人魏象枢为审理此案的刑部尚书白允谦所作的墓志铭，皇帝欲将王秉衡妻子家产籍没，而刑部尚书白允谦则认为依据《大清律》不应籍没，所谓"罪人不孥"。汉官从轻处罚罪犯并非特例，前文就有皇帝批准汉官轻议的案子。但此案顺治帝认为"王秉衡贪赃重罪原无可矜"，对汉官集体主张轻处王秉衡妻子家产的态度非常不满，下旨由九卿、科、道官员对这些汉官进行议处。九卿科道会议将这些汉官全部革职。皇帝只将刑部尚书白允谦降三级调用，宽免了三法司其他汉官。[2]

汉官因为拟律遭受处分的不止白允谦一人。顺治十二年十月，都察院左都御史龚鼎孳因为拟律时偏袒汉人而被处罚。顺治帝认为龚鼎孳在拟律时"往往倡为另议。若事系满洲，则同满议，附会重律；事涉汉人，则多出两议，曲引宽条"。顺治帝批评他："果系公忠为国，岂肯如此？"认为其行为系"偏执市恩"，通过吏部要求龚

---

① 《内阁题本（北大移交题本）》，中国第一历史档案馆藏，档案号：2-29-1930-22。
② 《世祖章皇帝实录》卷一二八，顺治十六年九月辛酉、顺治十六年九月壬申，《清实录》第三册，中华书局1985年版，第992、994页。魏象枢提到白允谦面对皇帝诘问时"援律正对"，皇帝知其无所欺，只将其降三级调用。魏象枢撰：《寒松堂全集》卷一一，陈金陵点校，中华书局1996年版，第567页。苏亦工指出，清代受满洲旧习影响，籍没之刑滥用。苏亦工：《因革与依违——清初法制史上的满汉分歧一瞥》，《清华法学》2014年第1期。

鼎孳解释。① 龚鼎孳辩解时承认对死罪犯人多次推敲，如有一隙可矜则以另议之方式上请皇帝免死减等，但是完全否认将满汉罪犯区别对待。② 本章的"两议"案件可以证明皇帝所言确有实据。第 20、21 案罪犯均为旗人，刑部满官都按照清律拟以重罪，而汉官则拟轻罪。龚鼎孳参与了三法司核拟，他是少有的站在满官一边主张拟以重罪的汉官。尤其是第 20 案，他是三法司汉官中唯一与满官持相同意见的。第 19 案罪犯涉及旗人和民人（顺治十一年，龚鼎孳时任都察院右都御史），第 26 案涉及民人犯罪，龚鼎孳在这两案中与其他汉官一起引用宽条对罪犯拟以轻罪。龚鼎孳的辩解无法解释他在第 20、21 案中站在满官一边对旗人罪犯拟以死罪，而其他汉官则主张免死。他的辩解未能说服吏部和皇帝。吏部建议革职，皇帝决定将他降八级调用。③

本章所引案件和白允谦、龚鼎孳的遭遇说明，皇帝既可以支持汉官，也可以支持满官。但无论他支持哪方，都表明没有任何一方能够垄断审判权力。一个满汉分裂的官僚阶层不符合皇帝的利益，但一个由完全满官垄断审判权力的刑部，恐怕也不是皇帝所希望的。

四　从量刑不同看当时满汉关系

如前所述，九起案件（第 1、4、7、10、12、20、21、24、25 案）涉及不同量刑（第 12 案为非刑事案件，结案方式不同）。其中，第 1、4 案可能涉及满洲法，前文已做分析。第 20、21、24、25 案的"两议"中有一议严格引用了清律，另一议则没有引用任何法律。这

---

① 《世祖章皇帝实录》卷九四，顺治十二年十月戊辰，《清实录》第三册，中华书局1985 年版，第 740 页。

② 龚鼎孳撰，龚士稚编：《龚端毅公（鼎孳）奏疏》，载沈云龙主编《近代中国史料丛刊续编》第 33 辑，台北：文海出版社 1976 年版，第 257—259 页。

③ 《世祖章皇帝实录》卷九四，顺治十二年十月丙子，《清实录》第三册，中华书局1985 年版，第 742 页。第 11 案中，龚鼎孳作为刑部右侍郎和其他汉人一起主张对旗人罪犯拟以轻罪。

些都为旗人死罪减等案件，"两议"主要表现为量刑分歧。第 20 案系旗下家人刘三酒醉后殴死妻子。刑部和三法司第一议都按照清律判刘三绞监候；第二议则以酒醉为由主张免死减等。议政王贝勒大臣会议时赞成第二种意见。皇帝最后决定"刘三伤妻既系醉后，姑免死。着仍鞭一百"。第 21 案系旗人柴度酒醉殴伤主子。与第 20 案类似，刑部和三法司第一议严格按照清律依"奴婢殴家长"律拟斩监候，[①] 第二议则提到"照律应斩"，但以柴度酒醉为由免死鞭一百。议政王贝勒大臣会议也赞成第二议。档案没有见到皇帝判决。第 24、25 案均系旗人斗殴杀人，三法司第一议均照清律拟绞监候。第 24 案第二议认为，罪犯无害人之心，而且时逢热审"其情可矜"，所以免死拟鞭一百。第 25 案第二议强调罪犯无杀人之心，且被杀者母亲替罪犯求情，所以断罪犯鞭一百赔营葬银两。这两起案件中，皇帝都批准第二议，将罪犯免死。

这四起案件没有引用清律的拟律，都首先明确清律应该如何判决，只是由于各种原因将死罪减等。其中第 24 案系热审减等，完全符合汉人司法制度。其他案件的减等，则不排除因为罪犯是旗人所以免死。由于这些案件的最终决定权在皇帝手上，无论是按照满人还是汉人制度，都不存在皇帝判决是否合法的问题。不过，承审官员给出的鞭一百判决，系满洲刑罚下的死罪减一等。这些没有引用法律的减等判决符合满洲刑罚制度，说明满洲刑罚制度对旗人具有效力。

第 10 案也为死罪减等案件，"两议"均引用清律，其分歧源于三法司之间的不同量刑。旗人李麻子告主母与道士通奸，经刑部审理，李麻子系诬告。刑部严格引用律例进行拟律，认为"奴婢诬告家长律

---

　　① "奴婢殴家长"律规定凡奴婢殴家长皆斩，而非斩监候，但除刑罚外，档案中对清律的引用在文字上几乎一致。《大清律集解附例》卷二〇，载杨一凡、田涛主编《中国珍稀法律典籍续编》第五册《顺治三年奏定律》，王宏治、李建渝点校，黑龙江人民出版社 2002 年版，第 341 页。

绞，李麻子应拟绞监候"，但刑部又考虑到其主母曾经和道士同睡一屋，刑部拟将李麻子免死鞭一百。刑部上题后，皇帝下旨由三法司核拟。三法司同意刑部先前所拟罪名（奴仆诬告家长），但在量刑上存在分歧。刑部和大理寺维持刑部原拟，建议死罪减等。都察院主张照律拟绞监候。皇帝批准了刑部和大理寺所拟判决。这里的死罪减等，亦依照满洲刑罚为鞭一百。

第 7 案系汉人犯罪，"两议"均照清律拟罪，却被加等至死罪。案中王科因为细事鸣冤，冲突仪仗。刑部第一议认为依律："凡有申诉冤抑者，冲突仪仗内而所诉不实者绞，系杂犯准徒伍年。"[1] 但考虑到王科身系校尉，刑部认为应该加重处罚，拟斩立决。刑部第二议则严格按照清律拟徒五年。此处刑部第一议基于罪犯之军人身份，所以在清律基础上加重处罚。

上面讨论的第 10、12、20、21、24、25 案皆为旗人犯罪减等处罚，而汉人犯罪的第 7 案则加重处罚。由于样本数量有限，无法据此认为法司偏袒旗人或是严惩汉人。不过，以上旗人量刑不同的案件至少说明一个事实：旗人均按照满洲刑罚体制定刑，死罪减一等为鞭一百。而根据清律，死刑减一等为流刑。满、汉人犯哪怕所犯罪名相同，也可能因为刑罚体制不同而受到不同惩罚。

第四节　其他引发"两议"案件的因素

除了满汉冲突外，还有其他因素会导致"两议"，如皇帝介入，对罪犯身份的认定（进而影响法律应用），等等。这些因素有的可能基于特定时代背景，有的则在任何时代都可能出现，它们还可能相互交织，有时也从侧面反映出司法领域的满汉冲突。

---

① 律文可见《大清律集解附例》卷一三，载杨一凡、田涛主编《中国珍稀法律典籍续编》第五册《顺治三年奏定律》，王宏治、李建渝点校，黑龙江人民出版社 2002 年版，第 259 页。

一 皇帝介入

尽管"两议"一般由审判官员提出，但第 28 案（窝逃案件）出现"两议"，则是皇帝亲自介入的结果。此案出现"两议"是因为刑部和三法司在审判中都不顾罪犯口供用推测代替证据，而皇帝则相信罪犯口供。顺治四年，山西民人李永昌外出做买卖。顺治六年，其弟李永盛被满洲兵拿去，次年逃回。李永昌在顺治八年回家后和李永盛在一院同居七个月。据李永昌的供词，李永盛告诉他满洲兵来的时候，他躲到山里去了，所以他不知道李永盛系逃人。李永昌兄弟被人举首后被押解到京师，先由兵部审理。兵部督捕断定李永昌"供称不知逃人李永盛被大兵抢去等语，明系巧饰"，窝隐是实，于顺治十二年八月十九日请皇帝敕下刑部将其正法。皇帝下旨由三法司核拟具奏。三法司对此案进行覆审。李永昌供顺治四年他出门做买卖，顺治六年他的兄弟和妻子都听说李永盛被满兵带去，后来李永盛逃回。顺治八年李永昌回家后问李永盛，李永盛回答满兵来时住在山里，兵去后回家了。尽管李永昌否认自己知道李永盛系逃人，但三法司依然根据这些供词认定李永昌明知李永盛系逃人，隐藏是实，"应照例拟绞监候，秋后处决"。三法司于顺治十二年十月二十三日上题。

二十六日顺治皇帝下旨："李永盛逃回时据李永昌辩称在外不知，依拟应绞，著监候，再审具奏。余依议。"与一般绞监候案件不同，皇帝在批语里明确提到李永昌的供词，而且将判决由"绞监候，秋后处决"改为"监候，再审具奏"，说明皇帝对此案之拟律尚存疑问。三法司于是再次覆审，但覆审依然断定李永昌知情隐藏，"仍依定例拟绞监候，秋后处决"。十一月初三日，三法司具题，初六日皇帝下旨："李永昌供在外贸易，不知李永盛被满洲带去，其情近真。还著确议具奏。"至此，皇帝的意思已经非常明显：他更相信罪犯李永昌的供词，而非三法司官员的推测。

在皇帝旨意如此明确的情况下，三法司依然未直接按照皇帝的圣旨采纳李永昌的证言，但对如何拟律发生了分歧。一种意见不顾皇帝圣旨，仍主张李永昌"难免知情之罪"，对其拟绞监候秋决。持这种意见的以刑部满尚书图海为首，包括数名满官和一名汉官。另外一种意见则认为，李永昌对李永盛被获逃回之事"似属不知"，但又认为二人系同胞兄弟，"难言尽不知情"，对其拟以杖一百、流徙宁古塔。持这种意见的以刑部汉尚书刘昌为首，包括其余汉官（含刑部所有参与审判之汉官）和数名满官。明显，后一种意见也体现了官员的推测，认为李永昌可能知道其弟弟系逃人，但毕竟没有判处李永昌死刑。十二月十八日，三法司将两种意见同时具题，皇帝采纳了后一种意见，并没有就两种意见均未采纳李永昌的供词再做文章。皇帝几次干涉此案，可能是为了在逃人案件审判上压制满洲贵族，也可能想放李永昌一条生路，至于拟律过程中如何采用供词，则处于相对次要的位置。

第三章提及，当时清廷对逃人问题极为重视。此案初议时，兵部和三法司官员都不顾李永昌的口供欲置他于死地。在皇帝的强力介入下，三法司中部分满、汉官员终于领悟皇帝意图，通过"两议"来援救李永昌。皇帝在此案中压制了包括满洲贵族在内的整个官僚机构，并保护了李永昌这位汉人窝逃者。

二 身份之争

第 6 案和第 14 案涉及身份认定。第 6 案中，旗人家婢三姐持刀为盗取金钳将主子马起哈家十三岁女儿的耳垂割下。刑部第一议将三姐视作奴婢，"依奴婢殴良人者加凡人一等，至笃疾者绞监候"。[1] 刑部第二议则认为，马起哈已经收三姐为妾，所以三姐不能以奴婢论，

---

① 此处律文引自档案。原文可见《大清律集解附例》卷二〇，载杨一凡、田涛主编《中国珍稀法律典籍续编》第五册《顺治三年奏定律》，王宏治、李建渝点校，黑龙江人民出版社 2002 年版，第 340 页。

应该按照凡人之间斗殴毁人耳鼻者,拟杖一百。① 皇帝收到刑部的两种意见后下旨三法司核拟。刑部和大理寺在核拟中依然坚持三姐不得以奴婢论,建议按照凡人之间的斗殴拟杖一百,而都察院则认为三姐为奴婢,主张"依奴婢殴家长之期亲伤者律斩监候"。皇帝同意都察院的意见,将三姐拟斩监候。

第14案涉及旗下人身份问题。案中投充家人保儿在民人张豆腐家佣工。保儿后来因为偷钱被打身死。刑部第一议按照普通人斗殴将张豆腐拟绞监候。该议并未逐字引用清律,但其对罪状的描述和所拟刑罚与清律一致。② 第二议则将保儿视作雇工人,"家长殴雇工人因而致死者律",③ 拟杖一百、徒三年。三法司核拟时,恰逢热审,支持第二议意见。皇帝同意三法司所拟,将张豆腐杖一百、徒三年。

以上案件虽然没有明显的满、汉对立,但也从侧面反映出当时的满汉关系。逃人问题是此时满汉冲突的焦点之一,但第28案(窝逃案件)说明,皇帝没有偏袒满官。第6案从一定程度上表明汉人的等级以及身份观念影响到旗人犯罪的判决。第14案则说明罪犯保儿旗人身份的介入,并未改变他的雇工人身份——他依然按照基于汉人等级概念的律例定罪。

其他案件则基本不涉及满汉关系。第5和16案均系汉人职官职务犯罪。第5案系封疆大吏丢失厦门,第16案系地方官隐瞒盗案。刑部提出的两议均依据清律作出,未见审判官员的分歧。

---

① 律文可见《大清律集解附例》卷二〇,载杨一凡、田涛主编《中国珍稀法律典籍续编》第五册《顺治三年奏定律》,王宏治、李建渝点校,黑龙江人民出版社2002年版,第334页。

② 清律规定斗殴杀人拟绞监候。见《大清律集解附例》卷一九,载杨一凡、田涛主编《中国珍稀法律典籍续编》第五册《顺治三年奏定律》,王宏治、李建渝点校,黑龙江人民出版社2002年版,第327页。

③ 律文可见《大清律集解附例》卷二〇,载杨一凡、田涛主编《中国珍稀法律典籍续编》第五册《顺治三年奏定律》,王宏治、李建渝点校,黑龙江人民出版社2002年版,第341—342页。

第五节　结语

顺治十年到十三年是顺治朝司法变革的关键期。以往学者强调顺治朝司法的满洲特色和应用清律的困境。本章印证了第六章的结论：尽管满洲法律和其他司法传统并未完全退出，此时清律才是刑部和三法司拟律的基本依据。郑小悠、苏亦工等学者论述满汉关系时往往将满、汉分别视作一个整体，然而"两议"案件展现出更加复杂的满汉关系：满官有时会分裂，有时会支持汉官，且满官时常按照清律定罪。朝堂之上，固然有满汉的对立，但就拟律定罪而言，并非所有官员都从身份出发，而是依据案情和律例要求，仔细衡量。这也表明，大多数案件并不涉及满汉官僚的利益，也不会引发满、汉官员的对立。这与第三章讨论的逃人问题截然不同——大多数满、汉官员在逃人问题上势同水火。

结　　论

　　相继侵入印度的阿拉伯人、土耳其人、鞑靼人和莫卧儿人，不久就被**印度化**了——野蛮的征服者，按照一条永恒的历史规律，本身被他们所征服的臣民的较高文明所征服。

卡·马克思

　　顺治朝的法制变革，尤其是顺治帝主导的顺治变革，奠定了清朝二百余年法律与司法制度的根基。顺治朝之后，无论是鳌拜等辅政大臣还是康、雍、乾等历代君主，都在法律制度上延续顺治帝的方针，在满、汉两个最大的族群上，坚守一元化的司法政策。顺治十三年之后，不管清朝的疆土扩张到什么地方，也不管清朝统治了多少族群，清朝疆域里最为重要的满人和汉人，都必须遵守《大清律》。① 清廷虽然将一些满洲因素渗入《大清律》中，但清律终究是一部来自汉人社会的律典，其主体内容始终根植于汉人千年来的法律传统。即便是"逃人法"，这一特别体现清朝满洲统治的法律，再也没有如顺治三年

---

　　① 需要指出的是，八旗驻防后来出现了"地方化"的倾向，但是驻防旗人犯罪后依照清律审判。八旗驻防的地方化并没有改变清律的正统地位。八旗驻防地方化，可参阅汪利平《杭州旗人和他们的汉人邻居：一个清代城市中民族关系的个案》，《中国社会科学》2007年第6期。驻防八旗犯罪的审判，可参阅郑秦《清代司法审判制度研究》，湖南教育出版社1988年版，第59—68、72—75页；鹿智钧《国家根本与皇帝世仆：清朝旗人的法律地位》，东方出版中心2019年版，第340—371页。

或者顺治十一年那样，为维护满人利益而不顾及汉人长久以来的法律原则。相反，"逃人法"逐步适应汉人社会，逐步采用清律中的原则，到清代中期不再是满汉冲突的引爆点。就审判制度而言，清廷延续了入关前的方针，继续倚重刑部来审理案件，造成清朝三法司中"部权特重"的现象远超明朝。这一制度安排既提高了审案效率，也利于皇帝排除满洲贵族的影响以加强君主集权。而且，清廷入关前设立刑部，本身就是在司法上学习明朝制度的一个环节。在案件管辖上，顺治变革之后，在旗人的新家——京师，基于特权的司法管辖继续存在，但主要存在于官员、宗室觉罗和内务府所属人员等群体中。基于普通旗民法律身份的特殊司法管辖，可以说影响极微。普通旗人民人的案件可以在同一衙门审判——轻罪在五城、重罪在刑部。总之，顺治帝之后的历代统治者，不管对清朝有何种构想，在清末新政时期实施司法改革之前，都没有打破顺治帝确立的法律制度框架。

顺治朝之后的清朝法律制度，对满人和汉人来说，具有不同的意味。对汉人来说，尽管清朝制度和明朝制度存在很大的不同，尤其是京师的审判程序，和明朝制度甚至存在断裂，但是清律的主要内容继承了明律，审判汉人的机构，不管是京师的刑部、五城，还是直省的总督、巡抚、巡按、府、州、县，都继承自明朝。顺治变革的结果对满人来说却大不一样。清廷放弃满洲法律逐步采用清律，审判程序上也进一步采用沿自明朝的官僚制度，这些都属于脱胎换骨的变化。对旗人来说，顺治变革更像是一场革命而非改革。

一 "永恒的历史规律"与清朝的事实

总体来看，顺治朝的法制变革旨在抛弃满洲自身的法律传统，将改造后的汉人制度应用于满人。卡·马克思所言"永恒的历史规律"，即野蛮的征服者被他们征服的更高文明所征服，[1] 在入主中原的满洲

---

[1] 马克思：《不列颠在印度统治的未来结果》，中共中央马克思恩格斯列宁斯大林著作编译局《马克思恩格斯选集》第一卷，人民出版社 2012 年版，第 857 页。

人身上得到体现。这一"永恒的历史规律"的确可以有力地解释清朝统治者对汉文明的学习与吸纳，但我们也不应该忽视满洲统治者的主体性。正如本书所揭示的，清朝并没有简单地继承明朝制度，而是依据实际情况加以改造。清廷从入关前学习明朝制度开始，就一直注重因时因地，结合实际情况做到采用明朝制度时，又尽量避免该制度的弊端。很多明朝法律与司法制度，因为不能适应新的时代，终结于顺治或者康熙早期。① 在学习汉文明的前提下，清廷也没有忽视满人的特殊利益。有清一代，满人享有法律特权也是不争的事实。

清朝统治者并没有简单地采用汉人制度，而是融合满汉制度的优点，创造出更加成熟的清朝制度。两种不对等的文明的交流，固然会体现出一方对另一方的支配，但是不容忽视彼此的双向交流。这种文明的双向交流，在人类历史上并不罕见。即便步入近代，殖民地也不只是接受殖民者（欧洲）的强势文化，同样存在对宗主国的反向输出。甚至就特定事例而言，欧洲人（殖民者）从殖民地受到的影响超过其对殖民地施加的影响。② 对清朝和西方文化交流的研究也揭示出，近代中西文化的影响并不是单向的。陈利指出，文化互化是一个双向进程。他以欧洲视野中的中国法律为例，指出西方启蒙思想家借鉴了中国法律知识。③ 杨念群指出，过去"单向文化传播论"将中国视作被动回应西方的盲从者，忽视了中国的主体意识。新的研究注意到中

---

① 例如，清朝于顺治十七年废除了"五年审录"制度，在康熙六年裁撤府下的推官。[日] 赤城美惠子：《清朝初期的"恤刑"（五年审录）》，张登凯译，载周东平、朱腾主编《法律史译评》，北京大学出版社 2013 年版，第 219—247 页；项巧锋：《清初的推官及其裁废——兼论地方行政格局的变革》，《法律史评论》2019 年第 2 卷（总第 13 卷），社会科学文献出版社 2019 年版，第 86—104 页。

② Mary Louise Pratt, *Imperial Eyes: Travel Writing and Transculturation* (Second edition), London and New Yokd: Routledge, 2008, pp. 4, 7, 135（中文版见玛丽·路易斯·普拉特（Mary Louise Pratt）《帝国之眼：旅行书写与文化互化》，译林出版社 2017 年版，方杰、方宸译，第 5、9—10、177—178 页）。

③ Chen, Li., *Chinese Law in Imperial Eyes: Sovereignty, Justice, and Transcultural Politics*, New York: Columbia University Press, 2016, p. 247.

国接受西方文化过程中的能动性。① 类似的，清朝汉文化面对满人文化时具有优势，入主中原的满洲统治者，也的确接受了很多汉文化，但就法律制度而言，满人不是单向的接受者。清朝的法律制度，打下了满人的烙印。

需要说明并且强调的是，顺治变革并不是满人学习汉文化就可以简单概括的。学界在研究明清易代的残酷和不幸时，都将视角聚集在被满人统治的汉人身上，强调他们的痛苦，而忽视满洲贵族以及普通满人在明清易代过程中，面临汉文化及其相应制度的"压迫"时所遭受的痛苦。在清廷针对满人犯罪也逐步应用清律的过程中，无数满洲人在适应汉人法律时经历了各种不幸和痛苦——这只是满人适应汉人制度过程中诸多痛苦的一小部分。

故此，明清鼎革，不只是清朝打败了农民起义军，统一了明朝的疆域和人口，同时也是清朝统治者在内部征服了八旗贵族和旗人。虽然"旗民分治"是清朝国策之一，但在"旗民分治"的前提下，清廷将八旗的管理逐步归于沿自汉人的官僚制度之下，也是历史事实。顺治朝的法制变革，是入关前学习明制，压制满洲贵族以加强君主集权的延续。将旗人纳入沿自明朝的法律（《大清律集解附例》）和司法机构（五城、刑部和三法司），是将八旗纳入官僚体系管理的重要一步。② 而从"逃人法"的激烈争执、议政王贝勒大臣一度参与死罪复核以及满洲法律对清律的"阻碍"来看，满洲贵族对法制的"汉化"也曾表达过不满。但这种不满多被强势的君主所压制。

这种不满表明，满人在适应汉人法律时遭受的痛苦，常常来自富

---

① 杨念群：《反思西学东渐史的若干议题：从"单向文化传播论"到知识类型转变的现代性分析》，《华东师范大学学报》（哲学社会科学版）2019 年第 3 期。亦可参阅杨念群《百年清史研究史·思想文化卷》，中国人民大学出版社 2020 年版，第 8—9 页。

② 顺治帝之后，清朝君主继续用儒家思想削弱八旗贵族的权力。尤其是雍正帝，改变了八旗制度，将八旗纳入官僚体系之下。孟森：《八旗制度考实》，《明清史论著集刊》（上册），中华书局 1959 年版，第 218—310 页；Pei Huang, *Autocracy at Work：A Study of the Yung-cheng Period, 1723–1735*, Bloomington：Indiana University Press, 1974, pp. 168–184。

有远见的满洲统治者，而不只是拥有更先进文明的汉人，尤其是汉人官僚。顺治帝在学习汉制过程中，对满洲贵族和普通满人造成的痛苦，或隐或显地存在于档案等官方文献中。在档案中，我们可以看到普通满人在清律面前的无助和痛苦。而福临和大学士共同主导的批红，常常无视满人的痛苦。顺治帝死后，四位辅政大臣在托名顺治帝所作的遗诏中严厉谴责顺治帝"渐染汉习"、忘记太祖太宗遗训的做法，就深刻表明了满洲贵族对这位君主的不满甚至痛恨。而谴责顺治帝的辅政大臣以及后续的统治者们，却踏着顺治帝的脚印，在法律上继续"汉化"，将满洲法律要么融入清律，要么放进历史。这说明，顺治变革被顺治帝的后继者们所认可。在这一过程中，满人，尤其是普通满人承受的痛苦，虽然超出本书的研究范围，却值得我们将来去研究。

当然，如果说满人在适应汉人的文化和制度时经历了痛苦，那么汉人接受满人统治的过程就更加痛苦。需要提醒读者的是，顺治朝是一个动荡的时代，一个社会失序的时代，一个需要重建法律秩序的时代。本书论述的法制变革措施，有的是无数生命死亡的总结，有的是矛盾爆发的产物。清朝统治者在继承并变革满汉法律制度时固然占据主动，但顺治变革后的法律制度终究以汉人法律传统为主。虽然清朝臣民经历过残酷的"逃人法"，也经历过满、汉两种体制并存的二元法律体系，但顺治变革及其之后的历史表明，清朝必须将自己置于中国传统王朝的一环，吸收采纳历代王朝的经验教训，才能成功地统治数倍于满人的汉人。顺治时期二元的法律体系和异质的"逃人法"只是清朝入主中原后的异常插曲，清王朝的法律制度终归要回到常态，回到无数汉人生活的土壤中——甚至有些边疆族群的法律，也和满洲法一样，逐渐纳入以汉人法律传统为基础的一元化法律框架中。

二　反思清朝法史研究中的"法律多元主义"

如何理解清朝满人的司法特权，是学界争论的焦点之一。不少学者，在不同的学术脉络下，都强调清朝满汉之间法律上的不平等。在瞿同祖的笔下，"不平等"是中国古代法律的本质特征。贯穿整个古代中国法律的，主要是基于社会等级和家庭地位的不平等，发生在金、元、清等朝代的基于"种族"的不平等是在本来就不平等的社会增加一个不平等的因素。《大清律》虽然同样适用于满人和汉人，但旗人拥有"犯罪免发遣"的特权。不过，瞿同祖指出，清朝对汉人的歧视不像元朝那样苛刻。① 瞿同祖的分析多为就事论事。在其笔下，清朝依然是中国古代传统王朝之一。满汉族群在法律上的不平等，和中国古代法律的不平等是一致的，并无特别之处。部分"新清史"学者也强调满汉人等在司法上存在隔离，旗人拥有换刑特权，并将这些司法不平等视作清朝满汉不平等的标志。② 柯塞北（Par Kristoffer Cassel）甚至更进一步，将旗人特殊司法管辖和换刑特权视作清朝"法律多元主义"的根据。③

笔者认为，不宜高估旗人司法特权在清朝司法体系中的地位，对于"法律多元主义"这一术语的应用，我们也应持谨慎态度。其实，不少学者在使用这一概念时，是很谨慎的。马青连在论述理藩院的法律职能时，将清朝在蒙古、新疆和西藏地区的法律理解为二元法制模式。在这一模式下，以《大清律》为主体的"国家法"和专门针对蒙古、新疆等地被当地民族视为传统法的"固有法"并存。不过，马氏虽然强调清朝法律制度具有多元的一面，但是国家法律制度优先。④

---

① 瞿同祖：《中国法律与中国社会》，中华书局 1981 年版，第 243—249 页。

② Mark C. Elliott, *The Manchu Way*: *The Eight Banners and Ethnic Identity in Late Imperial China*, Stanford, California: Stanford University Press, 2001, pp. 199 – 200; Edward J. M. Rhoads, *Manchus and Han*: *Ethnic Relations and Political Power in Late Qing and Early Republican China*, *1861 -1928*, Seattle and London: University of Washington Press, 2000, pp. 42 –43.

③ Par Kristoffer Cassel, *Grounds of Judgment*: *Extraterritoriality and Imperial Power in Nineteenth-Century China and Japan*, New York: Oxford University Press, 2012, pp. 18 –21.

④ 马青连：《清代理藩院的法律功能研究》，中国社会科学出版社 2016 年版，第 17—18、279—280 页。

再以清朝蒙古的立法为例，何遐明（Dorothea Heuschert，又译作多格泰娅·何硕特）指出清朝在蒙古地区的立法，是统治者将外来的法律文化强加给被统治者。在"法律多元主义"的视角下，清朝针对蒙古地区的立法和司法确实在诸多方面体现蒙古特色，但她指出，在立法和司法方面，清朝不断地将汉人法律文化渗透到蒙古地区。清朝蒙古地区在法律应用和审判程序等方面都逐步受到清律的影响。① 何遐明在对清前期理藩院的研究中再次强调了上述观点，指出蒙古地区的司法自主权在不停地下降。与此一致的是，清朝从顺治时期开始，就在蒙古地区逐步采用中原地区的法制并将蒙古地区置于统一的清朝法制之下。②

康斯坦（Frederic Constant，又译作梅凌寒）对蒙古法的研究也揭示了类似现象。他指出：蒙古法经历了汉化的过程，"清代法制不是法律多元（legal pluralism）而是法源多种（legal plurality）"。清朝对边疆族群制定特定法律时，"朝廷只发展了中华法系的法源多种传统"。③ 康斯坦新近的研究甚至不再用法律多元（legal pluralism）而是用"法律多样"（legal diversity）来描述清朝的法律体系。他认为，清朝的法律多样不仅体现在边疆地区，即便在直省，也存在大量的"省例"等地方性法律。同时，清朝针对不同族群和不同地域的多样性法律是有限制的。他再次以清朝对蒙古的立法为例，指出汉人法律传统对蒙古地区的渗透和中央政府对蒙古

---

① Dorothea Heuschert, "Legal Pluralism in the Qing Empire: Manchu Legislation for the Mongols", *The International History Review*, Vol. 20, No. 2 (Jun., 1998), pp. 310 – 324.

② Dorothea Heuschert-Laage, "Manchu-Mongoian n Controversies over Judicial Competence and the Formation of the Lifanyuan", in Dittmar Schorkowitz and Chia Ning, ed., *Managing Frontiers in Qing China: The Lifanyuan and Libu Revisited*, Leiden: Brill: 2017, pp. 244, 245, 247, 250.

③ 康斯坦：《从蒙古法看清代法律多元性》，《清史研究》2008 年第 4 期。杨强的研究也表明清代蒙古地区的法律在很多方面受到中原地区法律的影响，呈现出"内地化"的倾向。杨强反对将蒙古民族传统法律和中华法系视作二元的论点，强调前者是后者的组成部分。杨强：《清代蒙古法制变迁研究》，中国政法大学出版社 2010 年版，第 149、193—194、224、301、331—333 页。

地方司法的控制。① 由此可知，顺治朝之后法律一元化的趋势，不只适用于满人和汉人，也一定程度上适用于蒙古等边疆族群。"法源多种"和"法律多样"是在国家法律一元制度下给予在特定地域和特定族群一些空间——这些特定的法律都从属于国家一元化法律的框架。

与上述观点相反，柯塞北认为，鸦片战争之前，清朝的法律是多元的。他认为，清朝国家法不是唯一的法律来源，国家也不是唯一的执法机关，在县以下存在的行会和家族等组织，扮演着执法者的角色，而且经常违背国家的禁令。边疆少数族群经常有自己的法律体系，尤其是蒙古人，有单行的《蒙古律例》。他还认为，《大清律例》中针对苗、瑶、穆斯林等特定人群的条款，亦是清代法律多元的表现。当然，最关键的是，清朝实行"旗民分治"政策，旗人享有"犯罪免发遣"的特权，而且包括皇族在内的旗人享有特殊的司法管辖。② 康斯坦笔下的诸多"法源多种"或者"法律多样"现象，在柯塞北的笔下，都成为清朝法律多元的证据。这样使用"法律多元"这个概念，难免有泛化之嫌。

笔者认为，关注旗人司法特权不应忽视旗人和民人处在同一法律体系下的事实。柯塞北用"法律多元主义"的视角来分析顺治朝之后清朝满汉人等在法律面前的区别对待，并不具有解释力。首先，柯塞北夸大了满汉不平等的一面。例如，柯氏依据林乾的文章，认为清朝旗人除非犯叛逆重罪，一般免于死刑。③ 这是对旗人免死特权的夸张

---

① Frédéric Constant, "The Legal Administration of Qing Mongolia", *Late Imperial China*, Vol. 40, No. 1（June, 2019）, pp. 133 – 173. 贾建飞对新疆回例的研究也表明，清朝对新疆的统治最终"由因俗而治转向制度趋同"。贾建飞：《回例与乾隆时期回疆的刑案审判》，《清史研究》2019 年第 3 期。

② Par Kristoffer Cassel, *Grounds of Judgment: Extraterritoriality and Imperial Power in Nineteenth-Century China and Japan*, Oxford: Oxford University Press, 2012, pp. 17 – 23.

③ Par Kristoffer Cassel, *Grounds of Judgment: Extraterritoriality and Imperial Power in Nineteenth-Century China and Japan*, Oxford: Oxford University Press, 2012, p. 21；林乾：《清代旗、民法律关系的调整——以"犯罪免发遣"律为核心》，《清史研究》2004 年第 1 期。

描述。因为大部分旗人，尤其是下等旗人，并无父、祖、叔、伯、子孙战死，不可能享受免死特权。刘小萌的研究就指出，到清朝中后期之后，旗人犯命案后和民人一体拟律定罪。① 其次，柯塞北所言清朝旗人具有特殊司法管辖，举例多为地方官不能直接处理旗人案件，却全然不提在清朝旗人的新家——京师——民人和旗人都受同一法律（《大清律例》）以及同一法庭系统（不是地方官而是五城御史和刑部）管辖的事实。最后，旗人享有换刑特权（"犯罪免发遣"），固然是事实，然而在同一法律体系下享受特权，是否就是"法律多元主义"的体现？笔者认为，旗人的换刑特权只能说明在清朝法律之下，不同人有不同的法律地位——这是瞿同祖笔下中国古代法律的本质特征。在一元化的法律中，不同族群、阶级、年龄的人被区别对待并不罕见。满洲作为统治集团只是在清律中得到优待，而非遵循不同的法律体系。②

换言之，法律赋予人们不同的法律地位可以是同一法律体系的内在要求，与法律多元无关。正如孔飞力（Philip A. Kuhn）指出的："中国文化是统一的，但并不是单一同质的。"③ 清朝满汉之间的法律是统一的，但并不是对所有人都一致的。在满汉统一的法律体系下，不同人具有不同的法律地位，要么是中国儒家传统的反映（如法律强调尊卑、长幼之序），要么是满洲少数统治的反映（如法律区别对待满人和汉人），而非清朝法律多元的表征。

进而论之，用法律多元主义的视角分析清律内部对不同人的区别对待，反映出法律多元主义理论本身的缺陷。塔玛纳哈（Brian Z. Tamana-

---

① 刘小萌：《清代旗人民人法律地位的异同——以命案量刑为中心的考察》，《清史研究》2019 年第 4 期。

② 法律多元的视角也无法解释清廷赋予旗人换刑特权，本身就是尊重清律、放弃满洲法律的关键一步。胡祥雨：《清代法律的常规化：族群与等级》，社会科学文献出版社 2016 年版，第 60 页。

③ Philip A. Kuhn, *Soulstealers: The Chinese Sorcery Scare of 1768*, Cambridge, Mass: Harvard University Press, 1990, p. 223（中文版见孔飞力《叫魂：1768 年中国妖术大恐慌》，陈兼、刘昶译，上海三联书店 2012 年版，第 277 页）。

ha）指出，法律多元主义者攻击法律中心主义是一种错误的意识形态，却从未提供任何证据证明法律中心主义这一意识形态的存在。在塔玛纳哈看来，法律中心主义的意识形态这一概念本身就值得怀疑。[①] 至少从中国历史上的法律来看，法律多元主义所批评的，即法律中心主义视野下，一个单一的对所有人一致的国家法律体系，在中国历史上本来就不曾存在过。相反，不同的人（基于阶层、性别、年龄辈分等）具有不同的法律规范，才是中国古代法律的本质特征。近来的研究表明，不管是法家的法律还是儒家的法律，都是维护等级差序的，法律对不同的人是不一样的。[②] 从法律多元的视角出发，否认中国古代法律是单一且对所有人一致的，本身就是无的放矢，完全是一种错位的批评。[③]

　　简言之，使用法律多元这一概念时，必须严格界定。如果用于国家制定或者认可的法律，虽然可以用来分析清朝边疆少数民族与清律并存的事实，但至少就蒙古等地区而言，法源多种或许更为恰当。我们还应该看到，清朝有将清律逐步应用到边疆地区的趋势。至于清律内部对不同人的差别对待，不管是基于族群、等级、年龄还是家族，都属于一元法律下差序格局的表现，不应视作法律多元。

---

① Brian Z. Tamanaha, "The Folly of the Social Scientific Concept of Legal Pluralism", *Journal of Law and Society*, Vol. 20, No. 2 (Summer, 1993), p. 195.

② 杨振红：《从出土秦汉律看中国古代的"礼"、"法"观念及其法律体现——中国古代法律之儒家化说商兑》，《中国史研究》2010 年第 4 期。韩树峰也认为中国古代差别性的法律条文主要受法家思想影响，且"儒家化"的法律特征并非中国古代法律特有的现象，而是一定历史时期人类法律的共性。韩树峰：《汉魏法律与社会：以简牍、文书为中心的考察》，社会科学文献出版社 2011 年版，第 264、269 页。

③ 在塔玛纳哈看来，即便研究国家制定法和非国家的"法律"，法律多元主义这一概念也不是必需的。法律多元主义者将民间的各种规范也视作"法律"的时候，混淆了法律和其他社会规范之间的区别。我们不能将国家制定法和民间的规范统称为"法律"。Brian Z. Tamanaha, "The Folly of the Social Scientific Concept of Legal Pluralism", *Journal of Law and Society*, Vol. 20, No. 2 (Summer, 1993), pp. 206, 208, 211–212.

附　　录

附表一：顺治元年至康熙九年大赦与逃人案件

主政者	大赦时间	大赦原因	与逃人相关的条款
多尔衮（按：斜体表示大赦政策对逃人相关罪犯较为宽容）	顺治元年七月十七	入关后，"嘉与维新"	（未提及，没有排除在大赦之外）
	顺治元年十月初十	顺治帝登基	"其隐匿在官及民间财物、人口、牲畜者，许自首免罪，如被人告发，不在赦例"
	顺治二年四月	平定陕西①	"隐匿在官及民间人口、牲畜、财物者，许自首免罪，各还原主，如被人告发，不在赦例"
	顺治五年十一月十一	四祖考妣帝后尊号礼成	"满洲赦前逃人如在顺治六年八月以前自归者，匿主、邻佑、官长人等一概免议。在九月初一以后者，不免。若在限定日期之内被人告发，或失主认识者，仍旧例问罪"
济尔哈朗等	顺治八年正月十二	顺治帝亲政	"隐匿满洲逃人，亦不赦"
	顺治八年八月二十一	上皇太后徽号	"隐匿满洲逃人，照例治罪"

---

① 清廷平定南京、福建、广东等地，都在所在区域赦免罪犯，规定各地方势豪人等接受投献产业人口以及诈骗财物者，可以自首免罪。如被人告发，则不赦。《世祖章皇帝实录》卷一七，《清实录》第三册，顺治二年六月己卯，中华书局1985年版，第154—155页；卷三〇，顺治四年二月癸未，中华书局1985年版，第249、251页；卷三三，顺治四年七月甲子，中华书局1985年版，第272—273页。

续表

主政者	大赦时间	大赦原因	与逃人相关的条款
顺治帝	顺治十一年六月二十二	加皇太后徽号	"隐匿满洲逃人……亦在不赦"
	顺治十一年十一月十六	地震、水旱	"隐匿满洲逃人，在颁诏之日以前，见在审理未结者，悉与赦免。赦后者仍照例处治"
	顺治十三年七月初七	乾清宫成	"满洲逃人、窝主、干连人等……亦不赦"
	顺治十三年十二月初六	册董鄂氏为皇贵妃	（未提及，没有排除在大赦之外）
	顺治十四年三月初十	太宗配享礼成	"满洲逃人、窝主、干连人等……亦在不赦"
	顺治十四年十月二十六	诞生第一子	（未提及，没有排除在大赦之外）
	顺治十五年正月初三	皇太后圣体康豫	（未提及，没有排除在大赦之外）
	顺治十七年正月二十五	省躬引咎	"逃人罪犯赦后三次者方坐死罪，在赦前者俱免"
鳌拜等辅政大臣	顺治十八年正月初九	康熙帝登基	"军机获罪、隐匿逃人，亦不赦"
	康熙四年三月初五	地震	"自今以后，逃人面上刺字，著停止，照窃盗例刺字。……以后窝逃家之〔家〕，著免刺字"
	康熙六年七月初七	康熙帝亲政	"逃人事情，向来不赦，今概准赦免"
	康熙六年十一月二十六	顺治帝配享礼成、加太皇太后、皇太后徽号	"逃人事情，概准赦免"
康熙帝	康熙八年十一月二十五	重修乾清宫太和殿告成	"满洲逃人、窝主、干连人等……不赦"
	康熙九年五月初六	孝康章皇后升祔太庙	"逃人窝主及干连人犯俱准赦免"

附表二：二十八起"两议"案件摘要

1. 日期为具题时间，采用清代纪年。比如第 1 案，9.11.12 表示具题时间为顺治九年十一月十二日。

2. 来源指档案出处。BD 表示中国第一历史档案馆藏《内阁题本（北大移交题本）》，BD 后面的数字为档案文件号（省略前面的"2 - 28 -"）。NG 表示台湾"中研院"历史语言研究所藏《内阁大库档案》，后面的数字为档案之登录号。

序号	案由概述	两议情况 1	两议情况 2	皇帝意见	日期、来源及说明
1	京师案件 1，犯人旗、民均有。正红旗看仓马法、脑木七、外郎鲍奎系仓役盗仓粮，沈宗焕也参与。	刑部 1：脑木七、鲍奎、沈宗焕斩；田有成等各责四十板；户部副理事官乌二山鞭七十折赎；理事官郎廷辅议罚一个土黑勒威勒。	刑部 2：脑木七、鲍奎各鞭一百，书办沈宗焕责四十板，俱革役。	脑木七、鲍奎着各鞭一百，沈宗焕著责四十板，革役。未获人著落王世科等伙内追赔。余依议行。	9.11.12 BD1859 - 1 量刑不同。未标明衙门或者官员分歧。
2	京师案件 2，旗人。韩守富打死韩宗科，虽韩宗科是伊弟之子，但系民。	刑部 1：因其私自打死，应拟绞抵。	刑部 2：韩宗科系韩守富亲弟之子，因凶恶打死，依律韩守富鞭一百、赔人。	（满汉文均无批红）	10.3.14 NG120274 拟律不同。未标明衙门或者官员分歧。
3	京师案件 3，民人。典史郧天成借何二银两，成简公作保。郧天成被殴身死。	都察院、大理寺：成简公打伤郧天成，过八日死，死者是职官，应从绞抵。	刑部：何二脱逃，成简公不承认殴打之事，合依共殴律杖流不枉。遵奉上传减等免流，仍责四十板。断殡殓银两给尸亲。	成简公依刑部议，何二获日另结。	10.4.23 BD1863 - 13 情节认定不一致。

续表

序号	案由概述	两议情况1	两议情况2	皇帝意见	日期、来源及说明
4	京师案件4，犯人为旗人。采柱妻大姐、陈木匠妻小二姐偷用内用盘子；小二姐婆婆、郑扬文知情不举。	刑部、都察院、大理寺1：大姐、小二姐拟斩。	刑部等2："又一议得凡偷内用财物者皆斩，准赎，将大姐、小二姐各鞭一百。"小二姐婆婆、郑扬文应鞭一百，遵奉上传杖答应免。	缺	10.5.15 BD1865-14 量刑不同。
5	直省案件2，民人。张学圣、马得功、黄澍失防厦门。	刑部1：张学圣、马得功合依飞报军情若互相知会，隐匿不速奏闻者杖一百、罢职不叙，因而失误军机律，拟斩监候。黄澍合依凡共犯罪者以造意为首，随从者减一等律，杖一百、流三千里。王应元仍依事应奏不奏律，杖八十折赎。	刑部2：张学圣职任封疆，慢无防范，以致逆贼滋蔓攻陷城池，其厦门旋得旋失之罪虽系赦前，失陷海澄等六县，事在赦后，若非驻扎处所，兵备、守巡及守备官俱降三级调用，查失陷六县非张学圣驻扎处所，应按律降三级调用，交与吏部。马得功应比照守边将帅被贼侵入境内掳掠人民律，发边远充军，但得功曾杀退围攻伊驻扎泉州之贼，及闻贼侵犯海澄亦领兵救援，奈兵未到而海澄已陷，随又杀退兴化之贼。其被陷六县虽系得功所辖，但各有专任防守之官，得功相应免罪。黄澍失厦门之罪，事在赦前，失陷六县非其所属，亦应免罪。王应元知厦门得失情形不行题知之罪，查系赦前，亦应免议。	凡重大狱情，如识见不同，止可两议。这本内看语三四，其说何凭裁定？尔三法司再会同确拟具奏。	10.8.6 NG039793 未标明衙门或者官员分歧。拟律不同。

序号	案由概述	两议情况 1	两议情况 2	皇帝意见	日期、来源及说明
6	京师 5，旗人犯人。三姐持刀将主女耳垂割下，盗取金钳，赃证有据。	刑部 1：合依奴婢殴良人者，加凡人一等，至笃疾者，绞监候。	刑部 2：三姐虽系马起哈家婢，然马起哈已收之为妾，即不得以奴婢论矣。查律，妾犯者各从凡斗法，合依抉毁人耳鼻者杖一百。	三法司核拟具奏	10. 8. 18 NG089422 身份认定。
		刑部、大理寺：三姐系主马起哈已收为妾是实，不得以奴婢论。应从凡斗法抉毁人耳鼻者杖一百。	都察院：依奴婢殴家长之期亲伤者律，斩监候。	三姐依拟应斩著监候秋后处决	10. 12. 16 NG089423
7	京师 6，民人。王科供潘二借钱八千八百文，向彼取讨不与，反行殴打。王科以潘二伙党封五等要行殴打等情，于驾前鸣冤。及审，据封五供，并无打他情由，据见证宛平县皂隶赵奇供，不曾见封五等打他情由。	刑部 1：查律，凡有件诉冤抑者，冲突仪仗内而所诉不实者绞，系杂犯准徒五年。但凡人冲突仪仗尚拟此罪，查王科身系校尉，并无奇冤，止以此锁细情由，敢于太和殿前仪仗内诬捏喊冤，相应拟斩立决。	刑部 2：又一议，查王科冲突仪仗所诉不实，应依本律准徒五年，革去校尉，发驿递摆。	缺	10. 12. 16 NG036518 量刑不同。

序号	案由概述	两议情况 1	两议情况 2	皇帝意见	日期、来源及说明
8	直省 3，民人案件。刑部尚书张秉贞等：萧贵萧兰打死王秀情真，萧贵以元谋绞抵监候，萧兰为从鞭一百。萧贵致死家人李木匠，图抵王秀人命系轻，罪不重科。来聘母死，的证无人，免究。王来聘不听审理，复行私斗，拟杖八十折赎。原借贵银追给主。郭钦等八名分别责惩革役，赃追给主。杨生光等并知州免议，朱国臣送户部审结。	刑部尚书交罗巴哈纳等、都察院承政臣土赖等：王来聘借萧贵银未还，反将病死老母赖贵打死，告道后贵亦赴道告，撞遇来聘。聘同弟兄众人持棍将贵弟兰殴打，其情因还银不起，将病死之母希抵前债告道不遂，将贵弟兄殴打。但贵家人围门殴聘，又无青伤，止贵、兰有伤据。来聘供没有持刀戳贵，持石打腿是实，此即聘心不良。又称王秀被兰持石重伤身死。审萧兰，供并未持石打秀，因身被打昏，不知秀是谁打死。干证刘文光、吴守见供，未见萧兰打秀，止见贵、兰、王秀倒地。则萧兰打秀无证，况众人乱打不知谁打死，说系萧兰有是理乎？王来聘责四十板，折赎革黜。原借银还贵。同殴贵、兰之王来问等十三名各责二十板。萧贵告来聘戳死李木匠，地方官文称刀口无血又无证不准。贵、兰被伤免罪。李木匠、王秀不知被谁打死，无证无凭。查审郭钦等八名分别责惩革役，赃追给主。杨生光等并知州免议，朱国臣送户部审结。	大理寺卿魏琯等：核得萧贵向王来聘索债争嚷将聘母推跌三日身死，虽验有踢伤，但的证无人，未便拟议，及告到道又复纠众围聘门乱打，将王秀石击立毙，伤真证确，萧贵依元谋律绞抵监候，萧兰为从律杖。李木匠之死，打时并无其人，且刀口无血死后之伤，萧贵家人吴大口供系贵谋死图抵，应照前拟绞。王来聘母任既死免议。原借本银追给事主。郭钦按律责三十板，张宗智各责二十板，俱革役。赃追给主。杨生光等知州免议。朱国臣送户部审结。	缺	10.12.16 NG120579 外地案件 情节认定不同。只提到最高官员名字。

序号	案由概述	两议情况1	两议情况2	皇帝意见	日期、来源及说明
9	盛京1，旗人案件。京孙道官管的奶奶庙中道士沙正奎与傅朝庚因赌钱争嚷，朝庚将正奎母踢伤身死。	盛京总兵第一议：傅朝庚应斩。 刑部：查律，凡斗殴杀人者，不问手足他物金刃并绞。按律，傅朝庚应绞监候，秋决。 三法司与刑部议同。	第二议：原非专意打死，应鞭一百，赔一人。	傅朝庚依拟应绞，着监候秋后处决，余依议。	10.12.12 NG006436 盛京总兵两议。
10	京师7，旗人案件。李麻子清字告主母与红羊教道士聂大通奸。	刑部：奴婢诬告家长律绞，李麻子应拟监候，但主母在家供佛与道士同屋居住不免嫌疑，李麻子免死鞭一百。	三法司之刑部、大理寺照刑部原拟。都察院："奴婢诬告家长律绞，李麻子应绞，秋后处决。"	李麻子免死，鞭一百。	10.12.22 BD1869-9 量刑不同。
11	京师8，旗人。捉获强贼查杨海（正白旗包衣）入高粱（糧）地持刀自戳，并无弓箭腰刀，搜出白褂亦非失物也。	刑部尚书交罗巴哈纳、左侍郎宜尔都赤、启心郎吴达礼、理事官蔡必免：杨海……合依强盗已行，但得财者，不分首从，皆斩律，应斩。 三法司：律以持刀之罪应鞭一百。	刑部尚书张秉贞、左侍郎卫周祚、右侍郎龚鼎孳、郎中刘世杰：杨海走入高粱地内，被追持刀自刺，踪迹可疑，但并无弓箭腰刀，亦无伙贼，搜出白褂一件，亦非失主之赃，夹审未认，难以强调律论，但其持刀之罪应鞭一百。	杨海鞭一百，余依议。	11.1.7 NG087591 刑部开始情节认定不一致。

续表

序号	案由概述	两议情况1	两议情况2	皇帝意见	日期、来源及说明
12	京师9，非刑事案件，民人。太监萧章的驴被贼抢去，后看见房山县人王大的驴子，认为是自己的。	刑部1：查买卖俱未上税，亦难拟以偷盗，情属可疑，宋洪儒、熊三等俱免罪，驴与太监萧章。其被劫之物俟贼获日另结。	刑部2：王大等既非是贼，则王大是驴非萧章之驴，不应给萧章，以买卖未上税入官。案候盗贼获日再问萧章之驴。	依后议。	11.2.9 BD1870-15 不涉及犯罪。刑部两种处理意见，未见官员分歧。
13	直省4，旗人。言布守主亲前宿娼赌钱，穿故主衣服。	刑部1：刑部和都察院核拟：言布应立斩。	刑部2：三法司：言布以奴仆居主丧宿娼赌博律无正条，合引子居父母丧犯奸者加凡奸二等，照律与新人刘三各鞭一百。	言布、刘三依拟各鞭一百，余依议。	11.4.4 BD1872-3 满洲例与大清律。未见官员分歧。
14	京师10，民人。民人张豆腐打死投充家人保儿。	刑部1：张豆腐应拟绞，秋后处决。	刑部2：查律，若家长殴雇工人非折伤勿论，至折伤以上者，减凡人三等，因而致死者杖一百，徒三年，张豆腐照律应杖一百，折责四十板，徒三年。	三法司核拟具奏。	11.4.16 BD1872-5 缺页。
		三法司：适逢热审之期……保尔雇与张豆腐佣工是实，若径以凡斗拟绞，情有可矜，应照后议。家长殴雇工人因而致死律，张豆腐杖一百，徒三年。		张豆腐依议。	11.6.7 BD1873-3 旗下人是雇工人。
15	京师11，旗人。四姐与王厨子通奸，欲杀伊主明阿兔，将毒药放在饭内。	三法司1：依毒药杀人不死已伤，拟绞监候。	三法司2：四姐置买毒药无据，通奸情真，依和奸律杖八十。奉有笞杖豁免之旨，免杖。	两议轻重悬殊还着□□具奏。	11.5.9 089445 三法司情节认定不一。

序号	案由概述	两议情况 1	两议情况 2	皇帝意见	日期、来源及说明
16	直省 5，汉人官吏。纠参匿盗各官。	刑部 1：知府杨惠心，快役窝盗截劫未能觉察，大梁道中军史三才，境内强贼截劫不能缉拿，又未申报，合依不应得为而为之事理重者律，各杖八十折赎。郑州知州王永祚、荥泽知县韩重辉、河阴知县孟世勋各本境内被盗截劫隐匿不报，俱以应申上而不申上者律，笞四十折赎。查另案，史文严亦以境内有贼不报革职，杨惠心、史三才、王永祚、韩重辉、孟世勋俱应革职。荥阳知县倪斌本境并无盗贼失事，徒以接壤有盗未经预申，后将李虎山等住址姓名报道，且又亲身出境捕获贼首窝主，相应免议，应否革职听吏部议覆。	刑部 2：知府杨惠心，快役窝贼虽未能觉察，而以点卯不到革出，该抚拟不应得为而为之事理重者律，杖八十。知州王永祚、知县韩重辉、孟世勋各境内有贼未能申报，该抚拟以应申上而不申上者律笞四十。查名例文职官犯私罪笞四十以下者，附过还职，杖八十降三等叙用。杨惠心应否降等叙用，王永祚、韩重辉、孟世勋应否附过还职，听吏部议覆。至知县倪斌境内并无盗贼失事，且亲身捕获贼首窝主，应免议。应否还职听吏部议覆。中军史三才领兵驻防不能剿贼，又不申报，合依不应得为而为之事理重者律，杖八十，革职折赎。	杨惠心等依前议。	11.5.16 NG008937 无官员分歧。拟律不同。
17	京师 12，旗人。管家何罗打死投充人王之玉儿。	三法司 1：何罗偷米持刀背打死王之玉儿情真，合依故杀律，拟斩监候，秋决。	三法司 2：何罗打死王之玉儿及骂主情由，并无实据，偷米情真，应鞭一百，不援热审免责。	据前议，何罗持刀背打死王之玉儿情真；后议又云何罗打死王之玉儿原无的证。两议俱属游移，是何谳法? 还着□□拟具奏。	11.6.14 BD1873-6 情节认定不一。

续表

序号	案由概述	两议情况1	两议情况2	皇帝意见	日期、来源及说明
18	京师13，旗人。阿哩呢妻与阿叔虎朵和奸。	刑部1：和奸情真，查律和奸者各杖八十。	刑部2：又查《盛京定例》凡本夫出兵而妇人犯奸，男、妇各处死，但奉有热审，死罪有可矜疑的，奏请定夺之旨。阿哩呢妻、阿叔虎朵今或应责鞭发落，或照盛京之例处死，或候阿哩呢回日结案。	阿哩呢妻、阿叔虎朵姑免死，著各鞭一百。	11.6.14 NG117478
19	京师14，旗人、民人。刘三、曹二、疙疸红、十里河、王三、郭大等六人，各处抢劫行凶伤人。	刑部署尚书事宗人府启心郎交罗宜兔、左侍郎吴喇插、右侍郎色冷、启心郎对哈纳、理事官蔡必兔、都察院参政佟国胤、左佥都御史蒋国柱、启心郎课罗科、大理寺卿尼堪：刘三、曹二、疙疸红、十里河、王三、郭大等六人，各处抢劫行凶伤人赃证已确，俱合依强盗已行但得财者不分首从皆斩；其萧二同刘三白日截得行路人牛三，只未曾伤人，合依白昼抢夺人财物者杖一百，徒三年，因系满洲家人无充徒之例，免徒应鞭一百。今逢恩赦免责。	刑部尚书张秉贞、左侍郎李际期、右侍郎林德馨、都察院右都御史龚鼎孳、大理寺卿梁清远：郭大、十里河虽……但刘三中途截吴大任驴马，将大任射伤一箭。查射吴大任者系刘三、非郭大、十里河，按律凡白昼抢夺伤人者斩，为从各减一等，杖一百，流三千里。郭大合依律杖一百流三千里。十里河系旗下人例免流，同萧二鞭一百，今逢恩赦应免罪。余照前议。		11.8.3 NG037006 拟律不同。
20	京师15，旗人。旗下家人刘三将妻子刘氏打死。	左侍郎吴喇插、右侍郎阿思哈、色冷、启心郎对哈纳、副理事官金鼎：按律夫殴妻至死者绞，刘三应拟绞监候秋决。	尚书任浚、左侍郎李际期、右侍郎林德馨、郎中王孙蔚：妻素日有病，刘三酒醉失手，免死，鞭一百。	三法司核拟具奏。	11.9.24 BD1876-11 量刑不同。

序号	案由概述	两议情况1	两议情况2	皇帝意见	日期、来源及说明
		刑部左侍郎吴喇插、右侍郎阿思哈、右侍郎色冷、启心郎对哈纳、副理事官金鼎、都察院承政固山额真土赖、左都御史龚鼎孳、左金都御史白如梅、启心郎课罗科、理事官多那：绞监候，秋决。	刑部尚书任浚、左侍郎李际期、右侍郎林德馨、郎中王孙蔚、大理寺卿尼堪、王尔禄、左少卿吴尔虾赤、霍达、寺丞张椿：免死，鞭一百。	刘三著议政王贝勒大臣详确拟议具奏。	11.12.11 BD1883－6
		议政王贝勒大臣：鞭一百，逢赦免鞭。		刘三伤妻既系醉后，姑免死，着仍鞭一百。	12.1.25 NG089425
21	京师16，旗人。旗人柴度酒醉殴伤主子。	刑部左侍郎吴喇插、右侍郎阿思哈、色冷：合依凡奴婢殴打家长律斩，柴度应斩监候，秋后处决。	尚书任浚、右侍郎林德馨、启心郎对哈纳、理事官嘉木佐、罗多、杨茂勋、郎中刘允谦：照律应斩，酒醉无知殴主，相应免死，鞭一百。	三法司确拟具奏（NG120278）。	11.11.30；BD1882－11量刑不同。
		刑部左侍郎吴喇插、右侍郎阿思哈、右侍郎色冷、都察院左都御史龚鼎孳、左金都白如梅、御史杨旬瑛、大理寺正卿王尔禄、左少卿吴尔虾赤：仍照前拟，斩监候秋决。	太子太保刑部尚书刘昌、右侍郎袁懋功、启心郎对哈纳、理事官罗多、杨茂勋、郎中刘允谦：依律应斩，但沉醉不知人事，免死，鞭一百。	柴度着议政王贝勒大臣详确拟议具奏。	12.3.12 NG120278
		议政王贝勒大臣：柴度……因醉不知拒主，相应免死，鞭一百。			12.3.23 NG086743

续表

序号	案由概述	两议情况1	两议情况2	皇帝意见	日期、来源及说明
22	京师17，旗人。旗下家人招儿丙讨租途中酒醉打戴天锡，戴第二日身死。	尚书任浚、右侍郎阿思哈、右侍郎色冷、左侍郎李际期、右侍郎林德馨、郎中王孙蔚：按律凡斗殴杀人者不问手足、他物、金刃并绞，招儿丙应拟绞监候秋后处决。	左侍郎吴喇插、启心郎对哈纳、理事官宜尔特黑：按律应绞，但查凡强贼行劫自行投首者免死，鞭一百。今招儿丙相应免死，鞭一百，仍追埋葬银。	三法司核拟具奏。	12.1.20 BD1884-13
23	京师18，旗人。盖三醉后与主母相持，推主母一下。	刑部左侍郎吴喇插、右侍郎阿思哈、启心郎对哈纳、理事官张所养：查律，凡奴婢殴家长者有伤无伤不分首从皆斩，盖三依律应斩监候秋决。	右侍郎戴明说、郎中刘世杰：按以殴主律斩不无过重，应比照过失伤主者律杖一百，流三千里。旗下人无流徙之例，盖三应鞭一百。	三法司核拟具奏。	12.2.28 BD1886-12
24	京师19，旗人。希喇哈因本家李四与和尚等争钱咟，好意相劝，四反行詈骂，希喇哈回彼一拳，不意李四跌倒墙下身死。	刑部左侍郎吴喇插、启心郎对哈纳、山西司理事官花尚、高岱、副理事官满都：合依斗殴杀人不问手足、他物、金刃律绞监候秋后处决。起衅之和尚、罗旺、罗明合依不应律笞四十，逢热审免议。	太子太保弘文院大学士尚书图海、少保兼太子太保尚书刘昌、右侍郎阿思哈、左侍郎袁懋功、郎中吴颖、员外郎李盈公、都察院左副都御史曹溶、大理寺卿孙建宗、左理事官吴尔虾赤、理事官宜把汉、寺丞林起龙：希喇哈实无害四之心，其情可矜，相应免绞，事逢热审应遵人命不减等之例仍鞭一百。和尚、罗旺、罗明合依不应律笞四十，热审免议。	希喇哈姑免绞，着鞭一百，余依议。	12.7.10 BD1896-4 量刑不同。

序号	案由概述	两议情况1	两议情况2	皇帝意见	日期、来源及说明
25	京师20，旗人。旗下家人小子拳殴马进禄，三日后进禄身死。	刑部左侍郎吴喇插、左侍郎袁懋功、启心郎对哈纳、理事官莫洛、吴国元、郎中周茂源：查律，凡斗殴杀人者不问手足、他物、金刃并绞，小子依律应绞监候，秋后处决。	太子太保弘文院大学士尚书图海、少保兼太子太保尚书刘昌、右侍郎阿思哈：小子原无杀马进禄之心，马进禄之母称我子既不能复生，小子免其抵命，乞断银两给我养膳之资……小子相应免死，鞭一百，断追营葬折银十二两四钱二分。其他照前议。	小子姑免死，鞭一百，追营葬银。余依议。	12.7.11 BD1896－5 量刑不同。
26	直省6，民人。王成印等四犯伙劫各处。	太子太保弘文院大学士刑部尚书图海、右侍郎阿思哈、理事官宜尔特黑、副理事官金鼎、郎中王孙蔚、都察院启心郎课罗科、大理寺卿吴库礼：王成印、陈二、王三、郝大伙劫各处，众证有据，按律，凡强盗已行而但得财者不分首从皆斩，依律斩立决。	少保兼太子太保尚书刘昌、左侍郎臣袁懋功、右侍郎臣王尔禄、都察院左都御史龚鼎孳、大理寺卿孙建宗、少卿程正揆：王成印、陈二赃俱花费，王三原解到赃止有丝裤一条，又无失主认领；郝大面供系宗胖子拉去田文正家将自己口袋装分麦子二斗，并无至姚三、郭二家射人、烤人等情。王成印等四犯俱照窃盗律以一主为重并赃论罪六十两律，各杖七十、徒一年半。余照前议。	这案前后贰议，轻重太悬，还着确议具奏。	12.5.29 NG008303 情节认定和拟律不一。

序号	案由概述	两议情况1	两议情况2	皇帝意见	日期、来源及说明
		太子太保弘文院大学士刑部尚书图海、左侍郎吴喇插、右侍郎阿思哈、启心郎对哈纳、理事官宜尔特黑、副理事官金鼎、郎中王孙蔚、都察院启心郎课罗科、大理寺卿吴库礼：王成印、陈二、王三、郝大伙劫各处众证有据。现赃有王三名下绸裤一条，及已故窝主周凤仪分得伙劫赃物三件，又有失主刘国名、田文正等供证的确，且石曹地方已故失主姚三、郭二及现在失主田文正俱系同村。郝大虽供姚三是李大射死，郭二是杨二等烤死，伊曾分白毡麦子等物，难辞同伙杀人之罪。王成印等四犯相应仍照强盗已行得财律处斩立决。	少保兼太子太保尚书刘昌、左侍郎臣袁懋功、右侍郎臣王尔禄、都察院左都御史龚鼎孳、左副都御史曹溶、大理寺卿孙建宗：王成印、陈二、王三、郝大招认同行是实，但查各犯所分之赃甚微，又皆花费无存，只有现解绸裤一条又无失主认领，至石曹一处王成印、陈二、王三俱未曾去。郝大虽被宗胖子拉去，但据面供，止在田文正家，并未至被杀之姚三、郭二两失主家，且各犯赃俱花费。查律例被获之时赃亦花费者俱引监候处决。今王成印、陈二、王三、郝大赃各花费，合依律例监候，秋后处决。		12. 7. 22 NG008303

序号	案由概述	两议情况1	两议情况2	皇帝意见	日期、来源及说明
27	京师21，旗人。逃人杨大夫畏法服毒，余犯各亦自服。	太子太保弘文院大学士尚书图海、左侍郎吴喇插、右侍郎阿思哈、理事官杨茂勋：杨大夫你虽供将毒药因惧打欲死，自服，并未与四儿等吃，系他们自己抢吃，然四儿四姐供，不系我们自己抢吃，俱系杨大夫与我们吃的。查律用毒药杀人不死，依谋杀已伤者律绞，杨大夫依律应绞监候，秋后处决。	少保兼太子太保尚书刘昌、左侍郎袁懋功、右侍郎臣王尔禄、署司事主事臣王延袄：杨大夫与妻胡氏、四儿等同逃于河西……杨大夫恐到部受刑不过，将所买毒药自服因而昏迷。四儿等亦惧刑各将余药自服，遂亦迷倒。按律用毒药杀人不死依谋杀已伤者律绞，谓有意用毒药害人也。今杨大夫畏法自己先服，余犯各亦自服，原非杨大夫之有意害众，况与四儿等又无仇恨，相应鞭一百。	三法司核拟具奏。	12.10.20 NG087718 满官按照法律重判；汉官轻。情节认定不一。
28	直省7，民人。山西汾阳县民李永昌隐匿逃人案。	三法司：李永昌虽巧辩不知逃人李永盛被满洲带去情由，据伊供六年外弟与妻俱听说去。李永昌明知逃人李永盛隐藏是实。	照例，拟绞监候，秋后处决。余与督捕相同。	李永盛逃回时，据李永昌辩称在外不知。依拟应绞，着监候，再审具奏。余依议。	12.10.23 NG087698

续表

序号	案由概述	两议情况1	两议情况2	皇帝意见	日期、来源及说明
		太子太保弘文院大学士刑部尚书图海、右侍郎臣阿思哈、大理事左理事官臣吴尔虾赤、寺丞臣林起龙：看得李永昌虽供出外贸易，不知伊弟李永盛被满洲带去，又口供内于六年听见带去等语，先虽在外后同一院住居七月，难免知情之罪，应照定例拟绞监候，秋后处决。	少保兼太子太保刑部尚书刘昌、右侍郎臣杨义、启心郎臣对哈纳、理事官臣高岱、署司事广东司主事臣李之芳、太子太保内翰林弘文院大学士管都察院左都御史事成克巩、启心郎课罗科：李永昌与逃人李永盛既系兄弟而又同居七月，难免隐藏之罪。前审所以拟绞。今臣等公同确议，永昌出外贸易，在顺治四年，永盛为大兵所获，乃在六年，及其七年逃回，而永昌八年始归，则其间被获逃回之事似属不知。但永盛又言躲在山里既系同胞兄弟难言尽不知情，相应免死，杖一百，徒宁古塔地方。	李永昌姑免死，杖一百，流徒宁古塔地方。	12.12.18 NG087698

参考文献

档案

未出版档案

中国第一历史档案馆藏：《康熙三年四年分刑部秋审情实真犯人招册》，《内阁满汉黄册》第二四一八册。

中国第一历史档案馆藏：《内阁题本（北大移交题本）》。

中国第一历史档案馆藏：《内秘书院》。

中国第一历史档案馆藏：《宗人府档案——来文》。

中国台湾中研院历史语言研究所藏：《内阁大库档案》。

出版档案

方裕谨选编：《顺治朝薙发案》，《历史档案》1982 年第 1 期。

上海书店出版社编：《清代档案史料选编》，上海书店出版社 2010 年版。

台湾"中央研究院"历史语言研究所编：《明清史料》，上海商务印书馆 1936 年版。

张伟仁主编：《明清档案》，台湾"中研院"历史语言研究所 1986 年版。

中国第一历史档案馆编：《清初内国史院满文档案译编》，光明日报出版社 1989 年版。

中国第一历史档案馆编：《盛京满文逃人档》，中国第一历史档案馆编：《清代档案史料丛编》第 14 辑，中华书局 1990 年版。

中国第一历史档案馆编：《顺治年间的逃人问题》，中国第一历史档案馆编：《清代档案史料丛编》第 10 辑，中华书局 1984 年版。

中国第一历史档案馆、中国社会科学院历史研究所译注：《满文老档》，中华书局 1990 年版。

中国人民大学清史研究所、中国第一历史档案馆译：《盛京刑部原档（清太宗崇德三年至崇德四年）》，群众出版社 1985 年版。

古籍

《八旗通志》，《景印文渊阁四库全书》第六六四—六七一册，台北：台湾商务印书馆 1986 年版。

《大明律》，怀效锋点校，法律出版社 1999 年版。

《大清会典（康熙朝）》，杨一凡、宋北平主编，关志国、刘宸缨点校，凤凰出版社 2016 年版。

《大清会典（康熙朝）》，载沈云龙主编《近代中国史料丛刊三编》第 72—73 辑，台北：文海出版社 1992—1993 年影印本。

《大清会典（雍正朝）》，载沈云龙主编《近代中国史料丛刊三编》第 77—79 辑，台北：文海出版社 1994—1995 年影印本。

《大清律集解附例》，康熙版本，载杨一凡、田涛主编《中国珍稀法律典籍续编》第五册《顺治三年奏定律》，王宏治、李建渝点校，黑龙江人民出版社 2002 年版。

《大清律集解附例》，顺治三年（四年）本，哥伦比亚大学图书馆藏。

《大清律集解附例》，雍正三年本，国家图书馆藏。

《督捕则例》，《续修四库全书》第八六一册，乾隆八年本，上海古籍出版社 2002 年影印本。

鄂尔泰等修：《八旗通志》（初集），李洵、赵德贵主点校，东北师范大学出版社 1985 年版。

福格：《听雨丛谈》，汪北平点校，中华书局 1984 年版。

龚鼎孳撰，龚士稚编：《龚端毅公（鼎孳）奏疏》，载沈云龙主编《近代中国史料丛刊续编》第33辑，台北：文海出版社1976年版。

《古今图书集成》，中华书局1934年版。

贺长龄、魏源等编：《清经世文编》，中华书局1992年版。

《皇清奏议》，《续修四库全书》第四七三册，上海古籍出版社2002年影印本。

黄静嘉编：《读例存疑重刊本》，台北：成文出版社1970年版。

慧中等撰：《钦定台规》，乾隆都察院刻补修本，《四库未收书辑刊》第二辑第二六册，北京出版社2000年影印本。

刘锦藻编纂：《清朝续文献通考》，商务印书馆1955年版。

《钦定大清会典事例（嘉庆朝）》，载沈云龙主编《近代中国史料丛刊三编》第65—70辑，台北：文海出版社1991—1992年影印本。

《清朝通典》，浙江古籍出版社2000年版。

《清朝文献通考》，商务印书馆1936年版。

《清会典》（光绪），中华书局1991年影印本。

《清会典事例》（光绪），中华书局1991年影印本。

《清实录》，中华书局1985—1987年影印本（引用时按照每位皇帝的实录名，如顺治帝实录为《世祖章皇帝实录》，同时标明干支、卷次和页码）。

申时行等修：《明会典》（万历朝重修本），中华书局1989年影印本。

孙承泽：《春明梦余录》，《景印摘藻堂四库全书荟要》史部第九六册，台北：世界书局1988年版。

孙承泽：《天府广记》，北京古籍出版社1982年版。

谈迁：《北游录》，汪北平点校，中华书局1960年版。

王养濂、米汉雯等纂修：《宛平县志》，康熙二十三年（1684）抄本。

魏象枢撰：《寒松堂全集》，陈金陵点校，中华书局1996年版。

吴长元辑：《宸垣识略》，北京古籍出版社1983年版。

萧奭：《永宪录》，朱南铣点校，中华书局1959年版。

《刑部现行则例》，载沈厚铎主编《沈家本未刊稿七种》，刘海年、杨
　　一凡总主编《中国珍稀法律典籍集成》丙编第三册，科学出版社
　　1994 年版。

于敏中等编纂：《日下旧闻考》，北京古籍出版社 1981 年版。

张茂节修，李开泰等纂：《大兴县志》，康熙二十四年（1685）抄本。

张廷玉等撰：《明史》，中华书局 1974 年点校版。

昭梿：《啸亭杂录》，何英芳点校，中华书局 1980 年版。

赵尔巽等撰：《清史稿》，中华书局 1976 年版。

周家楣、缪荃孙编纂：《光绪顺天府志》，台北：文海出版社 1965 年
　　影印本。

朱一新：《京师坊巷志稿》，《朱一新全集》，上海人民出版社 2017 年版。

研究著述

卜德、克拉伦斯·莫里斯：《中华帝国的法律》，朱勇译，中信出版社
　　2016 年版。

常建华：《清前期国家治理与民生政策》，中华书局 2021 年版。

陈兆肆：《清代"断脚筋刑"考论——兼论清代满汉法律"一体化"
　　的另一途径》，《安徽史学》2019 年第 1 期。

赤城美惠子：《「緩決」の成立—清朝初期における監候死罪案件処理
　　の変容》，《東洋文化研究所紀要》第一四七册，2005 年。

赤城美惠子：《可矜と可疑—清朝初期の朝審手続及び事案の分類を
　　めぐって》，《法制史研究》第 54 号，2005 年。

赤城美惠子：《清朝初期における「恤刑（五年審録）」の手続の実
　　態とその機能》，《東洋文化研究所紀要》第 152 册，2007 年。

达力扎布：《清代蒙古史论稿》，民族出版社 2015 年版。

邓建鹏：《词讼与案件：清代的诉讼分类及其实践》，《法学家》2012
　　年第 5 期。

邓建鹏：《清帝国司法的时间、空间和参与者》，法律出版社 2018 年版。

定宜庄：《清代八旗驻防研究》，辽宁民族出版社 2003 年版。

顾诚：《南明史》，中国青年出版社 2003 年版。

郭成康：《"土黑勒威勒"考释》，《文史》第二十四辑，中华书局 1985 年版。

韩光辉：《北京城市史·历史人口地理》，北京出版社 2016 年版。

韩光辉：《清代北京城市郊区行政界线探索》，《地理学报》1999 年第 2 期。

何炳棣：《捍卫汉化：驳伊芙琳·罗斯基之"再观清代"》，张勉励 译，《清史研究》2000 年第 1、3 期。

何勤华主编：《多元的法律文化》，法律出版社 2007 年版。

胡恒：《清代北京的"城属"与中央直管区》，《开发研究》2016 年第 2 期。

胡祥雨：《变与不变：太平天国运动与京师司法审判》，《中山大学学报》（社会科学版）2011 年第 2 期。

胡祥雨：《清朝法史研究中的多元论及其反思》，《史学理论研究》2022 年第 2 期。

胡祥雨：《清承明制与清初三法司审判权格局的变迁》，《史林》2021 年第 6 期。

胡祥雨：《清代法律的常规化：族群与等级》，社会科学文献出版社 2016 年版。

胡祥雨：《清代刑部与京师细事案件的审理》，《清史研究》2010 年第 3 期。

胡祥雨：《清前期京师初级审判制度之变更》，《历史档案》2007 年第 2 期。

胡祥雨：《"逃人法"入"顺治律"考——兼谈"逃人法"的应用》，《清史研究》2012 年第 3 期。

胡祥雨：《吴达海揭帖的发现与〈顺治律〉制定过程新考》，《历史档案》2017 年第 4 期。

黄宗智：《法典、习俗与司法实践：清代与民国的比较》，上海书店出版社 2003 年版。

黄宗智：《华北的小农经济与社会变迁》，中华书局 2000 年版。

黄宗智：《清代的法律、社会与文化：民法的表达与实践》，上海书店出版社 2001 年版。

贾建飞：《回例与乾隆时期回疆的刑案审判》，《清史研究》2019 年第 3 期。

蒋梦麟：《西潮·新潮》，岳麓书社 2000 年版。

瞿同祖：《清律的继承和变化》，《历史研究》1980 年第 4 期。

瞿同祖：《中国法律与中国社会》，中华书局 1981 年版。

赖惠敏：《从法律看清朝的旗籍政策》，《清史研究》2011 年第 1 期。

赖惠敏：《但问旗民：清代的法律与社会》，台北：五南图书出版社 2007 年版。

李冰逆译，里赞主编：《法律史评论》第 10 卷，法律出版社 2018 年版。

李典蓉：《清朝京控制度研究》，上海古籍出版社 2011 年版。

里赞：《法律史评论》2019 年第 2 卷（总第 13 卷），社会科学文献出版社 2019 年版。

梁治平：《清代习惯法》，广西师范大学出版社 2015 年版。

林乾：《传统中国的权与法》，法律出版社 2013 年版。

林乾：《清代旗、民法律关系的调整——以"犯罪免发遣"律为核心》，《清史研究》2004 年第 1 期。

林乾主编：《法律史学研究》第一辑，中国法制出版社 2004 年版。

刘凤云、刘文鹏编：《清朝的国家认同："新清史"研究与争鸣》，中国人民大学出版社 2010 年版。

刘家驹：《清朝初期的八旗圈地》，台北：台湾大学文史丛刊，1964 年。

刘景辉：《满洲法律及其制度之演变》，台北：台湾大学历史研究所 1969 年版。

刘俊文主编：《日本学者研究中国史论著选译》第八册，中华书局 1992 年版。

刘小萌：《满族从部落到国家的发展》，辽宁民族出版社 2001 年版。

刘小萌：《清朝史中的八旗研究》，《清史研究》2010 年第 2 期。

刘小萌：《清代北京旗人社会》（修订本），中国社会科学出版社 2016 年版。

刘小萌：《清代旗人民人法律地位的异同——以命案量刑为中心的考察》，《清史研究》2019 年第 4 期。

刘志刚：《时代感与包容度：明清易代的五种解释模式》，《清华大学学报》（哲学社会科学版）2010 年第 2 期。

鲁渝生：《论八旗中满洲、蒙古、汉军的关系》，《满族研究》1998 年第 2 期。

鹿智钧：《国家根本与皇帝世仆：清朝旗人的法律地位》，东方出版中心 2019 年版。

罗崇良：《略论顺治年间的"逃人"》，《辽宁师范大学学报》（社会科学版）1986 年第 1 期。

《马克思恩格斯选集》第一卷，人民出版社 2012 年版。

马青连：《清代理藩院的法律功能研究》，中国社会科学出版社 2016 年版。

孟森：《明清史论著集刊》（上册），中华书局 1959 年版。

孟昭信：《从档案资料看清代八旗奴仆》，《历史档案》1981 年第 2 期。

孟昭信：《清初"逃人法"试探》，《河北大学学报》（哲学社会科学版）1981 年第 2 期。

那思陆：《明代中央司法审判制度》，北京大学出版社 2004 年版。

那思陆：《清代中央司法审判制度》，北京大学出版社 2004 年版。

那思陆：《清代州县衙门审判制度》，台北：文史哲出版社 1982 年版。

祁美琴：《清代包衣旗人研究》，人民出版社 2019 年版。

祁美琴：《清代内务府》，中国人民大学出版社 1998 年版。

《清史论丛》编委会编：《清史论丛》1992 年号，辽宁人民出版社 1993 年版。

《庆祝李济先生七十岁论文集》编辑委员会：《庆祝李济先生七十岁论文集》下册，台北：清华学报社 1967 年版。

苏亦工：《官制、语言与司法——清代刑部满汉官权力之消长》，《法学家》2013 年第 2 期。

苏亦工：《明清律典与条例》（修订版），商务印书馆 2020 年版。

苏亦工：《因革与依违——清初法制上的满汉分歧一瞥》，《清华法学》2014 年第 1 期。

苏亦工、谢晶等编：《旧律新诠：〈大清律例〉国际研讨会论文集》第 1 卷，清华大学出版社 2016 年版。

孙家红：《故纸堆中见新知——略谈地方司法档案与法史研究》，《中华读书报》2015 年 1 月 14 日。

孙家红：《清代的死刑监候》，社会科学文献出版社 2007 年版。

孙家红：《散佚与重现——从薛允升遗稿看晚清律学》，社会科学文献出版社 2020 年版。

唐彦卫：《清初步军统领设立渊源考》，《历史档案》2015 年第 2 期。

汪荣祖主编：《清帝国性质的再商榷：回应新清史》，桃园："中央大学"出版中心，2014 年。

汪雄涛：《"平"：中国传统法律的深层理念》，《四川大学学报》（哲学社会科学版）2021 年第 6 期。

王东平：《清代回疆法律制度研究（1759—1884）》，黑龙江教育出版社 2014 年版。

王天驰：《顺治朝旗人的法与刑罚》，《国学学刊》2018 年第 3 期。

王廷元：《顺治帝与清初的"法明"政策》，《社会科学辑刊》1984 年第 5 期。

王志强：《论清代刑案诸证一致的证据标准——以同治四年郑庆年案为例》，《法学研究》2019 年第 6 期。

王志强：《清代国家法：多元差异与集权统一》，社会科学文献出版社 2017 年版。

王钟翰主编：《满族历史与文化》，中央民族大学出版社 1996 年版。

韦庆远、吴奇衍、鲁素：《清代奴婢制度》，中国人民大学出版社 1982 年版。

韦泽：《皇太极设立都察院时间考析》，《纪念王锺翰先生百年诞辰学术文集》，中央民族大学出版社 2013 年版。

吴爱明：《清督捕则例研究》，博士学位论文，南开大学，2009 年。

吴佩林：《清代县域民事纠纷与法律秩序考察》，中华书局 2013 年版。

吴艳红、姜永琳：《明朝法律》，南京出版社 2016 年版。

吴志铿：《清代的逃人法与满洲本位政策》，《台湾师范大学历史学报》1996 年第 24 期。

徐凯：《清初逃人事件述略》，《北京大学学报》（哲学社会科学版）1983 年第 2 期。

阎崇年主编：《满学研究》第一辑，吉林文史出版社 1992 年版。

杨念群：《百年清史研究史·思想文化卷》，中国人民大学出版社 2020 年版。

杨念群：《反思西学东渐史的若干议题：从"单向文化传播论"到知识类型转变的现代性分析》，《华东师范大学学报》（哲学社会科学版）2019 年第 3 期。

杨强：《清代蒙古法制变迁研究》，中国政法大学出版社 2010 年版。

杨学琛：《关于清初的"逃人法"——兼论满族阶级斗争的特点和作用》，《历史研究》1979 年第 10 期。

杨一凡总主编：《中国法制史考证》丙编第四卷《日本学者考证中国法制史重要成果选译·明清卷》，中国社会科学出版社 2003 年版。

姚念慈：《〈离主条例〉刍议》，《历史档案》1993 年第 2 期。

姚念慈：《清初政治史探微》，辽宁民族出版社 2008 年版。

张晋藩：《清朝法制史》，中华书局 1998 年版。

张晋藩、郭成康：《清入关前国家法律制度史》，辽宁人民出版社 1988 年版。

张伟仁：《清代法制研究》第一辑，台湾"中研院"历史语言研究所，1983 年。

赵世瑜：《"不清不明"与"无明不清"——明清易代的区域社会史解释》，《学术月刊》2010 年第 7 期。

赵志强：《清代中央决策机制研究》，科学出版社 2007 年版。

郑秦：《清代司法审判制度研究》，湖南教育出版社 1988 年版。

郑秦：《顺治三年律考》，《法学研究》1996 年第 1 期。

郑天挺：《清史探微》，北京大学出版社 1999 年版。

郑小悠：《清代法制体系中"部权特重"现象的形成与强化》，《江汉学术》2015 年第 4 期。

郑小悠：《清代刑部满汉官关系研究》，《民族研究》2015 年第 6 期。

中国政法大学法律史学研究院编：《日本学者中国法论著选译》（下册），中国政法大学出版社 2012 年版。

钟焓：《清朝史的基本特征再探究——以对北美"新清史"观点的反思为中心》，中央民族大学出版社 2018 年版。

周东平、朱腾主编：《法律史译评》，北京大学出版社 2013 年版。

周远廉、赵世瑜：《皇父摄政王多尔衮》，吉林文史出版社 1993 年版。

朱浒：《晚清史研究的"深翻"》，《史学月刊》2017 年第 8 期。

左云鹏：《清代旗下奴仆的地位及其变化》，《陕西师大学报》（哲学社会科学版）1980 年第 1 期。

［美］安熙龙：《马上治天下：鳌拜辅政时期的满人政治（1661—1669）》，陈晨译，董建中审校，中国人民大学出版社 2020 年版。

［美］韩书瑞：《北京：公共空间和城市生活（1400—1900）》，孔祥

文译，中国人民大学出版社 2019 年版。

［美］孔飞力：《叫魂：1768 年中国妖术大恐慌》，陈兼、刘昶译，上海三联书店 2012 年版。

［美］玛丽·路易斯·普拉特：《帝国之眼：旅行书写与文化互化》，方杰、方宸译，译林出版社 2017 年版。

［美］魏斐德：《洪业——清朝开国史》，陈苏镇、薄小莹等译，江苏人民出版社 2008 年版。

［美］张婷：《法律与书商：商业出版与清代法律知识的传播》，张田田译，社会科学文献出版社 2022 年版。

［日］谷井俊仁：《督捕则例の成立——清初の官僚制と社会》，《史林》（日本）第 72 卷 2 号（1989）。

［日］千叶正士：《法律多元：从日本法律文化迈向一般理论》，强世功等译，中国政法大学出版社 1997 年版。

［日］千叶正士：《亚洲法的多元性构造》，赵晶、杨怡悦、魏敏译，中国政法大学出版社 2017 年版。

［日］滋贺秀三等：《明清时期的民事审判与民间契约》，王亚新等编译，法律出版社 1998 年版。

Belsky, Richard, *Localities at the Center*: *Native Place*, *Space*, *and Power in Late Imperial Beijing*, Cambridge, Mass.: Harvard University Press, 2005.

Cassel, Par Kristoffer, *Grounds of Judgment*: *Extraterritoriality and Imperial Power in Nineteenth-Century China and Japan*, New York: Oxford University Press, 2012.

Chen, Li, *Chinese Law in Imperial Eyes*: *Sovereignty*, *Justice*, *and Transcultural Politics*, New York: Columbia University Press, 2016.

Constant, Frédéric, "The Legal Administration of Qing Mongolia", *Late Imperial China*, Vol. 40, No. 1 (Jun. 2019), pp. 133 – 173.

Crossley, Pamela Kyle, *A Translucent Mirror*: *History and Identity in Qing Imperial Ideology*, Berkeley: University of California Press, 1999.

Dray-Novey, Alison, "Spatial Order and Police in Imperial Beijing", *Journal of Asian Studies* 52, No. 4 (1993), pp. 885 – 922.

Elliott, Mark C., *The Manchu Way*: *The Eight Banners and Ethnic Identity in Late Imperial China*, Stanford, California: Stanford University Press, 2001.

Griffiths, John, "What Is Legal Pluralism", *Journal of Legal Pluralism and Unofficial Law*, 24 (1986), pp. 1 – 56.

Heuschert, Dorothea, "Legal Pluralism in the Qing Empire: Manchu Legislation for the Mongols", *The International History Review*, Vol. 20, No. 2 (Jun. 1998), pp. 310 – 324.

Heuschert-Laage, Dorothea, "Manchu-Mongolian Controversies over Judicial Competence and the Formation of the Lifanyuan", in Dittmar Schorkowitz and Chia Ning ed., *Managing Frontiers in Qing China*: *The Lifanyuan and Libu Revisited*, Leiden: Brill: 2017, pp. 224 – 253.

Ho Ping-ti, "In Defense of Sincization: A Rebuttal of Evelyn Rawski's 'Reenvisioning the Qing'", *The Journal of Asian Studies*, Vol. 57, No. 1 (1998), pp. 123 – 155.

Ho Ping-ti, "The Significance of the Ch'ing Period in Chinese History", *The Journal of Asian Studies*, Vol. 26, No. 2 (1967), pp. 189 – 195.

Hu Xiangyu, "Reinstating the Authority of the Five Punishments: A New Perspective on Legal Privilege for Bannermen", *Late Imperial China*, Vol. 34, Issue 2 (2013), pp. 28 – 51.

Huang, Pei, *Autocracy at Work*: *A Study of the Yung-cheng Period*, *1723 – 1735*, Bloomington: Indiana University Press, 1974.

Huang, Pei, *ReOrienting the Manchus*: *A Study of Sinicization*, *1583 – 1795*, Ithaca: East Asia Program, Cornell University, 2011.

Huang, Philip C. C. , *Civil Justice in China: Representation and Practice in the Qing*, Stanford, California: Stanford University Press, 1996.

Huang, Philip C. C. , *The Peasant Economy and Social Change in North China*, Stanford, CA: Stanford Univ. Press, 1985.

Jiang Yonglin, "From Ming to Qing: Social Continuity and Changes as Seen in the Law Codes", *Washington University Law Review*, Vol. 74, Issue 3 (1996), pp. 561 – 571.

Kuhn, Philip A. , *Soulstealers: The Chinese Sorcery Scare of 1768*, Cambridge, Mass: Harvard University Press, 1990.

Lui, Adam, *Two Rulers in One Reign: Dorgon and Shun-Chih, 1644 – 1660*, Canberra: Faculty of Asian Studies, Australian National University, 1989.

Macabe, Keliher, "Administrative Law and the Making of the First *Da Qing Huidian*", *Late Imperial China*, Vol. 37, No. 1 (2016), pp. 55 – 107.

Mcknight, Brian, *The Quality of Mercy: Amnesties and Traditional Chinese Justice*, Honolulu: Univ. of Hawaii Press, 1981.

Merry, Sally Engle, "Legal Pluralism", *Law & Society Review*, Vol. 22, No. 5 (1988), pp. 869 – 896.

Oxnam, Robert B. , *Ruling from Horseback: Manchu Politics in the Oboi Regency, 1661 – 1669*, Chicago: Univ. of Chicago Press, 1975.

Pratt, Mary Louise, *Imperial Eyes: Travel Writing and Transculturation* (Second edition), London and New Yokd: Routledge, 2008.

Rawski, Evelyn Sakakida, *The Last Emperors: A Social History of Qing Imperial Institutions*, Berkeley: University of California Press, 1998.

Rhoads, Edward, J. M. , *Manchus and Han: Ethnic Relations and Political Power in Late Qing and Early Republican China, 1861 – 1928*, Seattle and London: University of Washington Press, 2000.

Spence, Jonathan and John E. Wills, ed. , *From Ming to Ch'ing: Con-*

quest, *Region, and Continuity in Seventeenth-Century China*, New Heaven and London: Yale University Press, 1979.

Struve, Lynn A. , "Ruling from Sedan Chair: Wei Yijie (1616 – 1686) and the Examination Reform of the 'Oboi' Regency", *Late Imperial China*, Vol. 25, No. 2 (2004), pp. 1 – 32.

Swenson, Geoefery, "Legal Pluralism in Theory and Practice", *International Studies Review*, Vol. 20, Issue 3 (2018), pp. 438 – 462.

Tamanaha, Brian Z. , "The Folly of the Social Scientific Concept of Legal Pluralism", *Journal of Law and Society*, Vol. 20, No. 2 (Summer 1993), pp. 192 – 217.

Wakeman, Frederic Jr. , *The Great Enterprise: The Manchu Reconstruction of Imperial Order in Seventeenth-Century China*, Berkeley: Univ. of California Press, 1985.

Zheng Qin, "Pursuing Perfection: Formation of the Qing Code", trans. by Guangyuan Zhou, *Modern China*, Vol. 21, No. 3 (1995), pp. 310 – 344.

Zhu Jianfei, *Chinese Spatial Strategies: Imperial Beijing, 1420 – 1911*, London, New York: Routledge Curzon, 2004.

后　记

在一个学术碎片化且产量极高的时代，这本小书，若能为历史留下一些痕迹，也算是幸事。

我上学的时候，填过无数次家乡的地址：湖南省岳阳县友爱乡友爱村。那是以前的地址，现在岳阳县已经没有友爱乡了。京广线从我家门口穿过，在家里每天都可以听见火车的声音。在离家不远的地方，有一个叫刘富湾的车站。我上高中的时候，有一段时间，每天乘火车回家。高考结束后，我也乘坐火车回家，从火车站出来，路上遇到刘富湾姓刘的同学，还坐他的自行车到我家附近。如今，刘富湾站的建筑物还留有遗存，上下客人的车站却不存在了。

友爱乡、刘富湾站都成了历史上的地理名词。

小时候同北洋时期出生的远房伯父聊天，从来没有听他说过岳阳二字。他说岳州，而不是岳阳（市）。我记得有一次听他说岳州的时候，旁人为我解惑，已经没有岳州，只有岳阳了。现在回想起来，在伯父还没有出生的时候，岳州就已经是历史上的地名了。

不管是否愿意，时间总在流逝，历史总在我们身边从过去一直延伸。历史留下的痕迹，会存留很久，但没有记载，一切痕迹甚至记忆都将淡去。

从我接触历史开始，明清鼎革是最具有吸引力的主题之一。上大学之后，看过一些有关这一主题的历史书，有过非常愉快的阅读体验。至今依然让我感慨的读后感之一，就是不少教科书以及名家的作品，对明朝有一种爱恨交加的情感。北京师范大学历史系的教材是该系教师编写的，大一下学期的《中国古代史》教材讲述明清那一段的历史。我依然清楚地记得，编者对明朝的灭亡，特别是抗清志士的失败，无比惋惜和同情；同时，又直言明朝（包括南明）腐朽没落，被清朝取代是历史必然。与之对应的是，对清朝入关之初暴政的谴责和重新统一的褒扬。

读硕士以后，明清鼎革已经是老话题。读过别人著作后，自觉没有能力讲好宏大叙事。后来出于非常偶然的原因，我选择清朝的法律制度作为研究领域。在追溯制度演变的时候，发现法制史上的明清鼎革，一直模糊不清。清朝入关之初的二十年和清末最后的二十年，变革都非常激烈，但学界对清末的关注远超过清初。前辈学者多注意到入关之初满洲法律与明朝制度的冲突，但清朝统治者如何对待满洲和明朝法律遗产的很多细节，则在各种宏观叙事下（包括法制史研究）被人遗落。这让我在枯燥的制度史研究中，看到一丝亮光。哪怕从一个侧面研究自己喜欢的主题，也算是人生幸事。本书的主旨就是，在明清鼎革的视角下，考察清朝的法制变革。

清朝前期法制变革的主角是最高统治者。最让我惊讶的莫过于多尔衮和顺治帝对满洲法律制度的不同态度。在多尔衮治下，清承明制没有扼杀满洲法律制度的空间，清朝法制的二元特征非常明显。顺治帝则以一种非常坚决的态度，去压制满洲法制，让满人和汉人都服从清律。法律多元在法学（包括法制史）领域几乎是常识。我认为这一概念对同一部法律下的区别对待，并无多少解释力，所以我反对将清律中区别对待旗人的条款（如"犯罪免发遣"律）视作清朝法律多元的表现。本书标题中的"从二元到一元"，就是指在清朝前期满人和汉人从适用不同的法律过渡到都适用同一部法律——《大清律》。我希望本书的标题，不要引起误解。从二元到一元，并不是说清朝不存在其他的法律——尤其是针对边疆地区的法律。

本书的一些章节曾经在《历史档案》、《北大法律评论》、《史林》、《史学理论研究》以及《中国法学前沿》（*Frontiers of Law in China*）、《中国历史学前沿》（*Frontiers of History in China*）、《近代中国》（*Modern China*）等杂志发表过，在收入本书时做了修改。感谢审稿人的意见以及各杂志细致的编校！我也要感谢曾经在成书的不同阶段审阅过全部或者部分书稿的专家！他们的意见，不管是肯定还是批评，都是鼓励与鞭策。感谢诸位同行以及朋友的指正！有许多相识多年的老友，如今难得见上一面，但每当有问题请教，总能给以指正。感谢中国人民大学《百家廊文丛》收入本书。感谢中国社会科学出版社的诸位编辑，特别是马明老师的辛勤编校！

感谢这个时代带来的便利，北京和台北的档案都面向普通学者开放，这使得本书成为可能。特别感谢相关个人以及档案馆为查找档案提供的便利！感谢曾经教过我的诸位老师！读书的时候，没少得到老师们的照顾。感谢陶志鑫、许雅贤、王子月、韦信阳、姜妮等同学在书稿不同阶段的校对！感谢中国人民大学历史学院和清史所的诸位同事和领导！有几位同事，给书稿提出不少建设性的意见。工作十多年来，总是感受到这是一个非常优秀、温暖的集体。

感谢父母亲！通信的发达，让"家书抵万金"的喜悦成为历史，而疫情则让家乡变得更加遥远。小时候的五口之家，如今已经难得一聚，但过往一起度过的日子，总是历历在目。"老年人常思既往"，父母若能找到自己的舒适区，也算是人生幸事！感谢妻子晓华多年的陪伴！也感谢两个孩子，你们的出现，让我感受到母爱和生命的伟大！

一切生命的意义与价值，在于延续。历史学亦如此。

胡祥雨

终稿于 2022 年 11 月